高等学校高速铁路系列教材

本书获国家自然科学基金项目（51668037 铁路隧道 TBM 施工组织管理优化问题研究）资助

高速铁路施工组织与计价

主　编　◎　顾伟红
副主编　◎　李晓钟　代金鹏

西南交通大学出版社
·成　都·

图书在版编目（CIP）数据

高速铁路施工组织与计价 / 顾伟红主编. —成都：西南交通大学出版社，2021.1
高等学校高速铁路系列教材
ISBN 978-7-5643-7746-5

Ⅰ. ①高… Ⅱ. ①顾… Ⅲ. ①高速铁路–铁路工程–施工组织–高等学校–教材②高速铁路–铁路工程–工程造价–高等学校–教材 Ⅳ. ①U238

中国版本图书馆 CIP 数据核字（2020）第 200089 号

高等学校高速铁路系列教材
Gaosu Tielu Shigong Zuzhi yu Jijia
高速铁路施工组织与计价

主　编 / 顾伟红　　　　　责任编辑 / 王同晓
　　　　　　　　　　　　封面设计 / 何东琳设计工作室

西南交通大学出版社出版发行
（四川省成都市金牛区二环路北一段 111 号西南交通大学创新大厦 21 楼　610031）
发行部电话：028-87600564　028-87600533
网址：http://www.xnjdcbs.com
印刷：四川森林印务有限责任公司

成品尺寸　185 mm×260 mm
印张　13.75　　字数　339 千
版次　2021 年 1 月第 1 版　　印次　2021 年 1 月第 1 次
书号　ISBN 978-7-5643-7746-5
定价　42.00 元

课件咨询电话：028-81435775
图书如有印装质量问题　本社负责退换
版权所有　盗版必究　举报电话：028-87600562

高等学校高速铁路系列教材

【 编审委员会 】 >>>>

主　　任	杨子江　李引珍
副 主 任	刘振奎
委　　员	张友鹏　钱勇生　丁旺才　牛惠民
	石广田　陈小强　闫光辉　虞庐松
	李海军　王海涌　马元琳

【兰州交通大学高等学校高速铁路系列教材目录及主编人】

序号	教材名称	主编人
1	高速铁路客站工程	蔺鹏臻
2	高速铁路线路工程	李斌
3	高速铁路桥梁工程	丁南宏
4	高速铁路隧道工程	梁庆国
5	高速铁路施工组织与计价	顾伟红
6	动车组运用与管理	朱喜锋
7	动车组牵引传动与控制	车军
8	动车组车辆设计技术	商跃进
9	动车组制造与修理工艺	冉虎珍
10	机车车辆概论	金花
11	动车组工程	石广田
12	高速铁路车站计算机联锁系统	谭丽
13	高速铁路分散自律调度集中（FZ-CTC）	张雁鹏
14	铁路专用通信	樊子锐
15	高速铁路无线通信系统与应用	谢健骊
16	LTE-R铁路移动通信技术	周冬梅
17	高速铁路信息安全技术	李强
18	高速铁路调度指挥	刘斌
19	高速铁路列车运行图	田志强
20	高速铁路站场设计	张春民
21	高速铁路车站工作组织	杨信丰
22	高速铁路客运管理	张玉召

【序　言】 >>>>

高速铁路是中国名片和国之重器。中国国家铁路集团有限公司2020年8月出台《新时代交通强国铁路先行规划纲要》，明确提出要加快构建现代高效的高速铁路网，深化高铁关键核心技术自主创新，造就高水平科研人才和建设高技能产业大军，至2035年率先建成现代化铁路强国。把握高速铁路技术发展新特征，面向高校专业人才培养和铁路企业职工培训新需求，编写一套先进适用的高速铁路特色教材，显得重要而迫切。

兰州交通大学为中国国家铁路集团有限公司与甘肃省人民政府共建高校，素有"铁路工程师摇篮"之称。新时期学校致力于培养铁路高素质工程技术人才，高度重视教材编写工作，专门设立"兰州交通大学高速铁路特色系列教材"项目，成立编审委员会，组织协调学校轨道交通相关专业骨干教师和中国铁路兰州局集团有限公司工程技术人员，广泛收集技术资料，深入铁路设计、施工、制造、运输企业调研，依照高速铁路技术标准，历时4年，反复讨论与修改，终在高速铁路建设新征程开启之际，完成22部高等学校高速铁路系列教材的编写任务并出版。

本套教材具有系列化和专适性特点，涵盖高速铁路线桥隧工程、动车组、通信信号、站场设计、运输组织等专业领域，注重介绍高速铁路新理论、新技术、新装备、新材料和新工艺，理论联系实际，资料翔实，图表丰富，可作为高校轨道交通专业的教学教材，亦可作为轨道交通行业企业技术管理人员的培训教材。

本套教材是校企深度合作的成果，谨向大力支持教材编写工作的中国铁路兰州局集团有限公司致谢！

兰州交通大学高等学校高速铁路系列教材编审委员会
2020年9月

【前 言】 >>>>

我国高速铁路发展迅速，与之相应，高速铁路设计、施工规范、计价规范也在不断更新完善，本书结合行业最新规范进行编写，主要介绍高速铁路施工组织与计价工作的最新内容，可为从事高铁施工、计价等方面技术工作的人员提供参考，也可作为工程管理、工程造价专业本科毕业设计参考用书。

第1章高速铁路工程概述，介绍高速铁路构造特点、施工组织、铁路工程计价的基本知识；第2章高速铁路施工组织设计，介绍施工组织设计的内容、特点及高速铁路大型临时工程；第3章专业工程主要施工技术，介绍高铁路基、桥梁、隧道、轨道等专业工程施工特点及施工方法；第4章铁路工程概预算文件编制，介绍铁路概预算编制方法、费用组成、取费规定及文件组成；第5章铁路工程工程量清单计价，介绍招投标阶段工程量清单的编制及投标报价文件的编制方法及清单报价文件的组成；第6章铁路工程验工计价，介绍施工阶段铁路工程验工计价的内容、方式、工程变更的管理。

全书由兰州交通大学土木工程学院工程管理系教师和兰州铁路局工程师们合作编写。具体由顾伟红编写第1章、第2章、第4章、第5章，并负责全书统稿；顾伟红、李晓钟、代金鹏合编第3章；顾伟红、李其俭合编第6章。寇发斌、梁拴民审校1、2、3章，李其俭审校4、5、6章。

本书得到国家自然科学基金项目（51668037）的资助，在此表示衷心感谢。书中不足之处，敬请读者批评指正。

编 者
2020 年 8 月

【目 录】 >>>>

1 **高速铁路工程概述** ································· 001
　1.1 高速铁路施工组织概述 ····················· 001
　1.2 高速铁路工程计价 ··························· 005
　1.3 高速铁路施工组织与计价的关系 ········ 012

2 **高速铁路施工组织设计** ························· 015
　2.1 高速铁路施工组织设计的内容及特点 ····· 015
　2.2 铁路施工组织设计的关键问题 ··········· 019
　2.3 高速铁路大临工程 ··························· 033

3 **高速铁路工程主要施工技术** ················· 040
　3.1 高速铁路路基工程施工 ····················· 040
　3.2 高速铁路桥梁工程施工 ····················· 050
　3.3 高速铁路隧道工程施工 ····················· 070
　3.4 高速铁路无砟轨道施工 ····················· 090

4 **铁路工程概预算文件编制** ····················· 105
　4.1 铁路工程概预算编制层次及范围 ········ 105
　4.2 铁路工程概预算费用构成 ·················· 107
　4.3 预算文件组成及示例 ······················· 110
　4.4 单项预算费用分析 ··························· 124
　4.5 铁路预算编制流程 ··························· 147

5 **铁路工程工程量清单报价** ····················· 151
　5.1 工程量清单及计价概述 ····················· 151
　5.2 铁路工程工程量清单的编制及应用 ····· 154
　5.3 各章工程量计算规则 ······················· 181
　5.4 铁路工程量清单报价文件的编制 ········ 187

6 铁路工程验工计价 …………………………… 191
- 6.1 铁路工程验工计价的内容 ………………… 191
- 6.2 铁路工程验工计价的方式 ………………… 195
- 6.3 铁路工程变更管理 ………………………… 197
- 6.4 铁路工程验工计价实例 …………………… 201

参考文献 ……………………………………………… 207

高速铁路工程概述

1.1 高速铁路施工组织概述

高速铁路施工组织设计是根据高速铁路建设具体任务特点、工期要求、劳动力数量及技术水平、机械装备能力,以及材料供应、构件生产、运输能力,还要考虑地质和气候等自然条件,对高速铁路施工组织中的各种问题进行综合考虑,最终选择出理想方案,并形成指导项目建设的技术经济文件。随着高标准铁路的大规模建设,铁路建设模式发生了根本性的变化,给施工组织设计带来许多新内容,具体有:

(1)新的建设形势对施工组织设计的编制和管理提出了更高的要求。为了贯彻落实质量、安全、工期、投资效益、环境保护和技术创新"六位一体"的要求,铁路总公司将施工组织设计的重要性提高到新的高度,指出施工组织设计是指导铁路建设的纲领性文件,是指导和推动建设管理各项工作、确保实现建设目标的重要基础。

(2)铁路建设中,新技术、新工艺、新材料、新设备大量涌现,使施工组织设计和管理的要求更高、难度更大。如广泛采用了大体积箱梁 900 t 箱梁运架设备;大面积采用无砟轨道;一次铺设跨区间无缝线路(采用 500 m 长轨条)及大号码道岔;路基、桥梁、隧道等工程普遍纳入沉降控制与评估体系并作为关键线路环节进行控制和管理;系统联调联试成为关键线路第二条主控制线等。

(3)铁路建设中,施工技术、施工装备和施工管理水平均得到了较快的发展,质量要求及验收标准、检测方法和手段等也出现了很多新变化,这些变化既体现在常规项目上,也体现在新的工程项目上。

1.1.1 各阶段施工组织设计

高速铁路施工组织设计是高速铁路工程建设项目在设计、施工阶段的重要技术文件,是准备、组织、指导施工和编制施工作业计划的基本依据,是高速铁路工程基本建设管理办法所规定的主要管理制度之一,是对高铁建设项目实行全面有效管理的基础。

根据编制单位、编制阶段的不同,施工组织设计按阶段分类为施工组织方案意见、指导性、实施性施工组织设计。详见表 1-1。

表 1-1 施工组织设计分类表

编制阶段		内容名称
决策阶段	预可行性研究	概略施工组织方案意见
	可行性研究	施工组织方案意见
设计阶段	初步设计	施工组织设计意见
	施工图设计	指导性施工组织设计
实施阶段		实施性施工组织设计

建设各阶段施工组织设计的工作重点见表 1-2。

表 1-2 各阶段施工组织设计工作重点

名称	工作重点
概略施工组织方案意见	以预可行性研究提出的建设项目主要技术标准和方案为基础，根据主要工程内容和分布情况，侧重研究主要控制工程的施工方案，提出建设项目总工期意见，为编制投资预估算提供依据，为立项提供技术支持
施工组织方案意见	以可行性研究提出的主要技术标准和方案为基础，根据主要工程内容和分布情况，侧重研究控制工程和重难点工程的施工方案，经过方案比选，提出建设总工期推荐意见、主要大型临时设施设置方案及所需主要工装设备数量、分年度完成的主要工程量及投资、主要工程和控制工程的工期和施工方法、顺序、进度等，为编制投资算提供依据，为项目决策提供技术支持
施工组织设计意见	以初步设计确定的主要工程内容和分布情况为基础，根据批复的可研阶段确定的总工期和施工组织方案，对控制工程、重难点工程和各专业工程施工方案、施工方法、资源配置、大临和过渡工程等进行全面深化和优化设计，为编制设计概预算提供依据
指导性施工组织设计	以批准的初步设计文件为基础，并结合施工图设计文件，在遵循质量安全第一、技术先进、经济合理、确保工期的原则的基础上合理划分标段，进一步细化优化和落实施工方案、资源配置方案等。注重施工与设计的结合、站前与站后及各专业工程间的衔接，为招投标提供依据，为编制实施性施工组织设计提供指导
实施性施工组织设计	以施工合同和指导性施工组织设计为基础，结合现场施工条件，对工地布置，施工方案施工方法、施工工艺、施工顺序、资源配置、工期等进行详细安排，并根据实施情况进行动态管理。制订切实可行的质量、安全保障措施，对高风险工程制定应急预案，全面响应指导性施工组织设计的各项目标要求，全面实现质量、安全、工期、投资、环保和稳定"六位一体"目标承诺

1.1.2 施工组织设计的目标

高速铁路施工组织设计要实现以下组织管理目标：

（1）为建设项目实现质量、安全、工期、投资效益、环境保护和技术创新"六位一体"的管理目标提供强有力的支撑，发挥指导项目建设的纲领性文件的作用。

（2）研究分析论证建设项目的合理工期，采用技术经济比选的方法合理选择施工方案，实现人、财、物、机等各种资源的优化配置。

（3）落实标准化管理要求，为实现"管理制度标准化、人员配备标准化、现场管理标准化、过程控制标准化"服务。

（4）积极采用现代化管理手段，推广先进技术，提高机械化、工厂化、专业化、信息化水平。

（5）确定开工前必须完成的各项准备工作。

（6）计算工程数量、合理部署施工力量，计算确定劳动力、机械、各种材料、构件等的需要量和供应方案。

（7）合理划分施工区段，确定大型临时设施和过渡工程的总体布局，并进行临时水、电和道路等的综合布置。

（8）确定各种临时辅助企业的布置方案。

（9）选择施工关键技术，确定施工方案，选择施工机具。

（10）安排施工顺序，突出项目的控制工程和重难点工程，编制施工进度计划。

（11）制定确保工程质量及安全生产的有效技术措施等。

设计和实施阶段施工组织设计的详细目标要求见表1-3。

表1-3 各阶段施工组织设计目标表

目标	决策阶段	设计阶段	实施阶段
质量	根据项目的功能定位和主要技术标准合理安排前期工作周期，保证勘察设计质量	1. 围绕"建设项目以质量为核心"的目标进行设计； 2. 满足各项工程质量标准要求（包括设计规范、验收标准等）	1. 满足建设项目各项工程质量目标要求； 2. 重点保证线下基础沉降评估、梁体收缩徐变、无砟轨道铺设、轨道精调与锁定、联调联试等各专业工程接口技术要求
安全	严格执行国家及行业强制性标准、规范、规程，积极推进项目地质灾害危险性评估、地震安全性评估、洪水影响评价等前期工作的审批，满足项目各相关方安全的需要	1. 围绕安全目标进行安全评估节点设定； 2. 突出对高风险工程的风险评估，提出安全保障措施	1. 满足建设项目各项工程安全事故控制目标要求； 2. 满足营业铁路行车事故控制目标要求； 3. 对重大危险源应编制专项施工方案及应急预案
工期	1. 合理确定建设工期，按照投资效益最大化原则科学设置大型临时设施； 2. 研究控制工程和重难点工程的施工方案及工期； 3. 研究"铺架工程"和"联调联试及运行试验"两条主线及项目的关键线路	1. 通过多方案比选和分析，保证推荐建设项目总工期技术可行，经济合理； 2. 确定"铺架工程"和"联调联试及运行试验"两条主线； 3. 确定控制工程、重难点工程、各专业工程工期和关键线路，确保设计的工期目标可行； 4. 确定材料，施工装备供应方案经济合理； 5. 确定大临工程布局合理，与工期要求相匹配	1. 以批复的总工期为基础，以"铺架工程"和"联调联试及运行试验"； 2. 确定控制工程和重难点工程工期目标，主要工程节点工期目标； 3. 做好各工程接口安排，确保工期目标可控

续表

目标	决策阶段	设计阶段	实施阶段
投资	可行性研究报告应达到规定的设计深度和精度要求，项目投资估算合理	通过比选优化，确定技术可靠、经济合理的施工方案，保证总投资目标合理	1. 以批复的总投资为控制目标，进行目标分解； 2. 优化施工方案，体现资金时间价值； 3. 做好资源优化配置； 4. 做好变更管理，确保投资控制目标实现
环保	1. 符合国家及地方环境污染控制、节约土地、节能、节材、节水等各项环保法律法规规定，并提出相关要求； 2. 满足环保工程与主体工程"同时设计，同时施工，同时投产"的环保目标要求	1. 符合国家及地方环境污染控制、节约土地、节能、节材、节水等各项环保法律法规规定，并提出相关要求； 2. 满足环保工程与主体工程"同时设计，同时施工，同时投产"的环保目标要求	1. 提出环境污染控制目标和措施； 2. 提出土地资源节约利用控制目标和措施； 3. 提出节能、节材、节水控制目标和措施
稳定	1. 签订征地拆迁框架协议，严格按照国家、省（市）、总公司的有关规定，据实计列数量并按当期补偿水平足额纳入投资估算 2. 积极推进项目社会稳定性评估等前期工作，满足维持稳定的各项要求	1. 落实外部协议签订，做好征地拆迁、管线迁改、交叉跨越等外部调查和方案设计工作 2. 落实工程项目社会稳定评估报告对社会稳定因素防控的要求。 3. 落实职业卫生"三同时"要求	1. 提出文明施工目标和措施； 2. 提出社会环境和谐友好协调发展目标和措施 3. 根据社会稳定评估对可能影响稳定因素提出应对预案和防范措施

1.1.3 高速铁路施工组织的特点

高速铁路标准高、技术新、施工工艺复杂，使其施工组织设计相对于普通铁路来说复杂性大大增加。各专业工程施工组织有如下特点：

（1）路基工程施组特点。

路基工程施工组织中路基作为土工结构物施工，填料作为工程材料控制，考虑混凝土结构耐久性及结构工后沉降等高质量标准，各项工程应进行施工工艺设计，并进行工艺试验。由于对路基沉降控制的高要求，地基处理措施要求大大高于普通铁路，路基结构、填料要求、压实标准均高于普通铁路，施工工艺要求也不同。为满足沉降控制和工期要求，一般需采取堆载预压措施；增加了无砟轨道铺设前对沉降标准进行评估的要求；施工组织设计中则需考虑增加设置级配碎石拌和站、改良土拌和站等大型临时设施。

（2）桥梁工程施组特点。

高铁桥梁的比例远远高于普通铁路，桥梁结构上也有不同。高速铁路桥梁大面积采用大体积箱梁结构，一般采用工地设置制梁场，工厂化预制的方式，需要大型搬运梁机、提梁机、运梁车及架桥机等新型机械，同时为适应不同的施工环境和条件，出现了移动模架造桥、节段拼装造桥、桥位现浇等不同的施工方案。桥梁架设和现浇施工均为高处作业，应进行危险源判别，采取系统的有针对性的施工安全措施。

（3）隧道工程施组特点。

受空气动力影响，高铁隧道断面远远大于普通铁路，从而在施工开挖方法、资源配置、施工进度等方面与普通铁路有较大的不同。

（4）轨道工程施组特点。

为满足高速铁路运行对轨道高平顺性的要求，同时出于全寿命周期内经济性的考虑，高速铁路在条件适宜区段，大面积采用了无砟轨道结构形式，按设计要求一次铺设跨区间无缝线路，施工组织方案相对于有砟轨道而言有根本性的不同。

（5）通信、信号、电气化等站后工程。

高速列车运行的高安全性和高可靠性要求，对站后工程提出了新的要求。各子系统的施工、调试更加复杂，同时增加了全系统的联调联试、动态检测与运行试验。

（6）总体施工方案。

以控制项目施工组织设计的铺架工程为例，普通铁路为边铺边架方案，高速铁路为先架后铺方案，导致站前工程的施工方案安排、制约因素发生了根本性的变化。施工装备，特别是专用设备投入大。桥梁制运架和轨道施工设备是施工组织的关键资源。大临设施的布局及规模直接影响工期和投入，且优化难度大。各专业及各项工序间联系紧密，应采用系统工程理论和数学模型，运用网络技术，进行工期、资源、成本最优化分析。

（7）接口工程。

高铁工程的复杂性还在于出现了许多新的接口工程，电缆槽、过轨、综合接地、接触网基础、轨旁设备的施工与相关站前工程的接口处理，路基、桥梁、隧道与无砟轨道施工的接口处理，架梁通道与路基预压的关系，站房土建工程与设备安装工程的接口处理等，均需要在施工组织设计中予以妥善考虑并安排。

1.2 高速铁路工程计价

工程造价分为两层含义，第一层含义是建设项目造价，即从业主角度，反映建设一项工程预期开支或实际开支的从建设筹备到竣工验收的全部固定资产费用之和。铁路建设项目预算费用组成包括静态投资，含建筑安装工程费、设备工具购置费、其他费、基本预备费，动态投资，含价差预备费、建设期投资贷款利息，机车车辆购置费，铺底流动资金等。工程造价的第二层含义是指在市场交易活动中形成的工程价格，属于价格管理的范畴。其含义包括工程或设备中标价、合同价。

在不同经济发展时期，存在一定的工程建设管理体制和一定的建筑产品交换方式，工程建筑产品的定价主体和价格形成机制也不同，铁路工程计价也形成了定额计价和工程量清单计价两种模式。

传统定额计价模式是按照设计图纸计算的分部分项工程数量套用预算定额相应子目的基价，确定定额直接工程费，然后按规定的取费标准确定措施费、间接费和税金，经汇总形成单项预算价值。目前，我国铁路建设项目设计阶段的概预算文件采用定额计价模式编制。

工程量清单计价模式是根据工程量清单规范要求及施工图纸计算各个清单项目工程量，形成工程量清单，工程招投标阶段企业根据招标文件中的工程量清单和有关要求、企业定额、根据施工现场实际情况拟订的施工方案或施工组织设计，依据定额资料、工程造价信息和经验数据计算得到工程投标价格。目前我国铁路建设招投标，主要采用工程量清单计价模式。工程量清单计价建立起以市场形成价格为主的价格机制，有利于中标企业精心组织施工，控制成本，有利于业主在极限竞争状态下获得最合理的工程造价。工程量清单报价下企业按照自己的施工条件、施工管理、施工技术和拥有的各种资源和优势来计算投标价格，能将各种经济、技术、质量、进度等因素充分细化考虑到分项工程的综合单价中，在统一的量的基础上，展开价格竞争。

1.2.1 高速铁路工程造价体系

铁路基本建设投资大，涉及单位广，应遵循科学的建设程序，在建设的各阶段都有相应造价文件编制和管理工作。建设程序可划分为立项决策、设计、工程实施和竣工验收四个阶段，各阶段造价工作如图1-1所示。

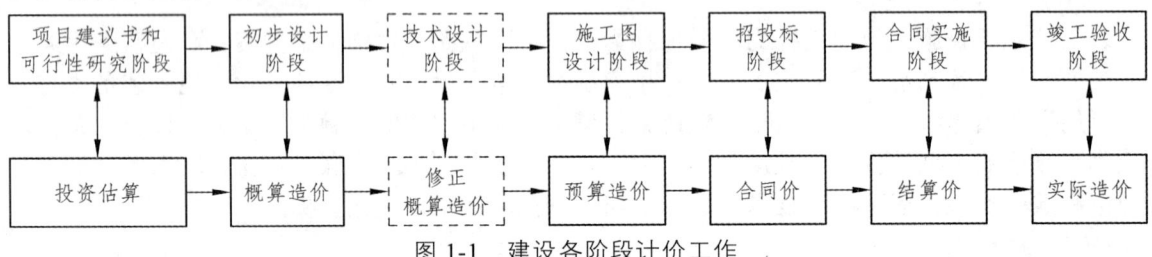

图1-1 建设各阶段计价工作

铁路项目立项决策要进行项目建议书、项目可行性研究二阶段批复，编制投资估算是决策阶段的主要造价工作。三阶段设计分别有设计概算、修正设计概算和施工图预算造价文件。招投标阶段要按照清单计价模式确定中标合同价格，施工阶段施工企业通过工程结算偿付施工耗费获取价款结算收入。竣工阶段要进行概算清理，建设单位要编制竣工决算文件反映工程建设实际耗费价值。

工程计价具有多次性特点，在项目建设的各个阶段都要进行造价的预测与计算。在投资决策、初步设计、扩大初步设计和施工图设计阶段，设计单位依据编制办法和定额资料初步确定工程造价，实现项目各阶段投资控制，此时的工程造价还并不完全具备价格属性。因为此时交易的另一方主体还没有真正出现，此时的造价确定过程可以理解为是业主的单方面行为，属于业主对投资费用管理的范畴。工程价格形成的主要阶段是招投标阶段及中标后合同实施阶段的工程计价管理。各阶段的主要计价依据见图1-2。

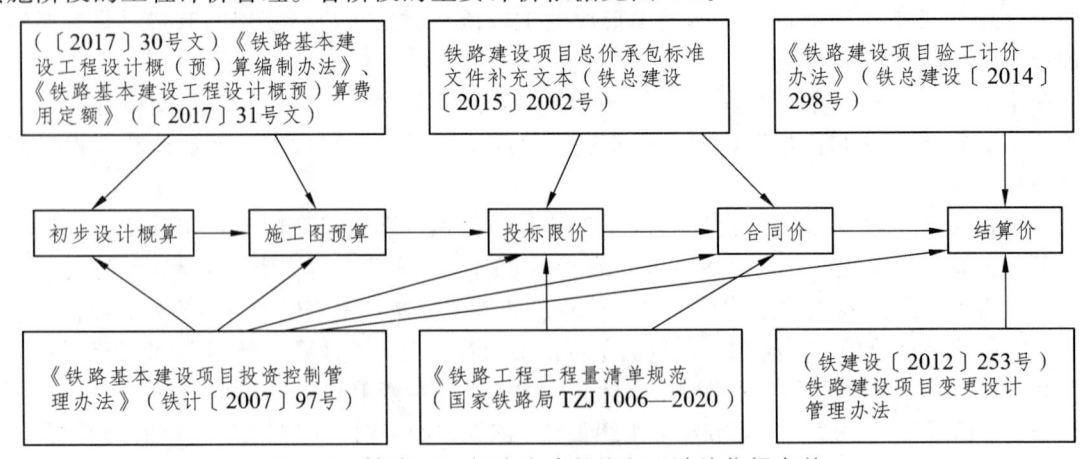

图1-2 铁路工程各计价阶段的主要计价依据文件

1.2.2　铁路工程投资估算

投资估算是在项目建议书和可行性研究阶段，由建设单位或其委托的咨询机构对建设项目总投资额进行的估测计算。铁路大中型建设项目实行两阶段决策，即根据国民经济发展的长远规划和路网建设规划，进行项目的预可行性研究，编制项目建议书；根据批准的项目建议书，在初测基础上进行可行性研究，编制可行性研究报告。

可行性研究阶段编制投资估算和预可行性研究阶段编制投资预估算，其编制依据为《铁路基本建设工程投资估算预估算编制办法》（TZJ 1002—2018）、《铁路基本建设工程投资估算预估算费用定额》（TZJ 3002—2018）。该阶段依据的工程定额是投资估算指标，它是各有关专业工程量和建设费用的消耗指标，是通过对已交付使用的在不同地形条件下、不同设计标准、不同牵引种类的建设项目的主要工程数量及概算和决算资料进行分析研究，并在概算指标的基础上扩大计量单位，增加费用内容而制定的。如桥梁每延米各种主要材料消耗。

铁路投资估算反映项目从筹建、施工直至建成投产的全部建设费用，由静态投资、动态投资、机车车辆（动车组）购置费和铺底流动资金组成。其主要作用有：

（1）铁路投资估算是决定拟建项目是否继续进行研究的依据；

（2）铁路投资估算是审批项目建议书的依据；

（3）铁路投资估算是批准设计任务书、控制设计概算和整个工程造价最高限额的重要依据；

（4）铁路投资估算是编制投资计划，进行资金筹措及申请贷款的主要依据；

（5）铁路投资估算是编制中长期规划，保持合理比例和投资结构的重要依据。

编制投资估算时，应当根据可行性研究报告的内容、国家铁路局颁布的估算编制办法，以估算时的价格进行投资估算，并合理地预测估算编制后直至工程竣工期间的工程价格、利率、汇率等动态因素的变化，打足建设资金，不留投资缺口。投资估算精度项目建议书阶段一般应控制在实际投资造价的 ±30% 以内，可行性研究阶段应控制在实际投资造价的 ±10% 之间。

1.2.3　铁路设计概算计价依据

铁路工程基本建设项目一般两阶段设计，即初步设计和施工图设计，分别编制设计概算、施工图预算；对于技术上复杂、基础资料缺乏和不足的建设项目，或建设项目中的复杂特大桥、隧道，必要时采用技术设计，增加修正概算。

设计概算根据设计要求和相应的设计图纸，按照概算定额或预算定额，各项取费标准，建设地区的自然、技术经济条件和设备预算价格等资料，预先计算和确定建设项目从筹建到竣工验收、交付使用的全部建设费用，即项目的总成本。

施工图预算是在施工图设计阶段，依据施工图纸准确的工程数据、施工组织设计、预算定额、费用定额，分析地区人工、材料、机械台班的预算价格，考虑当地费用定额、相关技术经济条件等资料，对项目的施工成本进行的计算。

编制设计各阶段造价文件首先需要熟悉计价相关的编制办法，取费文件，定额资料，价格信息，统称为工程造价的计价依据。

1. 工程技术文件

工程技术文件包括设计图纸、标准、规范等，是反映工程计价对象规模、内容、标准与功能情况的综合文件。一方面，设计图纸资料是工程量计算的依据，依据它可对工程的分部分项做出分解，得到计价的基本项目。另一方面，要依据设计图纸提出合理的施工组织方案，确定造价编制相关费用的基础数据。

2. 编制办法及费用定额

铁路基本建设工程各阶段计价的编制和取费应依据国家铁路局颁布的编制办法和费用定额进行。目前，铁路工程概算和预算采用《铁路基本建设工程设计概（预）算编制办法》（TZJ 1001—2017），《铁路基本建设工程设计概（预）算费用定额》（TZJ 3001—2017）。

编制办法由总则、编制方法、费用内容及计算方法、其他编制说明、附录和附表组成。编制办法费用内容包括：人工费，材料费，施工机具使用费，工程用水、电单价，价外运杂费，填料费，施工措施费，特殊施工增加费，大型临时设施和过渡工程费，间接费，设备购置费，税金，其他费，基本预备费，价差预备费，建设期投资贷款利息，机车车辆（动车组）购置费，铺底流动资金。其他编制说明包括：设计概（预）算价差调整有关说明、利用外资概（预）算编制有关说明、编制概（预）算小数点后位数取定、概（预）算表格。

费用定额和编制办法配套使用，反映各项费用取费标准、费率标准及计算方法。

3. 工程定额

工程定额是指在正常施工条件下，完成规定计量单位的符合国家技术标准、技术规范（包括设计、施工、验收等技术规范）和计量评定标准，并反映一定时期施工技术和工艺水平所必需的人工、材料、施工机具台班消耗量的额定标准。在建筑材料、设计、施工及相关规范等没有突破性的变化之前，其消耗量具有相对的稳定性。铁路工程定额体系按编制程序和用途包括施工定额、预算定额、概算定额及估算指标等，按生产要素分劳动定额、材料预算价格、施工机具台班费用定额。不同建设阶段编制工程造价文件所需的定额不同，在初步设计阶段，站前工程（路基、桥涵、隧道、轨道及站场工程）依据预算定额，站后工程依据概算定额；在施工图设计阶段，均依据预算定额。

设计阶段主要依据概算定额和预算定额。预算定额用于编制施工图预算，是计算工程造价和计算分项工程中劳动、材料、机具台班需要量的计价定额。分为《铁路工程基本定额》（TZJ 2000—2017）和《铁路工程预算定额》十三个专业分册。具体分册名称为：

第一册 路基工程（TZJ 2001—2017）
第二册 桥涵工程（TZJ 2002—2017）
第三册 隧道工程（TZJ 2003—2017）
第四册 轨道工程（TZJ 2004—2017）
第五册 通信工程（TZJ 2005—2017）
第六册 信号工程（TZJ 2006—2017）

第七册　信息工程（TZJ 2004—2017）
第八册　电力工程（TZJ 2005—2017）
第九册　电力牵引供电工程（TZJ 2006—2017）
第十册　房屋工程（TZJ 2004—2017）
第十一册　给水排水工程（TZJ 2005—2017）
第十二册　机务车辆机械工程（TZJ 2006—2017）
第十三册　站场工程（TZJ 20013—2017）

另外，〔2017〕324号文发布了《铁路工程补充预算定额（第一册）》，包含路基静态爆破、高强度金属防护网、地基处理桩；桥梁钢管拱外包钢筋混凝土、新型梁端伸缩缝；隧道盾构施工；Ⅲ型板式无砟轨道、弹性支撑块式无砟轨道；灾害监测工程等新施工工艺定额消耗。

铁路概预算编制办法中对预算编制深度的规定要求对于路基土石方、路基附属工程、桥涵、隧道及明洞、轨道等"站前"工程在编制初步设计概算时也要采用预算定额编制。

概算定额是在预算定额基础上，对预算定额的综合扩大。《铁路工程概算定额》也分上述十三个专业分册（分别为TZJ 2101—2018～TZJ 2113—2018）。编制初步设计概算，对房屋、通信、信号、信息、灾害监测、电力、电力牵引供电、给排水、机务、车辆、动车、工务、站场、其他建筑及设备、其他工程采用概算定额或预算定额。

设计概预算材料预算价格依据《铁路工程材料基期价格》（TZJ 3003—2017），施工机具台班单价依据《铁路工程施工机具台班费用定额》（TZJ 3004—2017）。

4. 基础单价

基础单价是指工程建设中所消耗的劳动力、材料、机具台班及设备工器具的单位价格。

（1）劳动力的综合工日单价。

劳动力的综合工日单价是指建筑安装生产工人日工资单价，由生产工人基本工资、津贴和补贴、辅助工资、职工福利费、劳动保护费、特殊地区津贴补贴等组成，具体按费用定额综合工费标准分析计算。

（2）材料预算价格。

材料预算价格指材料（包括原材料、构件、成品、半成品、燃料、电等）从其来源地（或交货地点）到达施工工地仓库后的出库价格。材料基期价格依据《铁路工程材料基期价格》（TZJ 3003—2017），为2014年度价格。编制期主要材料的价格采用当地调查价，由铁路工程造价信息网按季度发布。

（3）施工机具台班单价。

施工机具，包括施工机械和施工仪器仪表，其台班单价指列入概、预算定额的施工机具的使用费或租赁费。

施工机具台班单价依据《铁路工程施工机具台班费用定额》（TZJ 3004—2017）分析确定。按照铁路施工机具台班费用定额的单价组成，施工机械台班费由折旧费、检修费、维护费、安装拆卸费，人工费、燃油动力费和其他费组成。施工仪器仪表台班费由折旧费、维护费、检验费、动力费组成。

（4）设备费原价。

设备费原价指各种进口设备、国产标准设备和国产非标准设备从其来源地（或交货地点）到达施工工地仓库后的出库价格。基期按《铁路工程建设设备预算价格》执行。

5. 施工组织设计

施工组织计设计是对工程施工的时间、空间、资源所作的全面规划和统筹安排，它包括施工方案的确定、施工进度的安排、施工资源的计划和施工平面布置等内容。施工组织设计与工程计价的关系十分紧密，不同的施工组织安排涉及造价文件编制中相关费用的计算不同。如对同一施工任务采用不同的施工方法，其直接工程费用会不相同；资源供应计划不同，主材价外运杂费单价则不同；施工现场的大型临时设施布置不同，大型工程费用也会不同；特殊施工条件下施工措施不同，引起的直接费也会不同。

6. 其他资料

其他资料包括有关会议纪要、合同、协议及计价资料，如某种型号钢筋的每米质量，土地平整中土体体积计算时的棱台公式，标准构件的尺寸等，需要从一些工具书或标准图集查阅。

1.2.4 铁路工程量清单计价

铁路工程量清单计价主要用于工程交易期，即施工图设计完成后，组织招标、投标、评标、定标及签订施工合同的阶段。在工程交易期，应建立以工程量清单报价规范为核心的工程交易体系，规范市场交易行为，便于市场形成工程产品价格。

2003年2月建设部《建设工程工程量清单计价规范》（GB 50050—2003）的发布，标志着我国建设领域以市场自主定价为导向的工程造价改革进入了规范化实施阶段。2007年5月铁道部发布《铁路工程工程量清单计价指南（土建部分）》，明确规定今后铁路基本建设大中型项目计价都应采用该指南。2009年7月原铁道部发布《铁路工程工程量清单计价指南（四电部分）》，对铁路四电工程清单计价进行了规范。2020年国家铁路局发布《铁路工程工程量清单规范》（TZJ 1006—2020），自2020年6月1日起实施，原铁路清单计价指南同时废止。

工程量清单计价方法是一种区别于定额计价模式的新计价模式，是一种主要由市场定价的计价模式，是由建设产品的买方和卖方在建设市场上根据供求状况、信息状况进行自由竞价，从而最终能够签订工程合同价格的方法。因此，可以说工程量清单的计价方法是在建设市场建立、发展和完善过程中的必然产物。在工程量清单的计价过程中，工程量清单向建设市场的交易双方提供了一个平等的平台，是投标人在投标活动中进行公正、公平、公开竞争的重要基础。铁路建设工程实行工程量清单计价是我国入世后，铁路工程建设适应国际竞争规则的需要，有利于提高铁路工程建设的管理水平。

传统定额计价模式以部颁定额、取费标准和指导价格来确定工程造价，只能反映铁路建设平均水平，无法反映承包商技术、施工、管理水平等因素对铁路工程造价的影响。工程量清单计价由承包商按业主提供的工程量清单，自主运用企业定额，依据市场信息报价，其综合单价包括了完成工程量清单项目所需的全部费用，即人工费、材料费、机具使用费、措施费、间接费和税金，因此，清单计价是企业自主报价和公平竞争的招投标模式。

施工企业编制报价文件主要依据：

（1）招标文件及补遗。

招标文件是投标人参与投标活动、进行投标报价的行动指南。招标文件一般包括前附表、投标人须知、合同通用条款、合同专用条款、技术规范、图纸、评标和定标办法、工程量清单以及必要的附表，如各种担保或保函的格式等。

（2）《铁路工程工程量清单规范》（TZJ 1006—2020）。

规范中的工程量计算规则是计量工作的法规，它规定工程量的计算方法和计算范围。采用工程量清单编制报价文件，其工程量计算规则依据《铁路工程工程量清单规范》（TZJ 1006—2020）的计量规则执行。企业在编制工程量清单编制报价文件时，应对招标文件提供的工程量清单进行复核，如有重大误差，可以要求业主修改。

（3）企业定额。

修定定额是企业参考行业预算定额，依据企业定额消耗编制的定额，反映本企业的施工技术管理水平，是清单综合单价计算的依据。

（4）施工组织设计及施工方案。

清单报价时，施工组织设计安排决定了资源投入和造价基础数据。施工方案是确定工程量的依据，套取定额进行组价的依据；施工方案还影响措施费分析、临时设施费用的价格。

1.2.5 铁路工程验工计价

铁路工程验工计价是工程实施期的造价管理活动，工程实施期是指施工合同签订后开始施工到完成竣工验收的阶段。在工程实施期间，要建立以合同管理为重点，以验工计价为方法的造价确定体系。铁路工程验工计价依据2014年中国铁路总公司发布的《铁路建设项目验工计价办法》（铁总建设〔2014〕298号）、2015年发布的《关于进一步规范铁路建设项目征地拆迁验工计价工作的补充通知》（铁总建设〔2015〕257号）等文件执行。

验工计价是对铁路建设项目工程承包合同（包括补充合同、协议）中已完合格工程数量或工作进行验收、计量和对经验收、计量的工程数量或工作进行计价活动的总称，以下简称验工计价。验工计价是办理工程价款结算的依据。工程计量是项目监理机构根据设计文件及承包合同中关于工程计量的规定，对承包单位申报的已完合格工程的工程量进行的核验。工程计价是以计量为基础，根据已核验的工程量及费用项目和承包合同工程量清单中的单价或费率计算的工程造价金额，进行工程价款支付。验工计价工作是工程实施阶段控制工程造价的核心环节，也是进行质量控制的主要手段，同时是进度控制的基础，是保证业主和承包人合法权益的重要途径。

验工计价按照合同（或协议）约定方式或相关规定进行。铁路建设项目的验工计价对项目完成的所有投资都应进行验工计价。建筑安装工程、设备工器具、征地及拆迁、其他工程等均须通过验工计价来确认已完工程数量和计算工程价款；勘察设计费、工程咨询费、监理费等其他投资费用须通过验工计价来确认已完工作的数量和计价；建设单位管理费在批准的预算内，应按有效支付凭证进行归类统计计价。建设项目实行工程总承包的，如合同约定采用合同总价下的节点工期计价方式,验工计价应与合同约定的计价节点相对应。联合体中标实施的工程,项目管理机构只对联合体牵头人进行验工计价。

1.3 高速铁路施工组织与计价的关系

1.3.1 高速铁路工程造价的特点

高速铁路工程概算与普通铁路工程概预算的重要区别,在于编制高速铁路工程概算必须要结合高速铁路的特点,才能合理地反映出高速铁路工程造价。虽然在费用分类、组成与章节划分上两者无甚差别,但高速铁路工程标准和施工工艺要求与普通铁路差别较大,故概算编制必须适应高速铁路的特点,反映实际资源消耗。为适应高速铁路工程建设需要,陆续颁布的一些补充预算定额反映了各类新的工程构造及施工技术的资源消耗。

高等级铁路工程的造价具有下列主要特点:

(1)拆迁工程量大,费用高。

一方面,高等级铁路工程曲线半径大,拆迁难以绕避,造成拆迁工程量大;另一方面,为方便旅客集散,贯彻铁路运营人性化的服务理念,线路需要进入人口密集区域是造成拆迁工程量大的另一个主要原因。拆迁工程量大,拆迁费用高是其造价的一个特点,如沪杭甬客运专线杭甬段初步设计拆迁补偿费用 23.03 亿元,占静态投资的 12.23%;石武客运专线郑武段初步设计接轨点拆迁补偿费 15.23 亿元,占接轨点工程费用的 9.08%。

(2)路基标准高、费用大。

高等级铁路路基填料的技术要求高:路基本体采用改良土或 A、B 组填料,基床表层采用级配碎石。路基基底处理设计根据各工点的地基条件、填土高度,采取了强夯或强夯置换、振动碾压、冲击压实;搅拌桩、旋喷桩、CFG 桩复合地基和刚性桩(预应力管桩、方桩和钻孔灌注桩等)-网复合地基、预压等地基加固措施。路基基底处理工程量大,费用高,如石武客运专线郑武段区间工程,地基处理费用 14.77 亿元,占路基工程概算费用的 30.38%,其中 3 种桩(旋喷桩、CFG 桩、预应力管桩)费用 10.9 亿元,又占到地基处理费用的 73.8%。

(3)桥隧比重高,费用比重大。

高等级铁路要求线下结构连续、平顺、稳定、耐久和少维修,并且考虑节约用地、保护环境,其桥隧比重因此较大,每正线公里造价高。如石武客运专线郑武段初步设计:郑州枢纽郑武正线桥隧比重 50.80%,费用占静态投资的 53.06%,郑州(不含)至豫鄂省界桥隧比重 83.56%,费用占静态投资的 49.38%,豫鄂省至武汉(不含)桥隧比重 64.21%,费用占静态投资的 43.93%。沪杭甬客运专线杭甬段初步设计:杭州枢纽内桥隧比重 67.09%,费用占静态投资的 47.65%,区间萧山(不含)至庄桥(不含)桥隧比重 97.49%,费用占静态投资的 55.94%。

(4)大型临时工程工程量大,费用高。

普通铁路大临工程投资约占静态投资的 0.6% 左右;高等级铁路由于"三高三新"的技术

特点，大临工程投资约占到静态投资的1.6%左右。其中，制（存）梁场、铺架（轨）基地、制板（枕）场费用是其主要组成部分。如杭甬客运专线杭甬段初步设计大临工程费用2.98亿元，占静态投资的1.58%，其中箱梁预制场、铺轨基地、制板场占到大临工程费用的84.9%。石武客运专线郑武段初步设计，大临工程费用8.21亿元，占静态投资的1.84%，其中箱梁预制场、铺轨基地、制板场占到大临工程费用的76.22%。

1.3.2 高速铁路施工组织与计价的关系

施工组织设计作为项目管理的规划性文件，提出工程项目施工进度控制、质量控制、成本控制、安全控制、现场管理、各项生产要素管理的目标及技术组织措施，它既解决施工技术问题、指导施工全过程，同时又要考虑项目建设的经济效益，每一项施工组织设计的不同安排，都会对工程造价产生不同影响，高速铁路施工组织需要协调的因素多，与工程造价的关系更加紧密。

高速铁路施工组织设计对工程造价影响较大的方面主要表现在以下方面：

（1）施工平面布置。

施工组织平面布置研究施工场地上所有设施在平面位置上的合理布置问题，它是施工组织设计的重要组成部分，也称施工总体布置。铁路工程是条带状布置的工程结构，施工组织平面的布置也要体现其特点，它将决定着预算中的直接费用高低。合理的施工组织平面布置，可以降低运输费用、保证运输便捷；可以减少临时占地、降低临时占地的租地及青苗补偿等费用。例如制梁厂的设置，不仅影响运距，同时还将影响到箱梁的运架工期，故设置位置在确保经济、可行的前提下，应尽量靠近线路，以缩短箱梁的运输距离和减少相应的临时租地费用；存梁区应设置在距桥梁或路基最近的位置，为取运梁提供方便。

（2）施工进度计划。

施工进度计划是施工组织设计的核心内容，是在承包合同规定的条款下，在规定施工方案基础上对各分部分项工程的开始和结束时间做出具体的日程安排。工期的长短将直接影响到工程建设成本的高低，因工期延长将增加人工费、材料费和机具使用费；工期太短则会加大资源投入，如设备、模板等一次性投入增加，工人加班费用增加等。因此在编制施工方案时，结合施工流水段的划分，合理安排施工顺序，利用网络技术来确定各项、各工序的合理进度，以便均衡地利用现有人力、机械设备，使项目的有限资源合理地配置，达到既有较高效率，工程费用又节省的目的。

（3）施工方案。

施工方案是施工组织设计的重要内容主体，正确选择施工方案，能决定工程质量的好坏、工程进度的快慢及工程成本的高低，如在施工方案措施中采用新技术、新工艺、修旧利废及综合利用，会产生相当可观的材料及费用节约。编制施组时应对多个可行的施工方案计算其施工成本并进行比较，而后得到最佳施工方案。不同的施工方案要求不同的资源组合，从而就有不同的项目施工成本。故符合合同要求又施工成本最少的方案，就是所要寻找的最佳施工方案。

其他影响工程造价确定的因素还有施工准备工作（包括施工技术、施工现场准备，组织机构的建立，施工物资、生产设备的准备）、材料运输方案、技术经济管理措施（保证质量的措施、保证安全的技术措施、消防保卫技术措施、环境保护技术措施、材料节约技术措施、季节性施工、技术管理措施等）、年度投资计划等。

Part 2 高速铁路施工组织设计

2.1 高速铁路施工组织设计的内容及特点

高速铁路施工组织设计要依据高速铁路建设项目特点,通过技术经济比选,选择施工方案、确定施工进度,设置临时工程,并对项目在人力和物力、时间和空间、技术和组织等方面做出全面科学合理的安排,确保高效地完成建设任务。

2.1.1 施工组织设计的内容

设计阶段施工组织设计重点研究施工组织方案,提出工期安排意见,满足技术可行和经济合理的要求;实施阶段施工组织设计在批复施工组织设计意见的基础上侧重于各种要素的详细安排、有序组织、全面落实。以实施阶段施组为例介绍其内容组成:

1. 编制依据、编制范围及设计概况

(1) 编制依据主要包括:
① 国家法律、法规和总公司规章制度;
② 国家对本项目的批复文件;
③ 本项目采用的标准、规范、规程等;
④ 总公司与地方政府的有关协议、纪要等;
⑤ 总公司对本项目批复文件;
⑥ 勘察设计合同以及合同的有效组成文件;
⑦ 科学研究及实验成果;
⑧ 当前铁路建设的技术水平、管理水平和施工装备水平。
⑨ 施工组织调查报告。

(2) 编制范围包含以下部分:
① 本标段的工程范围;
② 正线起讫地点、里程、长度等;
③ 枢纽、联络线等相关工程。

(3) 设计概况主要包括:
① 项目建议书的批复情况;

② 勘察设计及各阶段批复情况；
③ 批准的建设规模、工期；
④ 建设单位编制的指导性施工组织设计；
⑤ 施工图纸；
⑥ 施工承包合同及合同附件。

2. 工程概况

工程概况包括线路概况、主要技术标准、营业线改建或增建二线概况、主要工程内容和数量、工程特点、控制和重难点工程的分析和对策、环水保主要工程内容、其他有关情况。以上均应结合相应的标段工程、单位工程、地段或工点等具体情况进行编写，线路概况可先反映整个项目情况。

3. 建设项目所在地区特征

建设项目所在地区特征包括：自然特征、交通运输情况、沿线水源、电源、燃料等可资利用的情况、当地建筑材料的分布情况，其他有关情况等。

4. 总体施工组织安排

总体施工组织安排包括施工总体目标，施工组织机构及职责分工、队伍部署和任务划分，开竣工日期及总工期，总体施工顺序及主要阶段工期安排，施工准备、征地拆迁和建设协调方案，主要进度指标及分项工程施工进度计划，工程的接口及配合，关键线路及施工总平面布置示意图、总体施工组织形象进度图、施工进度计划横道图、网络图等图表。

5. 临时工程、过渡工程及取弃土场设置方案

临时工程、过渡工程及取弃土场设置方案包括大型临时设施和过渡工程及驻地与营房、钢结构加工场等小型临时设施设置的具体方案、标准、规模、能力、主要工程数量和主要设备数量，并附施工总平面布置、取弃土场设置等。

6. 控制工程及重难点工程（包括高风险工程、环水保工程）的施工方案

控制工程及重难点工程（包括高风险工程、环水保工程）的施工方案包括工程概况，施工方法，施工装备，施工顺序和作业空间规划，劳动及作业组织方式，关键工序、施工工艺及质量控制，施工难点和应注意的问题等。高风险工程应制定风险管理预案，按设计及规范要求提出相应的施工措施，并进行风险跟踪管理。

控制工期的重点隧道工程，应编制工程概况、工程地质和水文地质条件、施工条件、辅助坑道情况、施工工区及任务划分、各工区承担的围岩类别及数量、施工进度指标、主要施工方案和方法、施工辅助措施等，宜采用图表表示。对于不良地质或特殊地质地段，应重点说明地质情况、施工风险情况、施工技术措施及应急预案。

控制工期的桥梁工程，应编制工程概况、工程地质和水文地质条件、施工条件、施工单元的划分，明确连续梁和简支梁现浇的设备配置，确定进度指标。深水桥应按照水中墩的分布和施工条件，设置辅助设施，分析进度指标，并重点说明施工风险情况、施工技术措施及应急预案。

当高速箱梁制、运、架处于关键线路上时，为使其制约因素具体化、直观化，应按照首

架和次架方向制作架梁分析图，直观地反映出架梁通道上的征地、拆迁、三电迁改、连续梁施工等外部环境因素，使工作目标明确，推进有针对性，并做好动态更新和调整。

7. 施工方案

施工方案包括确定施工方法，选择施工装备，制定施工顺序和作业组织方式。各专业工程按施工顺序分别制定施工方案和技术措施，并突出质量控制、检测方法和手段、沉降变形的观测与评估。

8. 资源配置方案

资源配置方案包括主要工程材料设备采购供应方案、分年度主要材料设备计划、关键施工装备的数量及进场计划、劳动力计划、资金使用计划等。特别是钢轨、道岔、道砟、轨枕等材料供应方案。

9. 信息化

信息化包括信息化实施方案及BIM技术应用实施方案。信息化总体方案包括工作内容、计划安排、工作组织等；BIM技术应用总体方案包括BIM技术应用的工程内容、技术标准、模型精度等。

10. 管理措施

管理措施包括标准化管理措施、质量管理措施、安全管理措施、工期控制措施、投资控制措施、环境保护措施、水土保持措施、文物保护措施、文明施工措施、节约用地措施、冬季施工措施、夏季施工措施、雨季施工措施、路基桥梁沉降控制及观测措施、预警机制和应急预案、信息化管理措施、技术创新计划等。

11. 施工组织图表

施工组织图表包括附表、附图、附件。如施工总平面布置示意图、施工组织形象进度图、施工进度计划横道图、网络图等。

2.1.2 高速铁路施工组织设计的特点

1. 高速铁路施工组织设计的影响因素

（1）施工方案。

施工方案的选择是施工组织设计中最重要的环节之一，是决定整个工程全局的关键。因为施工方案一经确定，则整个工程施工的进程、人力和机械的需要和布置、工程质量及施工安全、工程成本、现场的状况等也就随之被规定下来。施工组织的各个方面都与施工方案发生联系而受到重大影响。施工方案编写应以技术复杂桥梁，特长隧道或地质复杂隧道，大型复杂站房、无砟轨道路基及软土路基等控制工程为重点。

施工方案的内容很多，概括起来主要包括四项：施工方法的确定、施工机械的选择、施工顺序的安排、流水施工的组织。其中前两项为施工方案技术方面的内容，后两项为组织方面的内容。采用各种不同的方法进行施工，有其各自的优缺点，如何从若干可行的施工方法中，选择适于本工程的最先进、最合理、最经济的施工方法，从而达到降低工程成本和提高劳动生产率的预期效果，是施工组织设计的重要环节。

（2）人力资源。

在高速铁路施工中，需要合理地配备管理人员，以构成相应的职能机构，从而顺利组织施工。在施工过程中，具有一定素质的劳动力构成的劳动组织，是顺利完成施工任务的前提。劳动组织就是人的组合，它涉及人员的各种素质，如技能、专长、经验、文化水平、处理人际关系的能力等。通过合理的劳动组织优化才能充分提高劳动效率、降低工费成本等。劳动组织良好的施工，对工程质量、工程进度将会发挥重要的作用。

（3）资金投入。

高速铁路建设投资大、周期长，是国家重大基础设施建设。因此，在高速铁路施工中，应对投资进行科学的管理和严格的控制，使其发挥最大的效益。

在投资中，估算、概算、预算、投标价、报价和结算以及决算都以价值形态贯穿着整个投资过程之中，从申请建设项目、确定和控制基本建设投资额、进行基建经济管理和施工单位进行经济核算，到最后以决算形成建设单位的固定资产，构成了一个有机的多层次投资控制体系。良好的资金投入对工程建设将起到重要的推动作用，同时也为投资资金的效益最大化提供强有力的保障。

（4）材料物资供应。

材料包括原材料、成品、半成品、构配件等，是工程项目施工的物质前提，材料质量是工程质量的基础，如果材料质量不符合要求，工程质量也就不可能符合标准。因此，加强材料的质量控制，是保证工程质量的重要环节。

（5）机械设备选用。

正确拟定施工方法和选择施工机械是合理地组织施工的关键，同时，这两者又是互相紧密联系的。施工方法在技术上必须满足保证工程质量、提高劳动生产率以及充分利用机械的要求，做到技术上先进、经济上合理。故施工机械的选择是否适宜，很大程度上决定了施工方案的优劣。选择施工机械时，要考虑到各种机械的合理组合，这是能否使选择的施工机械较好地发挥效率的重要问题。施工机械的合理组合一方面指主要机械与辅助机械在台数和生产能力上的相互适应，另一方面是指作业中各种机械互相配套的组合。选择施工机械时应从全局出发统筹考虑，不仅要考虑本项工程，而且需考虑所承担的同一施工现场的其他工程的施工机械使用情况。

2. 高速铁路施工组织设计的特点

高速铁路施工组织设计的特点由高速铁路的工程特点决定，工程特点主要表现为：

（1）路基强度、沉降和纵向刚度的控制，桥梁结构的沉降和变形的控制是施工的关键问题。

（2）隧道有效断面积加大到 100 m^2 以上，防水标准高，对施工工艺要求高，施工安全问题突出。

（3）高性能混凝土对粗细骨料、水泥、掺合料、外加剂等都有严格要求，混凝土结构裂纹控制难度大。

（4）电感应、电传递和电绝缘的要求，使得结构物施工工序增加，工艺复杂。

(5)无缝线路铺设对环境温度的要求,使作业时间受到了限制。

(6)特级道砟的料源少,加工备料应予关注。

(7)轨道平顺性要求高,轨道精调难度大。

高速铁路的施工组织设计的特点有以下方面:

(1)施工装备,特别是专用设备投入大。桥梁制运架和轨道施工设备是施工组织的关键资源。

(2)大型临时设施的布局及规模直接影响工期和投入,且优化难度大。

(3)路基作为土工结构物施工,填料作为工程材料控制,考虑混凝土结构耐久性及结构工后沉降等高质量标准,各项工程应进行施工工艺设计,并进行工艺试验。

(4)隧道断面大,桥梁架设和现浇施工均为高处作业,均应进行危险源判别,采取系统的有针对性的施工安全措施。

(5)各专业及各项工序间联系紧密,应采用系统工程理论和数学模型,运用网络技术,进行工期、资源、成本最优化分析。

(6)对施工期间粉尘、废水、噪声等应采取环境保护措施。

2.2 铁路施工组织设计的关键问题

2.2.1 施工进度计划

施工进度计划涉及资源配置、材料供应、施工组织等各方面,制定的施工进度计划是否科学合理,对控制工程造价会产生很大的影响。如果安排工期过紧,需增加人工和施工机械数量,增加大型临时设施等,就会增加工程投资;如果安排工期较长,虽不用增加人工、施工机械数量和大型临时设施,但会增加其他费用,如贷款利息、租赁场地费用等。所以,要在现场调查的基础上,以桥梁工程、铺架工程、"四电"工程、联调联试及开通为施工的关键路线,合理确定施工进度计划。

1. 总体施工顺序

高速铁路项目站前工程包括路基、桥梁、隧道、轨道、站场等多个专业种类,施工组织要依据工期要求对各专业工程总体施工顺序做出统一安排,施工顺序突出铺架和联调联试两条线来控制总体工期,同时应确定制约总工期的控制工程、重点工程,合理划分施工区段,选择施工方案,配置机械设备,科学制定施工进度计划。总体施工顺序图见图2-1。

高速铁路总体施工顺序为:施工准备→路、桥、隧等线下施工→架梁→沉降评估、CPⅢ测设→无砟道床施工→四电、铺轨、精调施工→站后施工调试→静态验收→动态验收→联调联试→试运行→初验、安全评估。施工组织安排应力求做到突出重点,兼顾一般、平行流水,均衡施工。一般应做到以下几点:

(1)路基、桥梁、隧道:重点安排,整体推进,一次成型,质量达标。

(2)架梁、铺轨、四电:超前谋划,攻克难关,交叉进行,按期完成。

(3)房屋、附属、调试:统筹兼顾,密切配合,均衡连续,确保开通。

(4)施工、监理、设计:科学管理,密切配合,安全优质,高效建成。

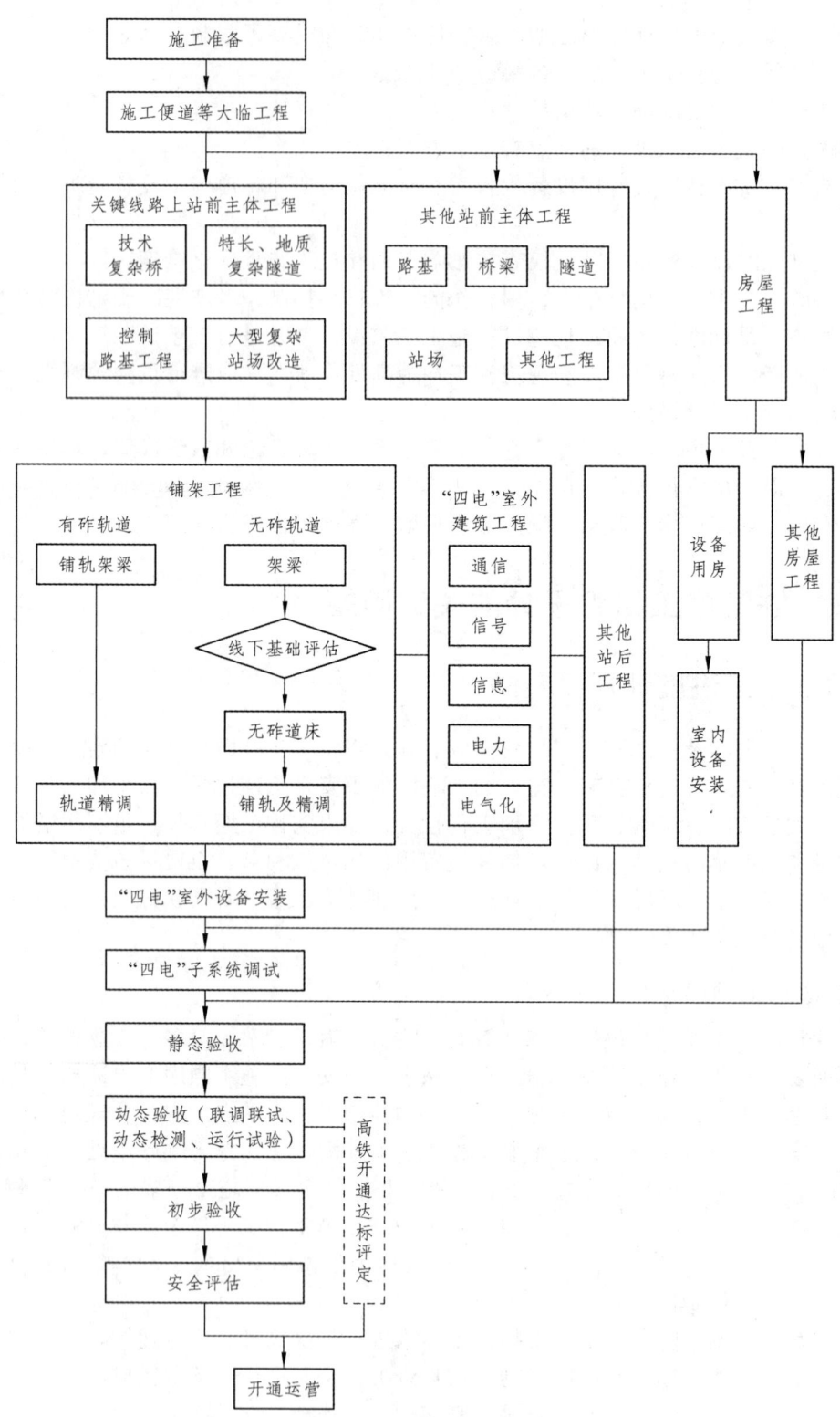

图 2-1 总体施工顺序图

施工组织设计工期安排突出铺架工程和联调联试及运行试验两条主线。铺架工程是统筹安排各站前工程的控制线，站前工程中重点要保证路基、桥涵、隧道的工期不能碰铺架线；联调联试及运行试验线是统筹安排站后配套工程及各子系统调试的控制线，站后工程中重点要保证四电、房建、站场设施工期不能碰联调联试线。

2. 各专业工期参考指标

根据中国铁路总公司 2018 年颁布的《铁路工程施工组织设计规范》，工期综合参考指标如表 2-1。

表 2-1 工期综合指标表

工程项目				单位	综合指标
施工准备		控制工程征拆		月/项	1~3
		城市征拆		月/项	6~12
路基		地基处理		月/项	3~6
	主体	平原丘陵		月/项	4~12
		山区		月/项	12~24
一般桥梁		增高 30 m 以内		月/座	3~12
		增高 30~50 m		月/座	4~15
隧道	钻爆法	单工作面	隧长≤1 000 m	月/座	6~15
			隧长 1 000~2 000 m	月/座	15~28
		双工作面	隧长 2 000~4 000 m	月/座	22~28
		双工作面	隧长 4 000~5 000 m	月/座	28~34
		多工作面	隧长>5 000 m	月/座	34~42
	掘进机法	开敞式		m/月	330~400
		护盾式		m/月	400~450
无砟轨道		双块式		m/d	100~140
		Ⅰ型板式		m/d	140~200
		Ⅱ型板式		m/d	120~180
		Ⅲ型板式		m/d	110~180
站后工程（不含站房）				月	9~18
站房	建筑面积	≤10 000 m²		月/处	10~12
		10 000~50 000 m²		月/处	12~18
		50 000~100 000 m²		月/处	16~22
		100 000~200 000 m²		月/处	22~28
		>200 000 m²		月/处	24~36
联调联试				月/全部系统	2~5
运行试验				月/全部系统	1

注：① 路基工期未含堆载预压工期，堆载预压工期应按设计要求计算工期。
② 本表所列隧道工期围岩级别比例系按照Ⅱ、Ⅲ、Ⅳ、Ⅴ级 2∶3∶3∶2 编制。当实际围岩级别与此相差较大时可调整。
③ 站房建筑面积包含雨棚面积，工期含基础、建筑、结构、装饰装修，智能建筑及配套设备安装调试，如预留地铁施工，工期在此基础上增加 5~7 个月。

（1）大型临时工程进度参考指标。

大型临时工程进度参考指标表见表2-2。

表2-2 大型临时工程进度参考指标

编号	工程项目		单位	工期
1-01	制（存）梁场		月/处	3~8
1-02	铺轨基地			3~5
1-03	轨道板（双块式轨枕）预制场			4~6
1-04	混凝土集中拌和站，填料集中拌和站			1~2
1-05	汽车运输便道	平丘	月/项	1~3
1-06		山区		3~15
1-07	电力线路	平丘		1~3
1-08		山区		3~6
1-09	给水干管路			1~3
1-10	栈桥		月/座	1.5~4

注：栈桥进度指标是指一琇瑢上的进度指标，跨越大江大河等特殊进度指标，另行分析。

（2）路基填筑工期指标。

路基填筑工期指标表见表2-3。

表2-3 路基填筑工期指标

编号	工程项目		进度指标/（万 m³/月）
2-01	填方	时速200 km及以上铁路 基床表层	2.5~3.0
2-02		时速200 km及以上铁路 基床底层	2.7~3.2
2-03		时速200 km及以上铁路 基床以下路基	3.0~3.6
2-04		时速160 km及以下铁路 基床表层	2.6~3.3
2-05		时速160 km及以下铁路 基床底层	3.2~4.0
2-06		时速160 km及以下铁路 基床以下路基	3.5~4.5

（3）路堑开挖进度指标。

路堑开挖进度指标表见表2-4。

表2-4 路堑开挖进度指标

编号	工程项目		进度指标/（万 m³/月）
2-07	挖方 土石比	10:0	5.3~7.4
2-08		8:2	3.5~5.4
2-09		5:5	4.1~4.2
2-10		2:8	3.0~3.6
2-11		0:10	2.4~2.9

（4）过渡段施工进度指标。

过渡段施工进度指标表见表2-5。

表2-5　过渡段施工进度指标

编号	工程项目		进度指标/（万 m³/月）
2-12	过渡段	路桥	0.28~0.35
2-13		路堤与横向构造物	0.35~0.42
2-14		路堤与路堑	0.27~0.33
2-15		路基与隧道	0.32~0.40

（5）地基处理施工进度指标。

地基处理施工进度指标表见表2-6。

表2-6　地基处理施工进度指标

编号	工程项目	进度指标/（万 m³/月）
2-16	塑料排水板	1.3~5.3
2-17	碎石桩	0.5~0.6
2-18	CFG桩	1.5~1.8
2-19	水泥搅拌桩	0.6~0.7
2-20	旋喷桩	0.4~0.5
2-21	袋装砂井	4.3~5.0
2-22	粉喷桩	0.4~0.5
2-23	打入桩	0.5~0.6
2-24	螺杆桩	1.4~1.6
2-25	水泥土挤密桩	1.8~2.2
2-26	柱锤冲扩桩	1.8~2.2

（6）防护与支挡结构进度指标。

防护与支挡结构进度指标表见表2-7。

表2-7　防护与支挡结构进度指标

编号	工程项目	进度指标/（圬工 m³/月）
2-24	浆砌片石护坡	1 100~1 300
2-25	浆砌片石挡墙	1 000~1 200
2-26	混凝土挡墙	1 400~1 700
2-27	桩板式挡墙	250~300
2-28	抗滑桩	350~450

（7）桥梁基础工期指标。

桥梁基础工期指标表见表2-8。

表 2-8　桥梁基础工期指标

编号	项目	类　　别		单位	进度指标
3-01	基础	明挖	陆地≤4 m	m³/月	1 200~1 500
3-02			砧地>4 m		750~90
3-03			水中		550~700
3-04		钻孔桩	土	m/天	15~25
3-05			砂砾石		8~13
3-06			软石		3.5~6.0
3-07			卵石		2.5~4.5
3-08			次坚石		2.0~3.5
3-9			坚石		1.0~2.0
3-10		承台	有防护	天/个	7~5
3-11			无防护		5~9

（8）墩台进度指标。

墩台进度指标表见表 2-9。

表 2-9　墩台进度指标

编号	项目	类　　别		进度指标（月/墩）
3-12	墩台	单线	实体墩墩高≤30 m	0.4~0.5
3-13			实体墩墩高>30 m	0.5~0.6
3-14			空心墩墩高≤30 m 以内	0.6~0.8
3-15			空心墩墩高 30 m~50 m	0.8~1.2
3-16			空心墩墩高 50 m~70 m	1.2~1.7
3-17			空心墩墩高 70 m~90 m	1.7~1.5
3-18		双线	实体墩墩高≤30 m	0.5~0.6
3-19			实体墩墩高>30 m	0.6·0.8
3-20			空心墩墩高≤30 m	0.8~1.0
3-21			空心墩墩高 30 m~50 m	1.0~1.7
3-22			空心墩墩高 50 m~70 m	1.7~2.5
3-23			空心墩墩高 70 m~90 m	2.5~3.0

（9）水中基础进度指标。

水中基础进度指标表见表 2-10。

表 2-10　水中基础进度指标

编号	工程项目		单位	进度指标
3-24	围堰及平台		月/墩	1.5~2.5
3-25	基础	钻孔桩	土	m/天	11.0~20.0
3-26			砂砾石		5.5~10.5
3-27			软石		3.0~5.0
3-28			卵石		2.3~3.5

续表

编号	工程项目			单位	进度指标
3-29	基础	钻孔桩	次坚石		1.8~2.9
3-30			坚石		1.0~1.7
3-31		承台	双壁钢围堰	m³/天	18~20
3-32			钢吊箱围堰		30~35

（10）悬浇连续梁进度参考指标。

悬浇连续梁进度表见表 2-11。

表 2-11　悬浇连续梁进度

编号	工程项目			进度指标
3-33	悬浇连续梁	0#段	主跨≤100 m	天/次	40~60
3-34			主跨>100 m		50~85
3-35		合拢段		天/块	30~45
3-36		其他梁段			8~12

（11）移动模架法现浇梁进度参考指标表。

移动模架法现浇梁进度参考指标表见表 2-12。

表 2-12　移动模架法现浇梁进度参考指标

编号	工程项目	单位	进度指标
3-37	模架拼装、拆除	天/一次	30~45
3-38	现浇箱梁	天/孔	15~18

（12）支架法现浇箱梁进度参考指标表。

支架法现浇箱梁进度参考指标表见表 2-13。

表 2-13　支架法现浇箱梁进度参考指标

编号	工程项目	进度指标/（天/孔）
3-39	支架法现浇箱梁	25~35

（13）涵洞工程进度指标。

涵洞工程进度指标表见表 2-14。

表 2-14　涵洞工程进度指标

编号	类别	进度指标/（月/座）
3-40	盖板涵	1.5~2.5
3-41	矩形涵	1.0~2.0
3-42	框架涵	1.5~2.5
3-43	拱涵	1.2~2.0
3-44	圆管涵	0.7~1.5
3-45	渡槽	1.0~1.8
3-46	倒虹吸管	1.6~2.5

（14）钻爆法施工进度参考指标。

钻爆法施工进度参考指标见表2-15。

表2-15 钻爆法施工进度参考指标

编号	工程项目			围岩等级	进度指标/（延米/月）	
					无轨运输	有轨运输
4-01	正洞	正洞工区	≤60 m²	Ⅱ	130~190（200~260）	150~210
4-02				Ⅲ	90~120（160~230）	120~140
4-03				Ⅳ	60~85（110~180）	60~85
4-04				Ⅴ	35~50（60~90）	35~50
4-05			>60 m²	Ⅱ	140~200（220~280）	160~220
4-06				Ⅲ	100~130（180~240）	130~150
4-07				Ⅳ	70~95（90~160）	70~95
4-08			断面有效面积	Ⅴ	35~50（60~90）	35~50
4-09		斜井工区	≤60 m²	Ⅱ	120~175（180~240）	130~190
4-10				Ⅲ	80~110（150~210）	90~120
4-11				Ⅳ	60~80（100~160）	60~80
4-12				Ⅴ	35~50（60~90）	35~50
4-13			>60 m²	Ⅱ	125~180（200~250）	140~200
4-14				Ⅲ	90~130（160~220）	110~130
4-15				Ⅳ	70~90（80~150）	70~90
4-16				Ⅴ	35~50（60~90）	35~50
4-17	辅助坑道	斜井		Ⅱ	250~300	100~120
4-18				Ⅲ	180~240	90~100
4-19				Ⅳ	100~150	45~60
4-20				Ⅴ	60~90	30~40
4-21		平等导坑、横洞、横通道		Ⅱ	260~310	180~250
4-22				Ⅲ	190~250	120~180
4-23				Ⅳ	130~180	90~120
4-24				Ⅴ	70~100	60~80

注：① 括号内数字为机械化配套进度指标。
② 西南地区地质复杂隧道进度指标可在本指标基础上适当降低，可乘以不低于0.85的调整系数；高风险等级隧道进度指标应另行分析确定。
③ 辅助坑道无轨运输进度指标可根据辅助坑道长度增加适当降低，可乘以不低于0.9的调整系数。

（15）掘进机法施工隧道进度指标。

掘进机法施工隧道进度指标表见表2-16。

表 2-16　掘进机法施工隧道进度指标

编号	工程项目	围岩等级	进度指标/（延米/月）
4-25	φ9 m～φ11 m 开敞式掘进机	Ⅰ	230～250
4-26		Ⅱ	360～420
4-27		Ⅲ	400～480
4-28		Ⅳ	300～330
4-29	φ9 m～φ11 m 护盾式掘进机	Ⅰ	270～300
4-30		Ⅱ	420～450
4-31		Ⅲ	520～550
4-32		Ⅳ	360～400

（16）制架梁进度参考指标。

制架梁进度参考指标表见表 2-17。

表 2-17　制架梁进度参考指标

编号	项目	类别		单位	进度指标
5-01	T 梁	预制		片/（月·制梁台座）	6～10
5-02		架设	32 m	单线孔/天	3～4
5-03			24 m 及以下		4～5
5-04	箱梁	预制		孔/（月·制梁台座）	5～7
5-05		架设	运距 0～8 km	双线孔/天	2.0
5-06			运距 8～12 km		1.5
5-07			运距 12～20 km		1.0

注：本表箱梁为 900 t 双线简支箱梁。

（17）轨道工程进度指标。

轨道工程进度指标表见表 2-18。

表 2-18　轨道工程进度指标

出号	项目	类别			单位	进度指标
5-08		有砟		预铺底砟		900～1000
5-09		无砟	双块式	路基段支承层		300～400
5-10				桥梁段底座		100～140
5-11				隧道段底座		70～90
5-12				道床板		100～140
5-13	铺道床		板式	Ⅰ、Ⅲ型	路基段底座	m/天	90～110
5-14					桥梁段底座		100～140
5-15					隧道段底座		70～90
5-16				Ⅱ型	路基段支承层		300～400
5-17					桥梁段底座		100～140
5-18					隧道段底座		70～90
5-19				Ⅰ型	轨道板		160～200
5-20				Ⅱ型	轨道板		140～180
5-21				Ⅲ型	轨道板		110～180
5-22	铺轨	有缝		人工铺轨	km/天	0.6～0.8
5-23				机械铺轨		2.0～2.5
S-24		无缝	有砟	单枕法		1.4～1.6
5-25				换铺法		2.4～2.6
5-26			无砟	拖拉法		4～5
5-27		铺轨后续工程（音轨进楠调）			月/全部工程	1～3

（18）联调联试及运行试验进度参考指标

联调联试及运行试验进度参考指标见表 2-19。

表 2-19 联调联试及运行试验进度参考指标

编号	工程项目			工期/月
8-01	一般铁路	动态检测及试运行		1~2
8-02	高速铁路（客运专线）	联调联试	线路长度≤500 km	2~4
8-03			线路长度>500 km	4~5
8-04		运行试验		1

2.2.2 工程接口及配合

高速铁路涉及专业接口多，施工组织安排中应提前梳理各专业及各区段之间的接口项目与配合关系，通过合同管理、工期控制等措施，确保上序专业工程为接口项目所属专业工程及时提供进场施工条件，全面合理地统筹安排施工，为工程顺利实施创造条件。

编制实施性施工组织设计，应充分考虑工程接口的项目及内容，详细审查施工图纸，在建设单位和监理的帮助下，建立接口关系表，明确与相关系统的接口形式和施工调配方案，并制定可能引起接口部位安全、质量问题的预防措施。在整个施工过程中，要及时向监理工程师提出本专业工程需要其他专业或其他合同工程提供配合的要求，积极实施监理工程师发出的配合其他合同工程的指令。

1. 高速铁路专业工程接口

高速铁路主要有以下专业工程接口：

（1）站前工程之间的工程接口。

路基、桥涵、隧道、轨道、站场、环保等专业之间的接口，主要为排水系统的顺接以及轨道工程与线下工程的工序交接等。

（2）站前与四电工程的工程接口。

综合接地、电缆槽、过轨预埋、人孔、手孔、锯齿孔、电缆上下桥槽道、隧道预埋槽道和综合管沟、隧道壁电缆悬挂支架、接触网基础、电容枕、无砟道岔转辙设备安装位置、通站道路等。

（3）站前与房建工程之间的工程接口。

施工场地移交、运输通道、轨道工程、旅客及行包通道、站台墙、挡墙、桥式站、高架站、雨水排水工程等。

（4）房建与四电工程之间的工程接口。

四电用房、四电线缆通道、通信铁塔基础、建筑物综合接地系统工程、电力引入工程、机房装修及环境工程、机房消防工程、机房空调工程等。

（5）房建与信息工程之间的工程接口。

设备用房、功能用房、信息工程线缆通道、电梯线缆通道、站台及站房内显示、广播、监控、人工售补票、自动售检票、安检、实名制验证等客服终端设备吊挂件预埋及设备安装工作面，动态显示与静态标识的结合部等。

（6）房建与地方配套工程之间的工程接口：地铁、公交、通站道路、站前广场（或地下广场）、站前高架、给水、排水、排污、热力管线、外部电源引入等。

（7）主体工程与土地综合开发工程之间的工程接口：上盖物业及基础工程、通站道路、人行通道、给排水、排污、热力管线、外电引入、电力布线、消防等。

2. 各专业工程之间的工期安排

各专业工程之间工期安排应满足的条件有：

（1）路基工程可与小桥、涵洞同时开工，但同区段桥涵工程宜在路基工程完工前 0.5 ~ 1.5 个月完成，以便有充分时间做好锥体护坡、桥头和涵洞顶部的填土等工作。

（2）高速铁路路基工程应满足无砟轨道（架梁）的要求。

（3）无砟轨道上序工作与铺设工作之间的时间间隔，应根据工程实际进行结构物沉降变形评估，满足无砟轨道铺设技术要求后方可进行铺设。原则上设计阶段施工组织设计沉降变形时间安排，应满足相关规范要求。在实际实施时以沉降评估结果为准，并对剩余工程施工组织设计进行适当调整。

（4）新建铁路项目在轨道铺通后至动态验收开始前，轨道调整和主要站后工程工期应为 3 ~ 5 个月，各专业工程应按总工期要求统筹安排本专业施工时间。其中：

① 四电室内设备安装。四电设备用房（车站站房综合楼或独立用房）具备安装条件后，通信、信号、牵引供电、电力供电、灾害监测等设备安装工期宜为 2 ~ 4 个月。

② 接触网架线。在钢轨成段或贯通具备上道条件后，接触网架线工期宜为 1 ~ 3 个月。

③ 信号设备、轨旁设备（电容、钢轨连接线、转辙机等）安装、调试及验收联锁试验。在钢轨、道岔锁定后工期宜为 1 ~ 2 个月。

④ 客服系统安装调试。站房及站台雨棚基本完成后，客服票务、旅客服务系统等安装工程工期宜为 1 ~ 2 个月；信息机房及设备间等设备用房提供后设备安装调试工期宜为 1 ~ 3 个月。

⑤ 灾害监测系统。异物侵限现场监测设备安装工期宜为桥梁接口工程交付后的 1 个月，室内设备的安装调试工期宜为铁路局集团公司内的通信通道条件具备后的 1 个月。

⑥ 综合接地。综合接地涉及贯通地线敷设、隧道和桥梁接地钢筋连接处理、预留接地引出端子等，应与路基、桥梁、隧道等主体工程同步实施完成。

⑦ 声屏障工程。结合路基、桥梁主体工程，先期做好基础预留，安装工程应在铺轨前完成。

3. 轨道工程与线下工程及站后工程的联系

加强轨道工程与线下工程及站后工程联系。施工组织需协调好工程接口及占轨计划安排，根据现场实际情况，合理安排施工顺序，确保各标段、各专业工程施工顺利进行。

（1）土建工程完工后、轨道工程施工前应做好线路的交接、复测工作，保证完工后的路基、桥梁、隧道空间位置符合设计要求。路基、桥面及隧道周边限界内的障碍物及工程垃圾应清理干净，隧道开通前应清洗，联调联试前应做到工完、料净、场清。

（2）轨道工程施工组织安排时，应充分考虑电力、牵引供电、通信信号及配套设施安装、声屏障安装、联调联试等工程的施工条件，轨通地段应根据站后各专业工程编制的占轨计划安排，在建设单位或运营部门的统一协调下，提供天窗时间，以供其他专业工程使用线路，并在其施工过程中给予全力配合。

（3）轨道工程实施时，应作详尽的施工技术安全交底，并保护好各标段的已完工程。土建施工单位需继续施工时，对铺轨后的线路、桥面或隧道（地段）两端应按规定设置安全防护员和标志（桥面设施工地点标、限速标、手信号，隧道内设色灯标志及色灯信号），车辆通过时，提前将机具材料移至限界外，保证施工作业人员、设备及列车运行的安全。

4. 确保四电工程按计划实施

建设单位应在指导性施工组织设计中细化接口管理要求，制定专项接口管理办法，对接口施工质量有专项要求，对接口完成节点应有动态管控措施，满足四电施工需要。

接触网基础应结合路基及梁体制作同步完成。沿线过轨及沟、槽、管、孔等站前与站后相关接口预留工程应随路基、桥梁、隧道等主体工程同步实施完成。

为保证四电工程按计划实施，需在施组中予以明确的时间节点有：

（1）站房综合楼通信、信号、牵引供电、电力供电、客服系统、自然灾害及灾害监测工程的进场安装节点。

（2）站房内信息与设备间、综控室、站台、站房内售补票室、各功能区客服系统进场安装节点。

（3）全线贯通或成区段电缆槽（包含盖板准备）提交节点。

（4）四电专业信号楼、中继站、通信基站、牵引及电力供电的所（亭）等独立用房（含箱式机房）征地拆迁及进场交付节点。

（5）公路跨铁路立交桥异物侵限现场监测装置安装接口（含检修门或通道）交付时间节点。

（6）向地方电力部门提供牵引变电所四角坐标提供时间、外电引入时间节点。

（7）成段或全线钢轨铺通时间节点。

（8）钢轨及站内道岔精调锁定时间节点。

（9）站场铺轨完成时间节点。

（10）全线精测网数据的交付时间。

（11）线路允许速度、运营里程、跨局项目维护管界等报批时间。

2.2.3 联调联试及运行试验

高速铁路联调联试是指在高速铁路完成静态验收，确认达到联调联试条件后，采用测试列车和相关检测设备，对高速铁路各系统的功能、性能、状态和系统间匹配关系进行综合检测、验证、调整和优化，使整体系统达到设计要求，满足高速铁路开通和运营的要求。

1. 联调联试工作开展条件

根据《高速铁路联调联试及运行试验实施细则》（铁总办〔2013〕107号）联调联试工作开展条件如下：

（1）各专业涉及联调联试的主体及配套工程完成，工程竣工图纸和牵引供电、电力、通信、信号系统技术文件、运用维护手册齐全，完成系统检测、调试、动态测试和分系统集成试验，并提供测试报告。

（2）静态验收合格，影响联调联试的问题已整改完毕，并由铁路局会同建设单位复检合格。采用综合检测列车上线进行实车试验前,工务、供电、电务各专业应完成工程静态验收,且静态验收报告通过总公司专业专家组审查,专家意见认定具备联调联试条件,或提出的影响联调联试的问题已整改完毕,并由铁路局会同建设单位复检合格。其他专业,铁路局已牵头确认不存在影响综合检测列车上线试验的问题。

(3)建设单位已分别与铁路局和检测测试单位签订联调联试、运行试验工作组织及检测测试委托协议。试验大纲已经总公司批复,实施方案及有关制度、办法、细则制定完毕并发布,铁路局已牵头组织参加试验人员学习掌握。

(4)联调联试现场组织机构组建完毕,参试人员到位,工作机制已经建立,安全防护、治安措施到位。试验用机车车辆、综合检测列车和其他试验动车组调配,以及现场测试仪器设备安装调试等准备工作完成。

(5)铁路局已组织开行由轨道、接触网、电务等专业检测车组成的检测列车,对轨道、接触网、GSM-R等主要行车设备状态进行动态检查,确认具备综合检测列车上线试验条件。

为确保联调联试安全、高效开展,综合检测列车上线实车试验前,铁路局牵头组织,建设、检测测试等单位参加,重点对以下条件进行逐项确认:

(1)各专业影响联调联试行车安全的工程全部完成。

(2)轨道表面无可动物体,有砟轨道道床状态参数、道床断面满足标准要求。

(3)正线轨道精调完成,利用轨道检查车进行最高速度 160 km/h 动态检测,按 200～250 km/h 客运专线轨道动态管理标准评判,无Ⅲ级及以上偏差。

(4)各车站到发线达速,具备接发试验列车条件。

(5)钢轨原则上完成预打磨。

(6)道岔工电联调完成,正常运转。

(7)线路标志按规定全部安装完毕。

(8)区间和车站站台、雨棚等设备设施满足铁路建筑限界标准要求。

(9)车站和区间线路两侧防护栅栏,桥梁防护栏杆、疏散通道,声(风)屏障,屏蔽门(安全门),以及其他安全设施按设计安装完毕。

(10)站场内和区间线路、电缆沟槽全部贯通,光缆、电缆入槽、盖板覆盖。

(11)车站和区间路料、垃圾已彻底清理,站场及隧道除尘完成。

(12)牵引供电系统满足联调联试负荷需求。接触网按设计要求安装调整到位,完成冷热滑试验。利用接触网检测车进行最高速度 160 km/h 动态检测,安全性指标拉出值不大于 450 mm,接触线高度满足绝缘及受电弓工作高度要求,平顺性指标硬点小于 490 m/s^2。

(13)通信系统开通,具备信号安全数据网通信条件。GSM-R电磁环境干扰清频、网优工作基本完成,满足列控系统调试条件。现场指挥部临时调度台(或铁路局调度所临时调度台及现场指挥部调度复示联络台)、各车站调度电话已开通使用。

(14)信号安全数据网工作正常、稳定。应答器安装位置正确。列控中心及轨道电路载频、码序正确,工作稳定。车站联锁试验完成,联锁关系正确,道岔具备不加锁条件。CTC系统具备列车进路办理和运行显示等功能。信号集中监测系统功能正常。信号系统集成试验完成后,CTCS-2 或 CTCS-3 级列控系统功能、性能符合设计要求。

(15)现场指挥部及临时调度台(或铁路局调度所临时调度台及现场指挥部调度复示联络台)组建完成,办公设备到位,具备工作条件。

（16）各车站行车室，通信、信号、电力等设备用房按设计完成施工，室内工作环境、防雷及接地等符合设计及相关标准要求，具备使用条件。

（17）新建动车运用所投入使用，具备综合检测列车和其他试验动车组停放整备和二级及以下检修能力。未新建动车运用所的线路，可利用既有动车运用所完成相关作业。

（18）枢纽内衔接既有线各联络线及动车组出入库线路轨道、接触网、通信、信号等具备条件，试验列车和动车组原则上按设计速度运行。

2. 联调联试工作内容

根据批准的检测试验大纲，开展常规检测（轨道结构动力性能测试、供变电系统测试、接触网系统测试、通信系统测试、列控系统测试、列控中心测试、联锁系统测试、CTC系统测试、轨道电路测试、客运服务系统测试、动车组动力学性能监测、综合接地测试、电磁兼容性测试、环境噪声检测、振动及减振降噪措施测试、综合检测）与专项检测（路基及过渡段动力性能测试、道床与路基结构车载探地雷达测试、轨道结构动力性能测试、桥梁动力性能测试、道岔动力性能测试、列车通过隧道时气动力性能测试），并提交检测试验报告及总结。施工单位按检测结果对相关工程反复调整直至满足要求。客货共线铁路还应包括货车动力学性能监测。

3. 动态检测与运行试验

动态检测是采用检测列车、综合检测列车、试验列车及相关检测设备，根据设计和相关技术标准对在正常运行条件下的系统功能、动态性能和系统状态进行检测。它是对高速铁路系统性能的综合验证与确认。一般是在联调联试中已确认各相关系统的功能基本达到设计要求后，对高速铁路整体系统的关键性能和功能、各系统间的接口关系进行验证。

运行试验是按实验或实际运行图组织列车运行，对高速铁路在正常和非正常运行条件下的行车组织、客运服务及应急救援等进行演练，验证是否具备开通运营条件。

2.2.4 施工质量管理要点

高速铁路工程质量管理要点可从以下几个方面概括：

1. 精密测量

建立平面、高程精密控制网。平面控制测量按三级线路布设；高程控制测量按二等水准测量要求施测；CPⅠ、CPⅡ控制网施工复测、CPⅢ控制网的测设、无砟轨道基准点、重点桥隧施工控制网由局级测量队或具有一级测量资质的测量单位进行测设；施工测量应与同级或高级的控制点联测闭合，施工单位应制定施工测量方案。

2. 沉降及变形的观测与评估

建立路基、桥涵、隧道等结构统一的沉降变形观测、评估体系。从路基等结构物开始施工起，进行系统有效的观测。按时进行沉降分析和工后沉降评估。运梁前应对运梁通道进行安全性评估。路基、桥涵、隧道结构物变形稳定，确认工后沉降满足要求，方可进行轨道工程施工。

3. 路基工程

路基填料改良土应优先采用工厂化拌和，在质量有保证的情况下，经建设单位同意方可采用路拌法；要重视路基过渡段的施工，对于边角部位采用小型机械配合碾压、夯实；基床表层的级配碎石施工应采用有自动计量装置的拌和设备集中拌和，摊铺机铺筑。

4. 桥梁工程

应对大跨度梁、悬臂灌注法制定梁体线形控制方案；预制箱梁灌注后原则上采取蒸汽养护；制定墩台、梁体混凝土施工温度控制方案和裂缝防治措施；应编制架桥机、运梁车、移动模架或节段拼装造桥机、悬灌吊（挂）篮作业细则。

5. 隧道工程

按施工图进行超前地质预报，提前预测可能发生的地质灾害，坚持先预报后开挖的施工原则；严格控制隧道施工中的防水板施工、盲沟布设、纵横向施工缝、防水混凝土的防水质量；量测纳入工序管理，及时进行量测分析，指导施工；混凝土衬砌应采用全断面一次成型法施工；有仰拱的衬砌应先施作仰拱；仰拱与填充应分开灌注。

6. 轨道工程

无砟道床施工前要测设基标，采用先进的施工机械和测量检测仪器，控制无砟轨道的铺设精度；长轨采用铺轨作业车铺设，工地焊轨采用移动闪光焊接设备。钢轨焊接、道岔铺设应由专业化队伍施工。

7. 混凝土工程

钢筋必须在棚内集中加工；通过试配，优选原材料和外加剂的品种和掺量，优选混凝土配合比；主体工程混凝土应采用自动化搅拌站集中拌和，混凝土搅拌运输车运输，泵送混凝土灌注，并加强混凝土养护；冬期、夏期施工的混凝土和大体积混凝土应进行热工计算，采取温度控制措施。

2.3 高速铁路大临工程

依据《铁路大型临时工程和过渡工程设计规范》（Q/CR 9149—2018），铁路大型临时工程和过渡工程设计应遵循节约用地、节省投资、环保节能、水土保持、永临结合，合理实用的原则，应满足建设总工期要求，在施工组织设计中统筹考虑。高速铁路工程中应用了大量新技术、新工艺和新设备，出现了如预制梁场、无砟轨道线路铺轨基地等多种普通铁路所没有的大型临时工程。大临工程的设置应尽量做到永临结合，最大限度地减少临时征地拆迁费用，减少复垦费用。

2.3.1 整孔箱梁预制场

为节省用地、提高线路的平顺性，满足质量、安全、投资、工期等多方面要求，高速铁路大量采用了以桥代路的结构形式，预制梁被广泛应用，其中以 32 m、24 m 整孔箱梁最为常见。制存梁场的布设在满足建设工期要求的前提下，尽量减少所设制存梁场数量，如有可能应尽量将制存梁场布设在车站站前广场用地范围内，或尽量远离控制性工程及高压电力线路。制梁台座、存梁台座、材料存放区等布设要合理，充分发挥梁场制梁能力，满足架梁需要，从而减少存梁数量。

制存梁场的规模和位置具体根据建设项目的总工期、施工组织设计、制存梁数量、制梁能力、存梁时间和工程分布等因素，结合工程条件进行技术经济比选确定。图 2-2 为某存梁场布置图。

图 2-2　存梁场布置

1. 制存梁场选址原则

（1）力求节约用地，少占耕地并减少拆迁。
（2）水文地质条件好，土石方工程和基础加固较少的平坦地域。
（3）有较好的交通条件。
（4）水源充足、电源可靠、通信良好，并靠近当地料源。

2. 梁场规模的确定

箱梁预制与架设进度应匹配，存梁数量宜为 1~2 个月的架梁数量。
（1）制梁台座数量的确定。

制梁台座的数量取决于制梁周期、制梁设备配置情况、制梁工序及制梁效率等因素。

$$N_1 = \eta_1 \times T_1 \quad (2\text{-}1)$$

式中　N_1——箱梁预制场制梁台座数量（个）；
　　　T_1——预制每榀箱梁占用单个制梁台座时间（个·天/榀）；
　　　η_1——每日预制箱梁数量（榀/天）。

高速铁路建设的梁场一般采用后张法，单个台座的制梁周期一般为 4~6 天，其中以 5 天居多。

在实际规划时，根据梁场制梁效率 η_1 和单台座制梁周期 T_1 确定梁场台座的数量，同时应考虑其他施工因素的影响，对理论计算数据进行修订。

（2）存梁台座数量的确定。

$$N_2 = \eta_1 \times T_2 \times K_1 \quad (2\text{-}2)$$

式中　N_2——箱梁预制场存梁台位数量（个）；

T_2——每榀箱梁占用存梁台位时间(天)(个·天/榀);

K_1——存梁系数,单层存梁时取 1,双层存梁时取 0.6~0.7。

根据箱梁制梁效率 η_1 和箱梁在存梁台座上最少存放时间 T_1 即可确定梁场最少存梁台座的数量。

实际存梁时间尚与搬移量设备的工效、天气、养护方式、架梁速度、架桥机中途拆装及掉头等因素密切相关,具体应根据项目实际情况合理确定存梁台座数量和布置形式。图 2-3 存梁台座图。

图 2-3　存梁台座图

(3)钢筋绑扎台座数量。

高速铁路工程预制梁厂一般钢筋绑扎台座与制梁台座之比为 1∶2.5~1∶3。

3. 梁场平面布置与大型设备配置

预制梁梁场布置形式,按照生产线的排列方式、数量等特征进行分类,可分为横列式和纵列式两类。

横列式梁场根据箱梁上桥方式分为:运梁车运输形式;提梁机提梁上桥形式;搬梁机搬梁上桥形式。纵列式梁场根据生产线数量分为:单条生产线纵列式形式;多条生产线纵列式形式。图 2-4 为提梁机提梁上线施工。

(1)运梁车运输箱梁横列式梁场。

当制梁场地面与线路高差较大时,可采用运梁车通过坡道上线路运梁方式。运梁车经过运梁坡道上下路基,运梁通道坡道的坡度应满足运梁车爬行能力的需要,一般坡道的坡度宜控制在 3%范围内。此种形式采用梁场端部装梁的方法,优点是可以节省提梁机费用;缺点是运梁效率较低,运梁坡道占用较大面积场地且轮胎式搬梁机走行通道较长、占地面积较大,地基处理工程较大。

主要大型机械设备配置为:900 t 搬梁机,900 t 运梁车。

(2)提梁机提梁上线横列式梁场。

对填方路基段且路肩标高比梁场标高大很多的梁场,可采用此种布置形式。跨线路设置的提梁平台解决梁场与路基路肩高差问题。优点是箱梁通过提梁机直接上线,运梁车不需要设坡道上下路基，运梁效率较高。

主要大型机械设备配置为：900 t 搬梁机，1 套 2 450 t 轮轨式提梁机，900 t 运梁车。

图 2-4　提梁机提梁上线

（3）搬梁机搬梁上线横列式梁场。

适用于梁场地面标高与路基路肩标高相差不大的情况。梁场布置在路基一侧或双侧，并将梁场地面处理至与路基路肩标高相同，搬梁机可直接上线路，运梁车在路基上装车。此种布置形式的优点是搬梁效率较高，缺点是对梁场的地面标高要求较严。适用于路肩标高同梁场地面标高相近的梁场。否则，将增加大量土石方填挖，提高梁场建设费用。主要大型机械设备配置为：900 t 搬梁机，900 t 运梁车。

（4）单条生产线提梁机纵列式布置。

纵列式布置的优点是可临时借用部分永久征地，节省梁场建设费用；缺点是纵向排布过长，提梁机载重移梁安全性差，提梁机轨道基础较长。此种布置形式适用于特长旱桥，或沿线建筑物密集难以实现临时征地，或在桥头一侧设置梁场但拆迁量太大的情况，此外在站场附近设置具有明显的优越性。

主要大型机械设备配置为：1~2 套 2450 t 轮轨式提梁机，900 t 运梁车。

（5）多条生产线提梁机纵列式布置。

是单条生产线提梁机横列式布置的一种延伸，在单条提梁机生产线横列式布置的基础上增加一条或多条生产线，增大梁场规模，缩短纵向排布距离。如果采用多套提梁机可充分减少变轨时间，提高工作效率，加快制梁生产。主要适用于特长旱桥和梁场建设规模较大的梁场。

主要大型机械设备配置为：1 套或多套 2450 t 轮轨式提梁机（或 900 t 轮轨式搬梁机），900 t 运梁车。

此外尚有纵列式和横列式混合使用的梁场布置形式，此种布置形式是在单幅横列式基础上，增加一部分纵列式布置。这样，可增大制梁场规模，缩短横列式排布距离。增加的纵列式布置生产线可将横列式布置的箱梁利用提梁机直接提上桥。

总之，梁场平面布置时应根据梁场的实际情况及梁场规划原则，进行技术、经济多方案比选，结合工期等诸多因素，提出经济技术最优的梁场规划方案。

2.3.2 铺轨基地

铺轨基地是铺轨材料的装卸、存放与加工基地,是轨节、道岔的组装基地,同时也是工程列车编组、到发的基地。根据铺轨工程的需要,要合理设置铺轨基地和确定建设规模,在便于运输的前提下,使其满足存放钢轨、道岔、相关配件和道砟,以及焊接钢轨和道岔的需要。

1. 铺轨基地选址

选址应符合以下规定:

(1)基地位置应根据其供应范围、铺架作业量、地形地质和交通运输条件,材料供应等因素进行技术经济比选确定。

(2)基地供应半径应根据沿线铁路引入条件、工期要求、机车车辆供应情况等因素综合考虑,双线不宜大于200 km,单线以及无砟轨道的铺轨基地可根据实际情况确定。

(3)基地位置宜设在铺轨起点及中间临近铁路既有车站的线路附近,衔接运营线便捷,对运营线干扰小、邻近技术站的开阔地带。

(4)基地宜设在既有站拟扩建线路的一侧。

2. 无缝线路铺轨基地设计

推送法或拖拉法施工的无砟线路铺轨基地由长钢轨存放区、轨料存放区、场内车场、机务整备线等组成。基地设计应符合以下规定:

(1)基地储存量可根据铺轨方案、铺轨进度、料源的供应情况等确定。

(2)基地内宜设置长钢轨存放装卸线和轨枕、道岔及配件等轨料存放装卸线。

(3)基地车场应设置牵出线,有条件时也可利用岔线或新建线路调车。

(4)无砟轨道采用单向大区段铺轨时,基地储存长钢轨数量不宜小于200 km,采用双向大区段同时铺轨时,储存量可按前者的两倍设计;小区段铺轨时,应根据具体项目的铺轨工程量、施工组织设计及既有焊轨场的供应能力等因素确定存轨量。

(5)高速道岔可根据施工组织安排直接运往现场拼装,特殊情况下,可在铺轨基地设置预拼组装平台。

(6)长钢轨的调运与装车设备宜选用固定式龙门吊,各吊点间距不应大于16 m,钢轨两端的吊点距轨端不应大于7 m。

(7)长钢轨存放台基础宜采用混凝土地基梁或轨排方式,并应满足承载要求。

(8)混凝土地基梁上应设钢质横担支撑钢轨,存放台两端横担距轨端不应大于2 m,第2个横担距轨端不应大于6 m,采用轨排方式时,轨排设置量每百米跨度内不得少于20组。

(9)横担顶面或轨排钢轨顶面应保持水平,相邻横担的高度差不应大于10 mm,整体高度差不应大于20 mm。

(10)钢轨存放区域应地面平整、通风良好、排水通畅、横担顶面或轨排钢轨顶面距离地面不宜小于350 mm。

(11)长钢轨堆放不应大于10层,超过6个月的不应大于8层。

图2-5为铺轨基地长轨存放区。

图 2-5 铺轨基地长轨存放区

2.3.3 轨道板（轨枕）预制场

无砟轨道的轨道板一般采用工厂化预制，建场位置及规模根据轨道板（轨枕）需求量、预存量、铺设施工组织、施工条件等因素，经技术经济比选确定。

1. 供应范围

预制场供应范围规定如表 2-20。

表 2-20 预制场供应范围

预制场名称	供应半径/km	
	不宜小于	不宜大于
轨道板预制场	40	60
轨枕预制场	50	100

2. 规模的确定

轨道板（轨枕）台座或模具量计算：

$$N=\eta/\mu \tag{2-3}$$

式中　N——预制场台座或模具数量（个）；
　　　η——每日预制轨道板（轨枕）数量[块(根)/天]；
　　　μ——预制每块（根）轨道板（轨枕）的生产工效[块(根)/天·个]。

图 2-6、图 2-7、图 2-8 为 CRTS Ⅱ 型板式无砟轨道板在工厂预制加工存放。

图 2-6 轨道板预制

图 2-7 轨道板扣件安装

图 2-8 轨道板存放

2.3.4 填料集中加工站

填料集中加工站按填料类型可分为 A、B 组填料，改良土及级配碎石等类型。主要由原材料区、加工区、成品区组成。站址宜设在偏离居民区的主导风向下方。

加工站的设计生产能力应根据填料最大月施工任务量和高峰强度确定。选用的破碎设备能力应大于拌和设备的能力。调料应分区堆放，原材料储存量宜按 3～5 d 的最大生产量设计。

水泥改良土的拌和、运输和碾压完成应控制在 4 h 以内。

图 2-9 为改良土拌和站。

图 2-9 改良土拌和站

此外，高速铁路建设的桥隧工程所占比例较大，需要的混凝土数量较多。要根据桥隧工程施工的需要，合理布设混凝土拌和站。特别在地形复杂和山区，因运输存在一定的困难，所以要适当增加混凝土拌和站数量（但要通过经济条件的比较来确定）。

高铁所处的区域，要调查沿线交通设施情况，为满足施工运输的需求，应适当修建施工运输便道，并做好排水养护。

Part 3 高速铁路工程主要施工技术

3.1 高速铁路路基工程施工

3.1.1 高速铁路路基施工特点

高速铁路路基按土工结构物进行设计，其地基处理、路堤填筑、边坡支挡防护以及排水设计等必须具有足够的强度、稳定性和耐久性，使之能抵抗各种自然因素作用的影响，确保列车高速、安全和平稳运行。

高速铁路技术特点主要有填料及压实标准高，严格控制路基变形和工后沉降，路桥及横向构筑物间设置过渡段、路基处理类型多等。高速铁路强化了基床表层结构，提高和完善压实标准，同时对填料及路基与结构物过渡段的刚度提出了更高的要求。

3.1.2 高速铁路地基处理施工工艺及方法

1. 高速铁路地基处理原则

高速铁路地基处理的方法与客运专线的类型、行车速度及工后沉降标准有关。根据《高速铁路设计规范》(TB 10621—2014)，新建速度为 250～350 km/h 的客运专线铁路，其无砟轨道结构工后沉降不宜超过 15 mm，过渡段工后差异沉降不应大于 5 mm，有砟轨道工后沉降按设计速度 250 km/h 和 300 km/h、350 km/h 分别为 10 cm、5 cm，台尾过渡段工后沉降不超过 5 cm、3 cm。高速铁路地基处理的原则是：

（1）按照高速铁路的轨道类型、设计速度及工后沉降标准进行设计选择。有砟轨道、速度为 200～250 km/h 的铁路，地基处理可采用排水固结、挤密桩、搅拌桩等复合地基的方法；对无砟轨道、速度为 300～350 km/h 及以上的高速铁路，地基处理一般不采用排水固结的方法，而采用 CFG 桩和预制混凝土打入桩的方法。

（2）对于湿陷性黄土地段，采用消除地基湿陷性的方法，6 m 以内可采用强夯、6～20 m 可采用水泥土挤密桩，大于 20 m 可采用 CFG 桩或钻孔桩桩板结构等措施。

（3）对于膨胀土地段，采用消除地基遇水膨胀的封闭或加压的方法，对于路堑段采取换填 1.5～2.5 m 改良土封闭处理的措施，对于路堤段采取地基换填深度加改良土填筑高度大于 2.5 m 加压处理的措施。

（4）对于浅层松软土采用挖除换填、强夯及冲击压实的方法，对于深厚软土采用CFG桩和预制混凝土打入桩的方法。

（5）对于岩溶地段采用注浆、灌砂、回填片石等方法。

（6）对于砂土液化地段，采用消除地基液化的挤密砂桩或挤密碎石桩的方法。

2. 高速铁路主要地基处理方法

（1）排水固结法。

排水固结法适用于饱和软黏土层的加固处理。如图3-1所示，排水固结的方法和原理是：首先，在饱和软黏土层表面填筑路拱、铺设排水砂垫层；然后，在饱和软黏土层中插设竖向排水通道；最后，通过路堤填土和预压荷载对饱和软黏土层施加压力，使软黏土孔隙中的水挤排出来，软土地基产生固结变形。随着排水固结变形的发展，软土中有效应力逐渐提高，地基土的强度逐渐增长，地基承载力得到提高。排水固结法，通过施工期间使饱和软黏土层产生快速固结沉降，可控制路堤的工后沉降和路堤的整体稳定性。

排水固结法的砂垫层应采用透水性好的中粗砂，应具有一定的厚度和坡度，为使其在地基沉降变形后不产生反坡，按设计要求填筑路拱。排水砂垫层当起持力层作用时，可在砂垫层中加设土工合成材料。

排水固结法的竖向排水通道一般采用塑料排水板或袋装砂井。塑料排水板是厂家专门生产的厚度4.5~6.0 mm，宽度100 mm的高压聚乙烯芯板外包无纺布滤膜的成卷板材。袋装砂井是用具有一定抗拉强度的直径7~12 cm聚丙烯或聚乙烯编织长袋，装满含泥量不大于3%的中粗砂，形成袋装砂井。

塑料排水板或袋装砂井采用专用的打设机械，按设计深度插入软土，为保证排水通道畅通，塑料排水板或袋装砂井的出露部分或埋入砂垫层长度不少于30 cm。

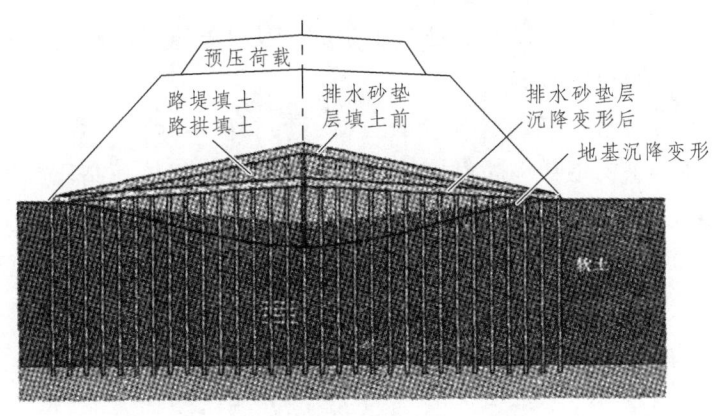

图3-1 排水固结法示意图

（2）挤密砂（碎石）桩复合地基。

挤密砂（碎石）桩适用于松散砂土、粉土、黏性土、素填土及杂填土地基加固，主要靠桩的挤密和施工中的振动作用使桩周围土的密度增大，从而使地基的承载能力提高，压缩性降低。在松散砂土和粉土地基中起挤密、振密和抗液化作用。在黏性土地基中起置换和排水作用。

挤密砂（碎石）桩的用料，最好用级配较好的中、粗砂，当然也可用砂砾及碎石。对饱和黏性土因为要构成复合地基，特别是当原地基土较软弱、侧限不大时，为了有利于成桩，宜选用级配好、强度高的砂砾混合料或碎石。填料中最大颗粒尺寸的限制取决于桩管直径和桩尖的构造，以能顺利出料为宜，规定最大不应超过 50 mm。考虑有利于排水，同时保证具有较高的强度，规定砂石桩用料中小于 0.005 mm 的颗粒含量（即含泥量）不能超过 5%。

挤密砂（碎石）桩施工采用振动沉管的方法将桩管打入设计深度，桩管内填砂或碎石，振动提拔桩管，砂或碎石振出，向下挤压桩管，再提拔桩管再向下挤压，反复作用形成挤密砂（碎石）桩，如图 3-2 所示。

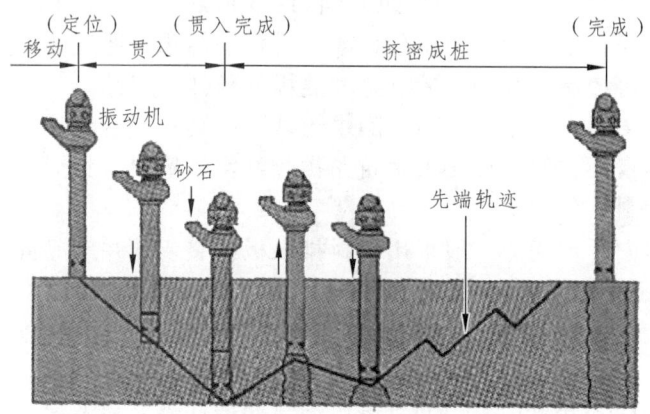

图 3-2 挤密砂（碎石）桩施工示意图

挤密砂（碎石）桩根据施工设备和地基土条件，其桩管直径一般为 300～800 mm，桩间距一般可控制在 3～5 倍桩径之内较合理。

（3）半刚性桩复合地基。

半刚性桩复合地基主要指粉体喷射搅拌桩、浆体喷射搅拌桩、高压旋喷桩。这三种地基处理方法是通过机械对加固土体喷射粉体或浆体加固材料（水泥或石灰），并强制搅拌，使土体与加固材料发生化学反应形成加固桩体，提高土体的强度，以半刚性桩复合地基的形式承受荷载作用。采用粉体喷射搅拌桩、浆体喷射搅拌桩、高压旋喷桩进行地基处理时，主要考虑在对地基沉降、承载力和稳定性有较高要求的结构部位，如路桥过渡段、涵洞基础、房建结构基础等的地基处理。

① 粉体喷射搅拌桩。

粉体喷射搅拌桩适合对含水量较高的地基土进行加固处理。粉体喷射搅拌机械一般由搅拌主机及搅拌翼、粉喷罐、空气压缩机等组成。

粉体喷射搅拌桩施工，首先钻机正转搅拌至设计深度，反转提升喷射粉体搅拌，到设计高度（或地面以下 0.5 m）后停喷，为保证桩体搅拌均匀，再次搅拌到设计的深度，最后提升搅拌到设计高度，形成粉体喷射搅拌桩，如图 3-3 所示。

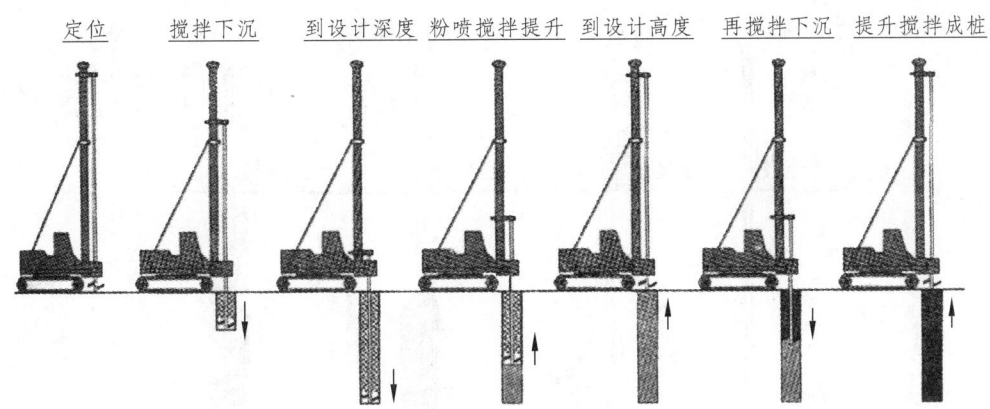

图 3-3 粉体喷射搅拌桩施工示意图

② 浆体喷射搅拌桩。

浆体喷射搅拌桩适合对含水量不高的地基土进行加固处理。若为水泥土，当水泥土配比不变时，其强度随地基土天然含水量的降低而增大。浆体喷射搅拌机械一般由搅拌主机及搅拌翼、灰浆搅拌机、灰浆泵等组成。

浆体喷射搅拌桩施工，首先钻机正转搅拌至设计深度，反转提升喷浆搅拌，到设计高度（或地面以下 0.5 m）后停喷，为保证桩体搅拌均匀，再次搅拌到设计的深度，最后提升搅拌到设计高度，形成浆体喷射搅拌桩，如图 3-4 所示。

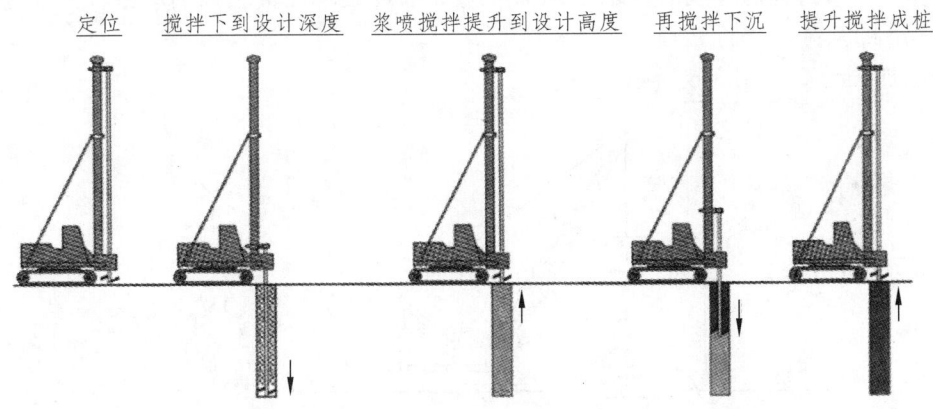

图 3-4 浆体喷射搅拌桩施工示意图

③ 高压旋喷桩。

高压旋喷桩适用于对淤泥、淤泥质土、流塑或软塑黏性土、粉土、砂土、黄土、素填土和碎石土等地基加固处理，不适用于硬黏性土、含有较多块石或大量植物根茎的地基处理。高压旋喷可用于既有建筑物和新建建筑物的地基，也可用于防渗、截水、抗液化及土锚固定等。

高压旋喷桩施工，首先，用钻机把带有喷嘴的注浆管钻入设计深度，将气、水及浆液以高压流的形式从喷嘴射出，高压流切割、搅拌土体，并以 360° 旋转提升钻杆，浆液与土体固化后形成高压旋喷桩，如图 3-5 所示。

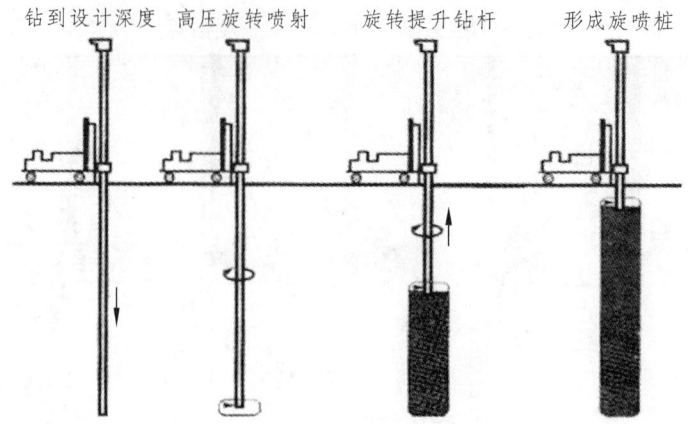

图 3-5　高压旋喷桩施工示意图

（4）土工格栅碎石垫层。

土工格栅碎石垫层施工要在土工合成材料和碎石之间设置 5 cm 的中粗砂保护层。施工中需要经常检查的项目有：土工格栅的铺设、连接是否符合设计要求；垫层的压实情况；垫层的外形检查。

（5）强夯。

强夯法适用于处理碎石土、砂土、低饱和度的粉土与黏性土、湿陷性黄土、杂填土和素填土等地基。如郑西客运专线对地基处理深度为 6 m 的湿陷性黄土采用单击夯击能为 3000～4 000 kN·m 的强夯法进行处理。

强夯法加固地基如图 3-6 所示。

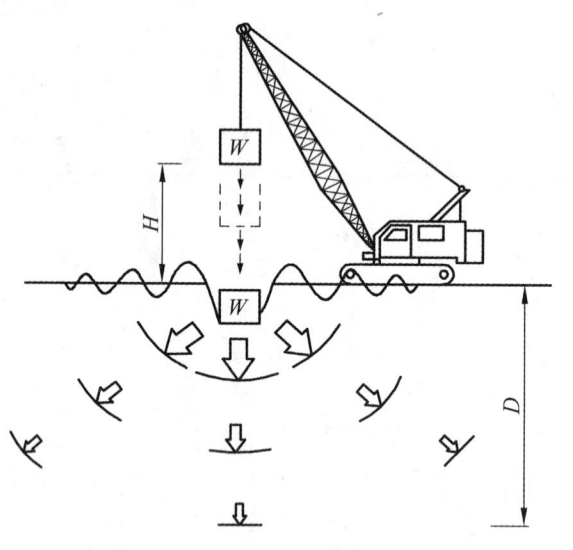

W—夯锤重
H—落距
D—有效加固深度

图 3-6　强夯法加固示意图

强夯法的有效加固深度应根据现场试夯或当地经验确定。在缺少试验资料或经验时可按表 3-1 预估。

表 3-1 强夯法的有效加固深度估算

单击夯击能/（kN·m）	碎石土、砂土等/m	粉土、黏性土、湿陷性黄土等/m
1 000	5.0～6.0	4.0～5.0
2 000	6.0～7.0	5.0～6.0
3 000	7.0～8.0	6.0～7.0
4 000	8.0～9.0	7.0～8.0
5 000	9.0～9.5	8.0～8.5
6 000	9.5～10.0	>8.5～9.0

对于湿陷性黄土的强夯地基加固处理还应在实际有效加固深度范围内取样进行黄土的湿陷性试验。

（6）灰土挤密桩。

灰土挤密桩施工方法和加固原理：灰土挤密桩包括石灰土挤密桩、水泥土挤密桩和柱锤冲扩桩等，适合对松软非饱和土的加固处理，对湿陷性黄土消除其湿陷性的加固处理。郑西客运专线对地基处理深度为 22 m 以内的湿陷性黄土采用了水泥土挤密桩或柱锤冲扩桩的方法进行消除其湿陷性的加固处理。

施工前通过成桩试验，确定成孔设备、灰土拌和设备、施工工艺参数。

灰土挤密桩施工工序为：成孔，成孔方法可采用振动挤密、长螺旋或机械洛阳铲掏土成孔；人工向孔内充填机械拌和好的水泥土料；重锤分层夯实，重复前两步工序直到挤密成桩。施工工艺如图 3-7 所示。

对于湿陷性黄土的灰土挤密桩加固处理还应对加固深度范围内的桩间土取样进行湿陷性试验。

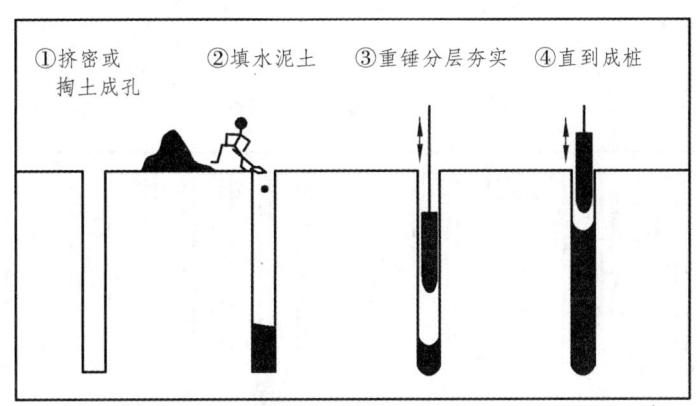

图 3-7 灰土挤密桩施工示意图

（7）CFG 桩。

CFG 桩是由水泥、粉煤灰、碎石、石屑或砂加水拌和形成的高黏结强度桩，和桩间土、褥垫层一起形成复合地基。适用于黏性土、粉土、砂土和已自重固结的素填土等地基加固处理，一般采用桩网或桩筏的承力结构，其处理深度 30m 以内较经济。对于淤泥质土及流塑状软土慎用。京津、郑西、武广客运专线，350 km/h 无砟轨道为有效地控制地基沉降，在软土和松软土地基段大量采用 CFG 桩进行地基处理。

CFG 桩可用振动沉管机施工，也可用长螺旋钻机。振动沉管成孔对周围原状土有挤密作用，长螺旋钻机成孔对周围原状土没有挤密作用。对于成孔要求质量高的地区，使用长螺旋钻孔管内泵压成桩工艺。

（8）混凝土打入桩。

高速铁路在通过深厚软弱土层，当地基处理大于 30 m，采用 CFG 桩不经济时，一般采用混凝土打入桩进行地基处理。如京津城际、沪宁城际、京沪高速铁路，采用了大量的混凝土打入桩进行地基处理。打入桩地基处理地段一般采用桩板或桩筏的承力结构。

打入桩一般采用预制钢筋混凝土管桩或方桩，根据地质条件、桩型和桩体承载力可采用锤击法、振动法或静压法打入。

对于遇到有流塑状软土层，且附近有重要建筑物时，应采用静压桩施工，放缓施工速度，进行位移监测，保证对邻近建筑物的影响在安全和可控的范围内。

（9）桩板、桩筏、桩网结构。

高速铁路无砟轨道结构，速度达到 350 km/h 及以上，对路基平顺性和工后沉降有较高的要求。对通过的软弱土地段大量采用了 CFG 桩、混凝土打入桩或钻孔桩进行地基处理，并采用桩板、桩筏或桩网的承力结构，以保证高速铁路路基的安全可靠。

① 桩板结构。

桩与板直接连接承受路基填土和轨道荷载，或直接承受轨道荷载的结构形式为桩板结构。桩板结构有以下 3 种连接方式：

a. 桩板连接。板放置在地基面与桩直接用钢筋连接形成一整体的受力结构形式，桩采用预制混凝土打入桩或灌注混凝土桩，如图 3-8 所示。

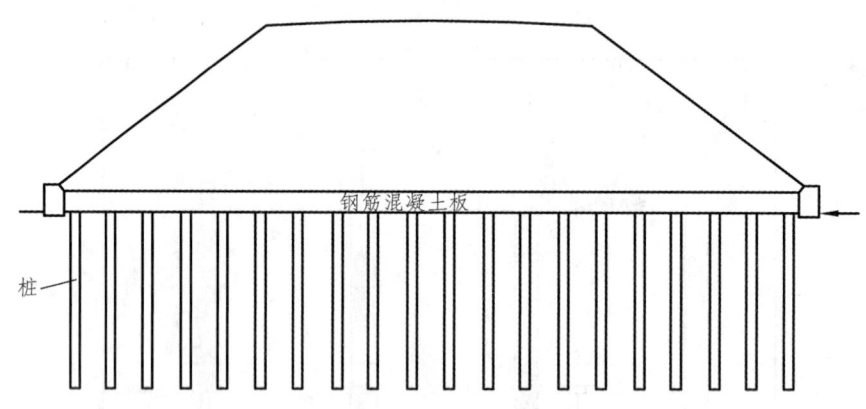

图 3-8 桩加板连接（路基基底）结构

b. 桩加托梁加板连接。桩通过托梁与承台板连接，承台板纵向三跨设一沉降缝，承台板与无砟轨道结构直接相连，桩采用钻孔灌注混凝土桩，如图 3-9 所示。如郑西客运专线灵宝段隧道出口的湿陷性黄土路堑段和遂渝线无砟轨道试验段中应用了此种结构。

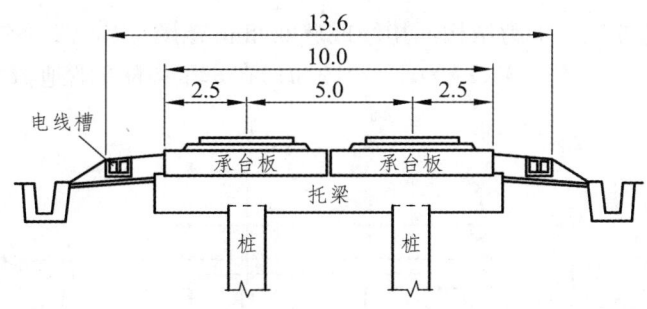

图 3-9 桩加托梁加板连接结构

c. 桩直接与板连接，板为连续结构，长度达 1 000 m，板不与无砟轨道结构直接相连，采用级配碎石过渡连接，桩采用钻孔灌注混凝土桩，如图 3-10 所示。这种结构在郑西客运专线的新华山站和新临潼站的路基结构中得到应用。

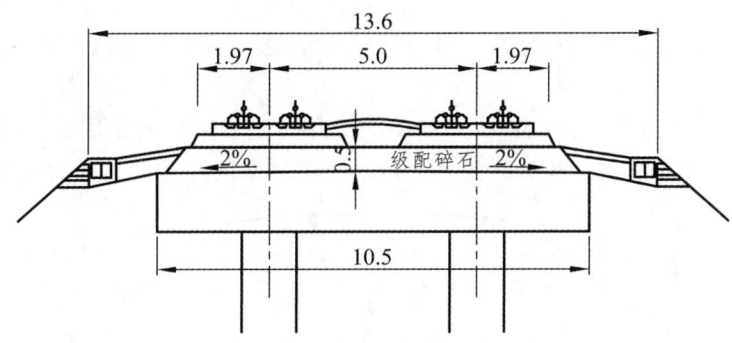

图 3-10 桩加板连接（路基上部）结构

② 桩筏结构。

桩与板通过级配碎石褥垫层连接，承受路基填土加轨道荷载，或直接承受轨道荷载的结构形式为桩筏结构。桩筏结构有以下 2 种连接方式：

a. 在路堤地段，桩与板之间用级配碎石褥垫层连接，形成路堤受力结构的形式，桩采用 CFG 桩或混凝土打入桩，如图 3-11 所示。这种结构在各客运专线的地基处理中采用的较为普遍。

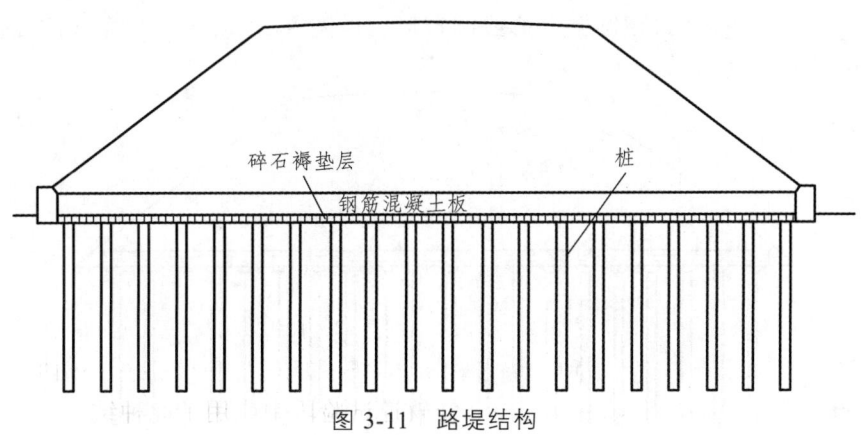

图 3-11 路堤结构

b. 在路堑及零填方段，桩与板之间用级配碎石垫层连接，形成受力结构的形式，桩采用 CFG 桩或混凝土打入桩，如图 3-12 所示。这种结构在京津城际的路基结构中得到应用。

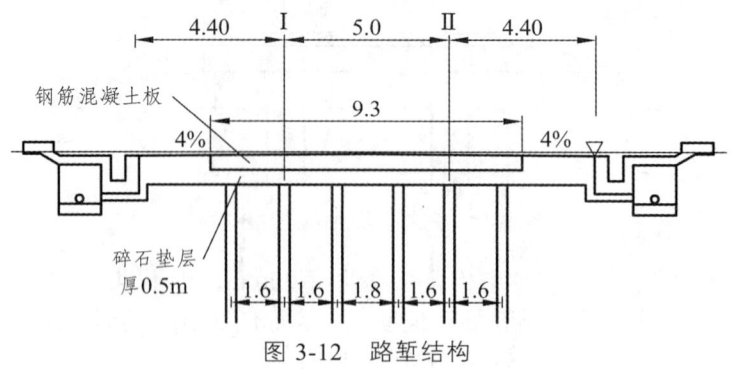

图 3-12　路堑结构

③ 桩网结构。

桩与土工合成材料加筋的级配碎石垫层网组成承受路基填土加轨道荷载的结构形式为桩网结构。

a. 在路堤地段，桩与土工合成材料加筋的级配碎石垫层网形成路堤受力结构的形式，桩采用 CFG 桩或混凝土打入桩，如图 3-13 所示。如京津城际站线路基的地基处理中采用此种结构。

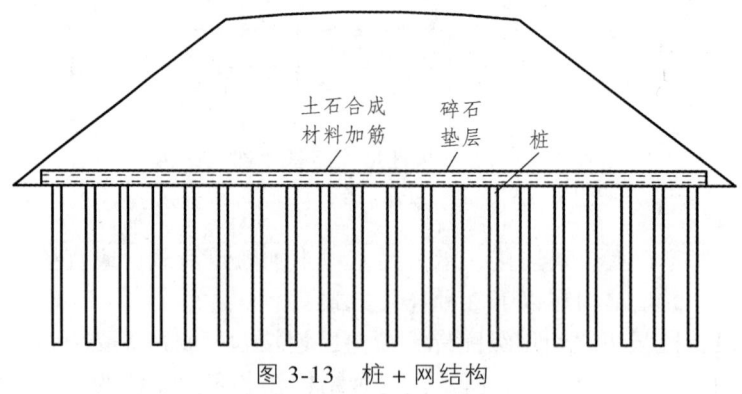

图 3-13　桩 + 网结构

b. 在路堤地段，桩加桩帽与土工合成材料加筋的级配碎石垫层网形成路堤受力结构的形式，桩采用 CFG 桩，桩帽采用圆锥台形或圆台形，如图 3-14 所示。如在武广高速铁路的地基处理中采用了此种结构。

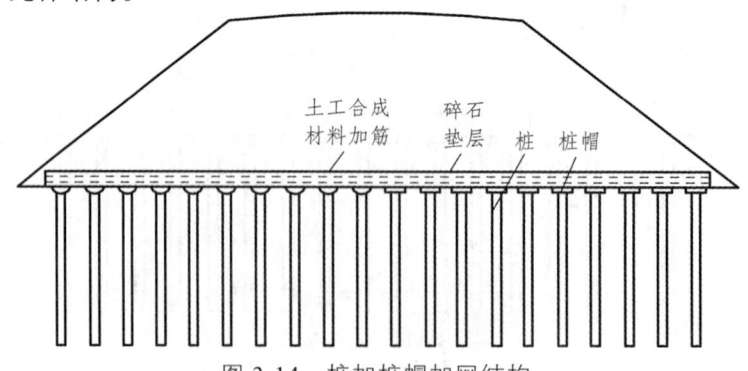

图 3-14　桩加桩帽加网结构

3.1.3 高铁路基工后沉降控制

路基沉降变形有四个方面：路基本体填土压缩变形；地基的压缩下沉；列车行驶中路基面产生的弹性变形；长期行车引起的基床累积下沉。后两方面可通过强化基床表层的措施来控制，采用级配碎石，压实标准高，表层弹性模量可达 200 MPa 以上；路基压实质量高，填土压密下沉量很小。控制沉降变形的关键在于控制支撑路基的地基沉降。

路基铺设无砟轨道前，应对路基变形作系统评估，以确认工后沉降和变形符合设计要求。无砟轨道铺设后对路基沉降变形的调整范围极其有限，局部沉降应在扣件的可调整范围，大范围均匀沉降应满足线路竖曲线圆顺要求。

为保证精度和有效控制，需进行系统的观测与分析评估。观测断面数量平均 50 m 一处，过渡段沿线路纵向连续观测，依据沉降观测曲线预测工后沉降值。

沉降观测一般规定主要有以下内容：

（1）路基施工应按设计要求进行地基沉降、侧向位移的动态观测。观测基桩必须置于不受施工影响的稳定地基内，并进行定期的复核校正。观测装置的埋设位置应符合设计要求，且埋设稳定。观测期间应对观测点采取有效的保护措施。

（2）沉降观测应采用二等水准测量，观测精度不低于±1 mm。

（3）在填土过程中，应根据观测结果整理绘制"填土高-时间-沉降量"关系曲线图，分析土体的侧向位移值及其发展趋势，判断地基的稳定性。

（4）边桩及沉降在施工期间一般每一填筑层应进行一次观测，在沉降量突变的情况下，每天应观测 2~3 次。如果两次填筑间隔时间较长，每 3 d 至少观测一次。路堤经过分层填筑达到预压高程后，在预压期的前 2~3 个月内，每 5 d 观测一次，三个月后 7~15 d 观测一次；半年后一个月观测一次，一直观测到设计要求的时间。

（5）路基填筑至设计标高，应在路肩设观测桩，应与边桩和沉降同步进行观测，通过测量路肩观测桩的高程变化，确定路基面的沉降量。

（6）观测资料应齐全、翔实、规范，符合设计要求，并应及时整理、汇总分析，并提供给相关单位。

（7）铺轨前应由建设、设计、施工和监理单位参加的路基验评小组对路基工后沉降进行评定。

（8）竣工验交时，沉降观测设备和观测资料应与工程同时移交给工程接收单位。对于无砟轨道结构的路基沉降观测还应符合铁建设函〔2006〕158 号文《无砟轨道铺设条件评估技术指南》的要求。

路基沉降预测应采用曲线回归法，并满足以下要求：

（1）根据路基填筑完成或堆载预压后不少于 3 个月的实际观测数据作多种曲线的回归分析，确定沉降变形的趋势，曲线回归的相关系数不应低于 0.92。

（2）沉降预测的可靠性应经过验证，间隔不少于 3 个月的两次预测最终沉降的差值不应大于 8 mm。

（3）路基填筑完成或堆载预压后，最终的沉降预测时间应满足下列条件：

$$S(t)/S(t\rightarrow \infty)\geqslant 75\%$$

式中　$S(t)$——预测时的沉降观测值；

$S(t\rightarrow\infty)$——预测的最终沉降值。

路基沉降的评估应结合路基各观测断面以及相邻桥（涵）隧的沉降预测情况进行，预测的路基工后沉降值不应大于 15 mm。

3.2 高速铁路桥梁工程施工

高速铁路桥梁上部结构多采用预应力混凝土整孔简支箱梁（常用跨度 32 m 为主），预应力混凝土连续箱梁和其他结构为辅的桥梁结构形式；施工方法以现场集中预制、运梁车运梁、架桥机架设为主，移动模架制梁移动支架节段拼装、支架现浇为辅的施工方法。

高速铁路新线预应力混凝土桥梁在施工质量、外形外观、尺寸精度、预制梁检验等方面的要求比普速铁路桥梁更为严格，桥梁墩台沉降控制严格。

高速铁路桥梁施工应依据《高速铁路桥梁工程施工技术规程》（Q/CR 9603—2015）进行，并达到《高速铁路桥涵工程施工质量验收标准》（TB 10752—2018）的要求。

3.2.1 高速铁路桥梁关键施工技术

随着中国高速铁路的建设发展，铁路桥梁建造技术不断创新，形成了系列先进工法。

1. 大跨度桥梁设计建造技术

高速铁路桥梁通常宜采用小跨。但由于跨越大江、大河和深谷的需要，高速铁路大跨梁的修建也不可避免，而我国高速铁路大跨度桥的桥上速度目标值与其他路段保持一致，这也增加了大跨度桥梁的设计建造难度。主要设计建造技术包括：采用更高强度等级的钢材、应用新型建筑空间结构、研制大跨重载桥梁的专用装置、采用深水基础施工新工艺等。

2. 大型整孔预制梁预制、运输及架设技术

如 32 m 整孔预制箱梁现场集中预制及运架，多种形式的 450 t 级提梁机、900 t 级架桥机、900 t 级运梁车、900 t 级移动模架造桥机应用技术。从建场、制梁、移运、架设等方面摸索出成套技术，具有较高的施工效率和安全性。形成了一系列成熟的标准梁制、运、架工艺及相应装备，高质量、高速度地实现了特长桥梁的建造。

3. 大跨连续梁（刚构）等特殊桥型原位制梁施工技术

大跨预应力混凝土连续梁（刚构）等特殊桥型采用悬臂浇筑、顶推、转体施工；预应力混凝土桥梁移动模架造桥机原位浇筑和预制节段逐跨拼装；特殊跨度梁桥采用支架法原位浇筑等多种施工方法。

4. 材料、工艺、装备技术

高铁桥梁采用高性能混凝土、高强度钢材等优质材料，高性能混凝土的应用，减少预应力混凝土梁徐变变形，提高混凝土结构耐久性。桥梁施工大型机具装备的研发，如顶推及转体施工工艺和施工装备，解决了特殊地段桥梁施工问题。

5. 无砟轨道桥梁设计建造技术

无砟轨道桥梁需重点解决梁体的刚度和变形控制技术。通过对梁体的竖向挠度、水平挠度、扭转角、竖向自振频率等主要技术参数的研究,以及对预应力混凝土梁徐变上拱的控制研究,使桥梁结构满足无砟轨道铺设条件。

3.2.2 基础施工技术

高速铁路桥梁基础形式有明挖基础、桩基础、沉井基础等主要类型。较为常见的桩基础有沉入桩和钻孔桩两种,以下介绍常用的旋挖钻孔法施工及深水基础施工。

1. 旋挖钻孔法施工

旋挖钻机是一种适合在土建工程基础施工中快速成孔作业的施工机械,具有装机功率大、输出扭矩大、轴向压力大、机动灵活、施工效率高等特点,适应我国大部分地区的地质条件。

旋挖钻孔法施工工艺特点有以下特点:

(1)旋挖钻机采用动力头形式,其工作原理是用短螺旋钻头或旋挖斗,利用强大的扭矩直接将土或砂砾等钻渣旋转挖掘,然后快速提出孔外,在不需要泥浆护壁的情况下,泥浆也只起支护作用,钻进中的泥浆含量相当低,这使污染源显著减少,降低了施工成本,改善了施工环境,成孔效率高。噪声低、振动小、污染小,非常适于在繁华市区施工。

(2)伸缩式钻杆的使用,避免了钻杆的频繁装配,减轻了劳动强度,加快了工程进度。由于钻头的拆卸方便,可以根据土层的变化和钻进的需要随时更换钻头,加快了钻进速度,扩大了工艺的适用范围。

(3)由于旋挖钻机的特殊成孔工艺,它仅需要静压泥浆作护壁,所采用的泥浆一般用膨润土、火碱、纤维素等配置,在孔壁不形成厚的泥皮。此外,钻头的多次上下往复,使孔壁粗糙、不易产生缩径,旋挖钻孔灌注桩的承载能力有所提高。

(4)钻机的安装比较简单,在施工场地移动比较快捷方便。

旋挖钻孔法一般适用于黏土、粉土、砂土、淤泥质土、人工回填土及含有部分卵石、碎石的地层。不适用的地层为含有强承压水的土层及岩层。目前,旋挖钻机的最大钻孔直径为 3 m,最大钻孔深度达 120 m。

2. 钢吊箱围堰施工

钢吊箱围堰是作为深水高桩承台施工而设计的临时隔水结构,其作用是通过吊箱侧板和底板上的封底混凝土围水,为高桩承台施工提供无水的施工环境。同双壁钢围堰比较,钢吊箱具有施工工期短、水流阻力小、利于通航、不需沉入河床、施工难度小、材料用量少、经济合理等特点,因而,在大跨深水桥梁的基础施工中得到广泛的应用。

钢吊箱围堰施工工艺流程:

有底钢吊箱一般均采用先桩后围堰施工方法,围堰的安装主要有墩位组拼和场外组拼两种,其施工工艺如下:

(1)墩位组拼:工厂加工钢吊箱→墩位安装底板及壁板拼装平台→安装底板→拼装壁板→安装内支撑→拉压杆安装→水平定位系统及下放导向系统安装→钢吊箱整体下放→下沉钢

吊箱至设计高程→吊箱平面纠偏及竖向锁定→底板封堵与清理→封底混凝土浇筑→抽水、转换拉压杆→承台钢筋及混凝土施工。

（2）场外组拼：场地平整→搭设吊箱加工平台→钢吊箱加工拼装→钢吊箱运输至墩位→起吊下沉就位→钢吊箱锁定→堵漏→封底混凝土浇筑→承台施工。

钢吊箱的适用范围：当承台底面距河床面较高，或承台以下为较厚的软弱土层、且水深流急时，目前多采用有底钢吊箱作为防水措施来进行深水基础施工。

钢吊箱的特点：有底钢吊箱受水深的影响相对于无底钢吊箱较小，利用护筒及其他措施定位较为容易、定位精度高；封底混凝土受底板约束，质量易于保证，数量准确；吊箱悬挂于支撑系统上，不接触河床，避免了河床高低不平的影响。

3. 双壁钢围堰施工

双壁钢围堰钻孔桩基础是我国目前桥梁深水基础中较为广泛的基础形式，适用于各种河床的河流、湖泊、水库的深水基础施工。

双壁钢围堰施工工艺流程：

双壁钢围堰加工制作→运输→组拼→钢围堰就位与锚碇→浇筑双壁间混凝土→壁间加水下沉、着床、清淤→钢围堰顶搭设钻孔平台→钢护筒吊装→水下混凝土大封底→钻孔桩施工→抽水承台施工→桥墩施工出水面→双壁钢围堰拆除。

双壁钢围堰是现代桥梁深水基础施工中常采用的一种挡水结构，具有以下特点：

（1）能承受较大水压。

（2）结构刚性大、能承受向内、向外的压力，所以不怕洪水淹没围堰，也不怕下沉时翻砂，施工可靠。

（3）工序单一，施工简便，围堰在水中是以灌水下沉为主，主要工作是拼装围堰钢壳。同时圆形围堰内没有支撑，吸泥下沉和清基较为方便。

（4）钻机平台可直接放置在钢围堰的顶部，适宜于大型旋转钻机。

3.2.3 桥位制梁与架设

桥位制梁一般在因制梁规模和运输困难限制而无法进行工厂集中预制并采用架桥机架设时采用。桥位制梁方法主要有以下7种：膺架法、连续梁及连续刚构的悬臂浇筑、移动支架悬臂拼装、连续梁顶推、先简支后连续箱梁施工、移动模架造桥机制梁、移动支架造桥机制架梁。以下介绍一些常用方法。

1. 膺架浇筑

混凝土桥在落地膺架（也称脚手架）上现浇或拼装预制节段，即为膺架法，由于混凝土桥的自重较大，膺架需按沉落量设置预加拱度，并安装落梁装置。膺架法是一种比较简单可靠的施工方法，一般适用于地基条件较好，跨越旱地或浅水河流且桥墩高度较低的简支梁、连续梁、连续刚构梁。并适用于墩身不太高、桥址地质条件较好、工期要求不紧的工程。有时为满足架桥机组拼的需要，也用此法进行邻近下承式钢桁梁的简支箱梁施工。一般情况下优先考虑异性结构施工，或者工程远离桥群、架桥机机械设备不足（或者选用架桥机机械设备经济效益较差情况）时的施工。其工程特点是可利用现有材料并采用满布支架或轻型膺架现浇梁体上部结构，施工方便，易于控制上部结构的线形。膺架法将传统工艺与新技术、材料进行了结合。其缺点是工期相对较长。

膺架主要有满堂式、长梁式、墩梁式和独立支墩式。膺架类型经技术经济比较选用其结构形式。一般应根据桥的长度、桥下净空、膺架基础类型、通车通航要求及各种定型尺寸及受力性能条件确定。膺架基础必须具有足够承载力，不得出现不均匀沉降。其基础类型、面积和厚度应根据膺架结构形式、受力情况、地基承载力等条件确定。同时须做好地面的排水处理，设置排水沟。膺架结构应具有足够的承载力和整体稳定性，对膺架的承载力和稳定性必须进行检算。膺架法施工应根据验算的变形量预留适当的沉落量和施工预拱度，确保梁体线型符合设计要求。

简支梁采用膺架法施工时，可根据地形条件，选择原位浇筑、高位浇筑或旁位浇筑。选用高位或旁位浇筑的膺架，应根据梁体在张拉及落梁过程中，膺架承受荷载的不同，分别对膺架结构进行检算。

钢筋混凝土连续刚架桥宜采用膺架法现场浇筑施工，其基础、立柱及梁部，宜采用整体性浇筑，应保证结构的整体性及降低基础不均匀沉降引起的对连续刚架结构受力的影响。立柱施工宜采用大块整体模板，并应保证立柱施工的连续性与整体性，以满足混凝土的外观质量要求。一联中所有立柱施工完成，混凝土强度达到设计值85%以上后方可进行梁部施工。一联中的纵、横梁施工全部完成，混凝土强度达到设计值85%以上后，方可进行桥面板的施工。纵、横梁和桥面板也可同时施工。在相邻连续刚架施工完成，混凝土强度达到设计值85%以上后，方可进行挂孔桥面板施工。挂孔桥面板可采用膺架现浇法或分块预制安装法施工。桥面板现浇施工，采用分段浇筑时应符合设计要求，并应考虑混凝土收缩、徐变等对桥面板的影响。桥面板混凝土强度达到设计要求后，方可拆除膺架。连续刚架桥各结构部位分步施工时，应按设计要求进行混凝土接缝的处理。

2. 悬臂施工

悬臂施工也称为分段施工法，是在已建桥墩顶部，沿桥梁跨径方向，对称逐段施工的方法。每延伸一段，待混凝土达到强度后施加预应力与已成部分形成整体。该方法最大的优点是施工不受季节、河道水位的影响，不影响桥下通航，不需大量的支架和临时设备，是大跨连续梁桥主要施工方法。

悬臂对称施工根据施工方法的不同可分为悬臂拼装法和悬臂浇筑法两类。悬臂浇筑法用于大跨度连续梁、连续刚构桥。

（1）悬臂浇筑施工。

悬臂浇筑是在桥墩两侧利用挂篮，对称浇筑混凝土，待混凝土达到张拉强度后张拉预应力筋，而后移动挂篮继续下一段的悬臂浇筑（图3-15），先形成T构，再逐跨合龙，逐跨释放临时固定支座，完成体系转换，成桥。

移动式挂篮是悬臂浇筑采用的主要施工设备，以桥墩为中心，对称向两岸利用挂篮逐段浇筑梁段混凝土，待混凝土达到要求强度后，张拉预应力束，再移动挂篮，进行下一节段的施工。悬臂浇筑每个节段长度一般2~5m，节段过长，将增加混凝土自重及挂篮结构重力，而且要增加平衡重及挂篮后锚设施；节段过短，影响施工进度。所以施工时应根据设备情况及工期，选择合适的节段长度。

图 3-15 悬臂浇筑施工

高速铁路挂篮的设计除应符合强度、刚度及稳定性要求外，尚应满足下列要求：

① 悬臂吊架应有向前走行（滑移）设备。
② 施工挂篮行走时，其抗倾覆稳定系数不小于 2。
③ 挂篮总重量的变化，不应超过设计重量的 10%。
④ 浇筑悬臂梁段时，可将后端临时锚固在已浇筑的梁段上。
⑤ 支承平台后端横梁，可锚固于已浇筑梁段底板上。
⑥ 挂篮吊架在浇筑梁段中所产生变形的调整，可采用调整前吊杆高度办法，也可采用预压配重调整办法。
⑦ 挂篮应按照设计要求安装以确保施工安全，若挂篮螺栓未全部连接牢固，则存在安全风险。

（2）悬臂浇筑施工的特点。

预应力混凝土连续梁桥悬臂施工时墩和梁铰接，不能承受施工荷载产生的不平衡弯矩，因此，施工过程中墩和梁应临时固结，以承受施工荷载产生的不对称负弯矩，待悬臂施工至少一端合拢后恢复原状态。

待合龙后形成连续梁，因此采用悬臂施工时，在施工过程中存在体系转换。预应力混凝土连续梁应考虑由于体系转换及其他因素引起的结构次内力及施工过程的应力状态，及时调整预应力以适应这一转换。一般为使结构施工受力与运营状态的受力相吻合，悬臂施工的连续梁桥常选用变截面形式。

3. 移动模架造桥机制梁

移动模架法是客运专线简支箱梁原位造梁施工的一种重要方法，也称移动造桥机，是一种自带模板可在桥跨间自行移位，逐跨完成混凝土箱梁施工的大型造梁设备。移动模架造桥机制梁如图 3-16 所示。按过孔方式不同，移动模架分为上行式、下行式、复合式几类。主梁在待制箱梁上方，借助已成箱梁和桥墩移位的为上行式；主梁在待制箱梁下方，完全借助桥墩移位的为下行式；主梁在待制箱梁下方，借助已成箱梁和桥墩移位的为复合式。

图 3-16 移动模架造桥机制梁

（1）下行式造桥机施工工序。

图 3-17 为下行式造桥机制梁，图 3-18 为下行式造桥机过孔。下行式造桥机施工主要工序为：现场拼装移动模架→桥位预压→安装箱梁支座→调整模板、设置上拱度→绑扎底、腹板钢筋→安装纵向预应力管道、布设预应力束→安装内膜→绑扎顶板钢筋→浇筑梁体混凝土→养护→混凝土强度达到设计要求后，松开内膜，进行初张拉→移动模架整体落架、脱底侧模→移动模架过孔，进入下一个制梁循环→梁体混凝土强度、弹性模量及龄期均达到设计要求后，进行终张拉→孔道压浆、封端。

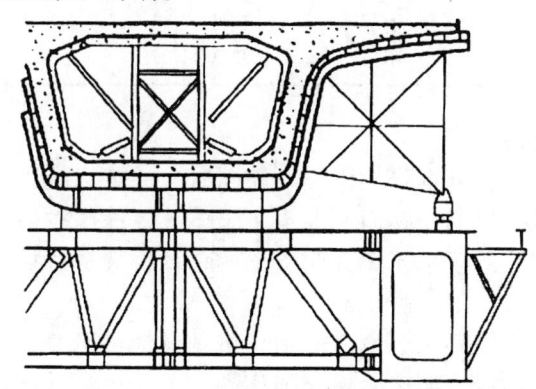

图 3-17 下行式造桥机制梁

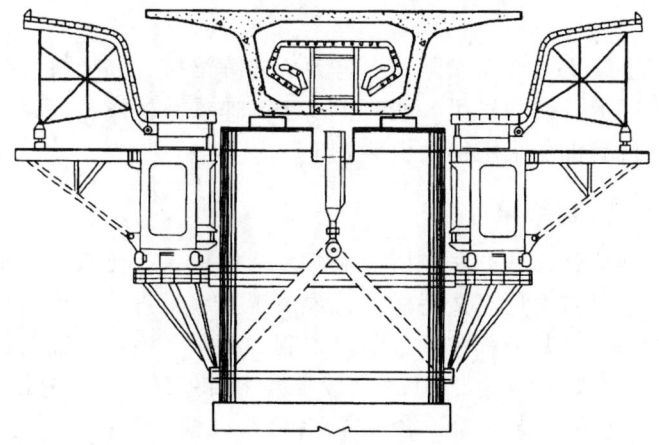

图 3-18 下行式造桥机过孔

（2）上行及混合式造桥机施工工序。

上行及混合式造桥机施工主要工序：现场拼装移动模架→桥位预压→安装箱梁支座→调整模板、设置上拱度→绑扎底、腹板钢筋，安装纵向预应力管道、布设预应力束→安装内膜→绑扎顶板钢筋→浇筑梁体混凝土→养护→混凝土强度达到设计要求后，松开内膜，进行初张拉→移动模架整体落架、脱底侧模→梁体混凝土强度、弹性模量及龄期均达到设计要求后，进行终张拉→孔道压浆、封端→移动模架过孔，进入下一个制梁循环。

上行式造桥机和下行式造桥机主要性能比较见表3-2。

表3-2 上行式造桥机和下行式造桥机主要性能比较

	安全性	方便性	适应性	成　本	制梁周期
上行式	安全性高 主承重件始终在墩顶简支	方便 过孔速度快	适应性强 高墩低墩均能适应，首跨末跨箱梁均可建造	由于重量大，所以成本高 该形式的造桥机可很方便地改为他用	长（18d/跨） 主要原因是终张拉前不能过孔
下行式	安全性低 墩旁托架不十分可靠，大结构件横移不十分安全	不方便 墩旁托架安装麻烦，速度慢	适应性低 墩高一般不得低于4m，且建造首末跨箱梁需设临时支墩	由于重量轻，所以成本低	短（12d/跨） 主要原因完成初张拉即可过孔

（3）施工特点及适应性。

移动模架造桥机制梁，在分批张拉预应力筋同时应注意混凝土梁的反拱度是否与设计相符，不得出现由于造桥机主梁的反弹而使混凝土梁体上翼缘超拉应力，必要时应配合预应力的张拉分级调低底模高程。用于浇筑单孔简支梁的移动模架造桥机在纵向前移时，任何情况下，造桥机抗倾覆稳定系数应不小于1.3。

移动模架造桥机具有不需梁场，少占耕地；机动灵活可迅速转场；设备投入少，研制风险低；作业程序清晰、结构受力明确、模架强度高，不受桥下地质条件的限制等优点。缺点是移动模架具有野外、高空和流动的特点，管理跨度大，资源调配难，安全质量控制任务艰巨。

移动模架适合于桥梁梁身截面相同的多跨大桥连续梁桥、高架桥和跨越江河深谷且无法采用支架进行现浇或桥下通航的桥梁。同时，由于高速铁路桥隧相间，故对于因隧道的阻挡而使箱梁无法运架的桥梁也需采用移动模架施工。

4. 移动支架造桥机制架梁

移动支架造桥机制架梁，其方法在桥墩上拼装造桥机，在桥头或桥下建节段预制厂，箱梁分成若干段预制，梁段依次运至造桥机上，预留湿接缝，进行穿束张拉，形成整孔梁。要求桥头有预制梁节段场地，其流程包括：节段预制、存梁、节段运输与拼装。

移动支架造桥机制架梁适用于预制梁段原位拼装双线或单线预应力混凝土简支箱梁或连续梁的施工。其技术特点为设备安全性能和接缝（湿接缝、干接缝）质量控制非常关键。

主要工艺流程：拼装墩旁托架→安装滚轮箱→铺设台后临时轨道→组拼造桥机→造桥机拖拉就位→梁段预制→梁段组拼成梁。

当梁接缝采用湿接缝时，梁段组拼、成梁的施工顺序为：

（1）移梁：按现场场地布置选择合适的方法将梁段从存梁场移到运梁小车上，运梁小车将梁段送至造桥机尾部桁吊下。

（2）吊梁：梁段吊运至造桥机腹内移梁小车。

（3）梁段就位：梁段按顺序运至设计位置，移出移梁小车，梁段支承在螺旋支承上。最后一个梁段由桁吊直接就位。

（4）梁段调位：梁段位置宜以双坐标千斤顶反复调整、逐渐趋近，直至达到设计要求。

（5）穿束、湿接缝钢筋绑扎：穿束前应用压力水冲洗孔道内杂物，观测孔道有无串孔现象，吹干孔道内水分，宜采用一孔整体穿束。钢筋绑扎前应将梁段两端伸出的纵向钢筋理直，与湿接缝钢筋满足搭接要求。

（6）浇筑湿接缝混凝土并养护。

（7）张拉并压浆。

3.2.4 箱梁集中预制与架设

高速铁路建设采用在工厂集中预制混凝土箱梁、利用箱梁运输车完成箱梁自预制场到架设地运输、使用架桥机进行逐跨吊装架设的成套施工方法，具有施工组织周期性较强、大大减少了现场的工作量、可大量节省施工费用、压缩施工工期、降低各种事故发生概率等优点，是十分有效的施工组织形式。梁体预制生产按预应力钢筋张拉与混凝土浇筑的先后顺序分为先张法和后张法。

客运专线桥梁以跨度 32 m、24 m 双线后张法预应力简支箱梁为主，其中 32 m 箱梁作为主梁型。

1. 后张法预应力混凝土梁

1）制梁工序

吊装钢筋笼入外模→钢筋笼定位→定位内模→合拢外模→检查各部分连接→浇筑混凝土→蒸汽养护→脱外模、拆端模、出内模→初张拉→脱侧模→箱梁出台座→整理底模，进入下一循环施工。图 3-19 为后张法简支箱梁预制工艺流程图。

梁体钢筋骨架分为底腹板钢筋骨架和顶板钢筋骨架，骨架分别在相应的底腹板和顶板钢筋绑扎胎具上进行绑扎。底腹板钢筋绑扎完毕后龙门吊将底腹板钢筋吊入已经安装底模、外模的制梁台座上，然后将已拼装好的内膜吊至底腹板钢筋骨架内，再将顶板钢筋骨架吊至底腹板钢筋骨架上组装，底腹板钢筋和顶板钢筋绑扎焊接成整体后，最后安装端模，成型。图3-20，图 3-21 为箱梁外模、内模，图 3-22、3-23 为吊放钢筋、灌注混凝土。

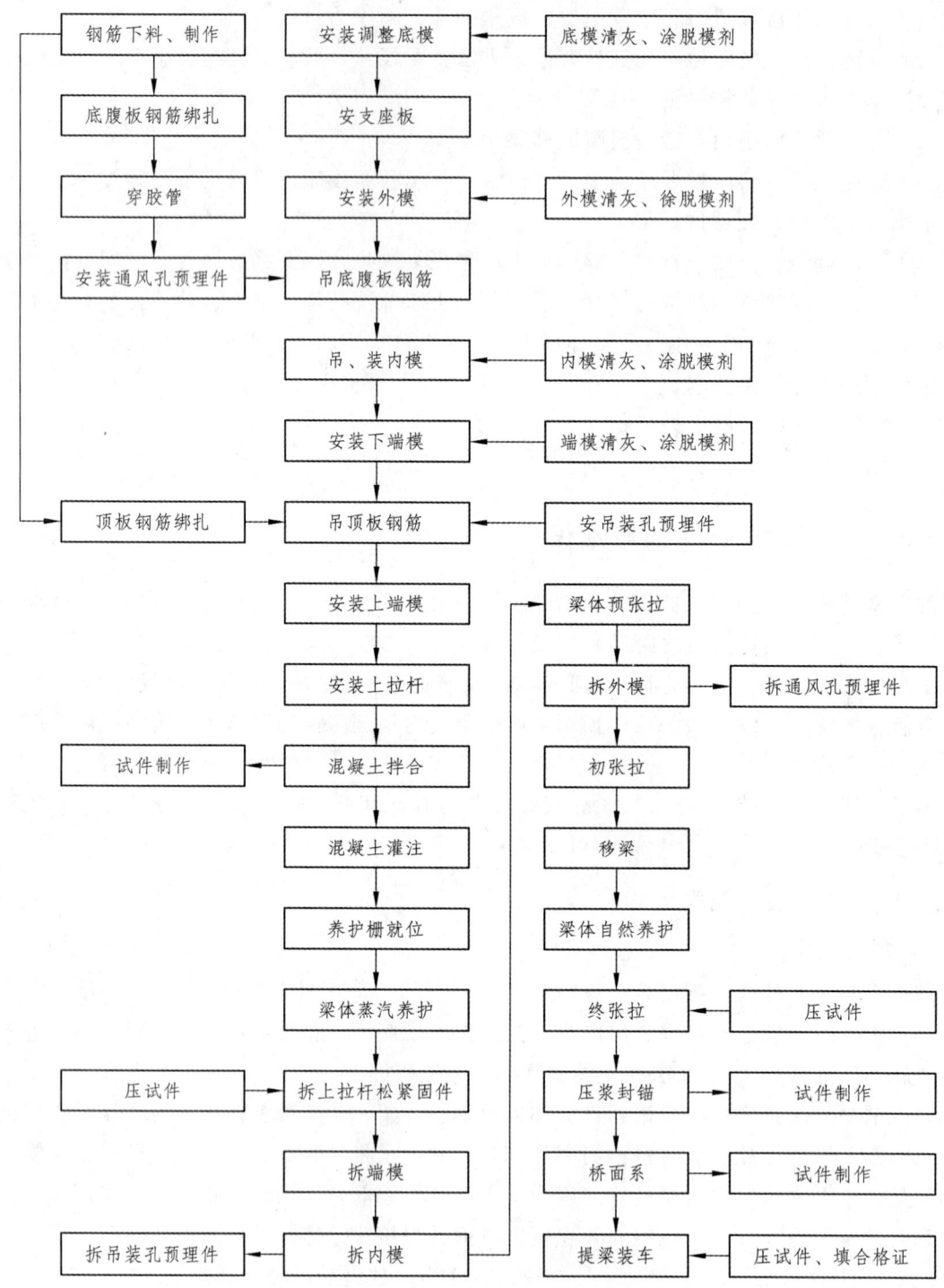

图 3-19 后张法简支箱梁预制工艺流程

图 3-20　箱梁外模

图 3-21　箱梁内模

图 3-22　吊放钢筋

图 3-23　混凝土浇筑

混凝土在拌和站集中拌制，混凝土输送泵配合液压式布料机入模，插入式和附着式振动器振导，混凝土顶面振动整平机抹面，整体一次性浇筑，蒸汽养护。在制梁台位上进行混凝土的浇筑、预张拉和初张拉，采用提梁机吊移至存梁区存梁，在存梁台位上进行终张拉、压浆和封端施工。

2）预应力施工

预应力施工按预张拉、初张拉、终张拉三个阶段进行，采用两端分级加载、同步张拉，并保持两端的伸长量基本一致，具体操作按设计进行。张拉操作工艺流程为：工作锚安装→限位板安装→千斤顶安装→工具锚安装→千斤顶进油张拉→伸长值校核→持荷顶压→卸荷锚固→记录。

为防止梁体发生早期裂缝，梁体带模预张拉，梁体预张拉时，模板须松开，不得对梁体压缩造成障碍；初张拉在模板拆除且梁体混凝土强度达到设计值的80%后进行，初张拉后梁体方可吊出台位；终张拉在梁体混凝土强度及弹模达到设计值后、龄期不少于10 d时进行，终张拉30 d后实测上拱值不得大于设计计算值的1.05倍。

（1）张拉程序。

① 先将钢绞线束略微予以张拉，以消除其松弛状态，并检查孔道轴线、锚具和千斤顶是否在一条直线上，注意使钢绞线束中每根钢绞线受力均匀。

② 当钢绞线束初始应力达到张拉控制应力的20%时将千斤顶充分固定，把松弛的钢绞线拉紧以后，在两端精确地标以记号。

③ 张拉时，每件后张梁滑丝及断丝数量不得超过预应力钢丝总数的0.5%且不处于梁的同一侧，一束内断丝不得超过一丝，超过限制数时应进行更换，重新张拉。

④ 张拉力和延伸量的读数应在张拉过程中分阶段读出，张拉后测定预应力筋的回缩量。

⑤ 为使拉力控制准确，采用仪表读数与伸长值双控制，预施力值以油压表读数为主，以预应力筋伸长值作校核，按预应力筋实际弹性模量计算的伸长值与实测伸长值相差不大于±3%。

⑥ 张拉完成后，应注意对钢绞线进行及时保护，防止生锈。

（2）管道压浆。

为保证预制梁的耐久性，管道压浆采用真空辅助灌浆工艺，并在水泥浆中掺加高效减水剂和阻锈剂，灌浆主要设备包括：2.5 MPa柱塞式灰浆泵、JW180立式灰浆搅拌机、真空泵组件（抽气速率110 m^3/h）。

后张预制梁终张拉完成后，在48 h内进行管道真空辅助压浆。压浆前，锚具外面的预应力筋间隙应用环氧树脂胶浆填塞，并使管道内的杂物、积水排出，保证压浆密实、不漏压。压浆时及压浆后3 d内，梁体及环境温度不得低于5 ℃。压浆泵采用连续式，同一管道压浆连续进行，一次完成。

真空辅助压浆工艺流程为：检查、清理管道→预应力筋、夹片空隙堵塞→机械设备及相关部件安装→按配合比搅拌浆体→抽真空→灌浆→压浆完毕设备清理。

压浆顺序自下而上，并应将其中一个断面的孔道在一次作业中压完，以免孔道漏浆堵塞邻近孔道。若集中孔道无法一次压完，则应将相邻未压浆孔道用压力水冲洗，以使继续压浆时通畅无阻。为检查孔道内水泥浆的实际密度，压浆后应从检查孔抽查压浆的密实情况，如有不密实的地方，应及时处理和纠正。

（3）封端。

封端混凝土采用无收缩混凝土，配合比通过试验确定。

① 孔道压浆完毕后立即将梁端水泥浆冲洗干净，同时清除支承垫板、锚具及端面混凝土的污垢，对锚圈与锚垫板之间的交接缝用聚氨酯防水涂料进行防水处理，并将端面混凝土凿毛，以备浇筑封端混凝土。

② 设置端面钢筋网，为固定钢筋网的位置，可将部分箍筋点焊在支承垫板上。

③ 固定封端模板，以免在浇筑混凝土时模板走动而影响梁长；立模后校核梁体全长，其长度应符合容许偏差的规定。

④ 浇筑封锚混凝土，按试验配合比拌制混凝土，仔细操作并认真振捣，保证锚具处的混凝土密实，按规定要求对封锚混凝土养护、拆模。

⑤ 封端混凝土养护结束后，采用聚氨酯防水涂料对封端新老混凝土之间的接缝进行防水处理。

（4）梁体移位与存放。

强度达到60%设计强度时拆模。预张拉、初张拉符合设计要求，初张拉完成后可以移梁。移梁方式有台车移梁和搬运机移梁。存梁台座要求同一端支点沉降高差不大于2 mm。图3-24为台车移梁。

图3-24 台车移梁

（5）预制梁检验、试验。

预制梁检验、试验包括：原材料和配件检验、出场检验、型式检验及静载试验。

① 原材料和配件检验。

预制梁用水泥、骨料、掺合料、外合剂、拌和水、养护用水、钢筋、钢绞线、金属螺旋管、钢配件材料、防水材料、细石混凝土用纤维、锚具、夹具和连接器等原材料按现行技术规范中"预制梁原材料和配件检验项目、质量要求和检验频次"表的规定进行进场全面检验或抽验。供应商提供的每批原材料或配件的出厂检验报告应包括进场全面检验中所有项目的检验结果。水泥供应商还应提供每批原材料的铝酸三钙含量、助磨剂名称及掺量、工业副产石膏名称及掺量。

试生产前对所选用的水泥、砂、碎石、掺合料、外加剂等原材料制作抗冻融循环、抗渗性、抗氯离子渗透性、抗裂性、抗钢筋锈蚀和抗碱-骨料反应的耐久性试件各一组，以便进行耐久性试验。预制梁批量生产中，每 20 000 m^3 混凝土抽取抗冻融循环、抗渗性、抗氯离子渗透性、抗碱-骨料反应的耐久性试件各一组，进行耐久性试验；若预制梁混凝土量不足 20 000 m^3 混凝土，则进行耐久性试验时，每个项目各取一组试件进行耐久性试验。混凝土耐久性试验按现行规范、技术条件要求执行。

② 预制梁出场检验。

预制梁出场检验包括预制梁制造过程控制检验和成品出场检验。预制梁出场检验按现行技术规范中"预制梁生产过程检验和成品出场检验项目、质量要求和检验频次"表的规定进行全面检验或抽验。

③ 预制梁型式检验。

预制梁型式检验是对产品全面性能控制的检验。预制梁有下列情况之一时应进行型式检验：

a. 预制梁试制鉴定。

b. 正式生产后，材料、工艺有较大改变，可能影响产品性能时。

c. 产品转场生产时。

d. 长期停产后，恢复生产时。

e. 出厂检验结果与上次型式检验有较大差异时。

f. 国家质量监督机构提出型式检验的要求时。

型式检验除按现行技术规范中"预制梁原材料和配件检验项目、质量要求和检验频次"表所列进场全面检验项目和"预制梁生产过程检验和成品出场检验项目、质量要求和检验频次"表所列检验项目进行检验外，对混凝土还应进行混凝土抗裂性、护筋性检验。

④ 静载试验。

当有下列情况时，应进行静载试验弯曲抗裂性及挠度试验：

a. 首孔生产时。

b. 正式生产后，原材料、工艺有较大变化，可能影响产品性能时。

c. 批量生产中。

d. 有质量缺陷，可能对产品的抗裂性及刚度有较大影响时。

静载试验弯曲抗裂性及挠度试验方法按《预应力混凝土铁路桥简支梁静载弯曲试验方法及评定标准》（TB/T 2092—2003）执行，要求预制梁静载弯曲抗裂性 $K_f \geq 1.20$，实测预制梁静载挠度≤1.05 倍设计计算值。

图 3-25 为现场静载实验。

图 3-25 静载实验

2. 箱梁徐变上拱、梁端转角控制关键技术

高速铁路桥梁桥上无砟轨道对桥梁变形控制提出了更为严格的要求：①桥梁具有足够的竖向、横向、纵向和抗扭刚度，使结构的各种变形很小；②避免结构出现共振和过大振动。

（1）桥梁对徐变上拱、梁端转角的要求。

预应力混凝土箱梁的徐变上拱值应严格限制。轨道铺设后，有砟桥面梁的徐变上拱值不宜大于 20 mm；无砟桥面梁的徐变上拱值不应大于梁跨度的 1/5 000，并不大于 20 mm。梁端转角小于 1‰。

（2）桥梁箱梁徐变上拱控制措施。

在荷载长期作用下（维持压应力不变），混凝土的应变随时间继续增长的现象，称为混凝土的徐变。混凝土的徐变可使预应力梁的预拱度值增加 0.5～1 倍。预应力混凝土箱梁的徐变上拱因梁的结构形式、钢丝束位置、混凝土强度等级的不同而不同。一般情况下，除考虑设计因素外，还需在施工过程中进行控制。

① 设计控制箱梁徐变上拱。在设计中首先采用较大高跨比以加大梁的竖向刚度，从而减少活载作用下的梁体下缘混凝土拉应力值；其次通过调整预应力筋的布置使梁的截面上下缘应力在预应力筋及恒载作用下尽量接近，从而使梁体徐变上拱值控制在规定的限制之内。

② 施工控制箱梁徐变上拱。预应力混凝土无砟桥面梁的徐变上拱在施工的各个环节中，均应采取技术措施，严格控制箱梁的徐变上拱，满足轨道铺设后有砟、无砟桥面梁徐变上拱值的设计要求。以下从各环节介绍控制方法：

a. 箱梁台座。为减小预施应力产生的拱度，台座设计生产应根据收缩徐变以及二期荷载上桥的具体情况，考虑设置合适反拱。反拱一般是按照二次曲线设置在跨中，并把制梁台座底板及梁体设置成凹形。在正常使用时，随时用水平仪检查底板的反拱及下沉量，不符合规定处均须及时整修。

b. 箱梁混凝土材料。预应力混凝土无砟桥面梁的徐变上拱受混凝土的配合比影响较大，应从混凝土原材料控制入手。

c. 箱梁混凝土拌和。根据当地气象特点，料场、搅拌站都应设置轻型骨架的遮雨、遮阳棚，加设必要的排水设施。定期检验配料的计量装置，确保计量准确；计量方式采用重量计量。水、水泥、掺合料、外加剂的称量准确到±1%，粗、细骨料的称量准确到±2%。水泥选择同厂家、品牌、强度等级、批次的水泥，保证混凝土收缩徐变均匀。混凝土拌和采用造壳混凝土工艺，即：先在搅拌机中投入砂、水泥、2/3 的拌和用水，拌和 1~1.5 min 后将石子与剩余的 1/3 拌和用水再拌和 1~1.5 min 即可。该工艺可改善混凝土和易性，减少泌水性，提高混凝土的强度，缩短养护周期，弹性模量基本达到设计值。通过节约水泥（5%~10%），达到减小混凝土的徐变上拱的目的。

　　d. 箱梁混凝土浇筑。预应力混凝土梁应采用快速、稳定、连续、可靠的浇筑方式一次浇筑成形。每片梁的浇筑时间不宜超过 6~8 h，最长不超过混凝土的初凝时间。在预应力混凝土梁体浇筑过程中，应随机取样制作混凝土强度和弹模试件，试件制作数量应符合相关规定。其中箱梁混凝土试件应从底板、腹板及顶板分别取样。

　　e. 箱梁混凝土养护。湿润的环境可以扼制混凝土徐变变形，因此梁体存放期内要保持 75%以上的湿度，避免过分干燥。梁体混凝土初凝后，立即淋水养护至蒸汽养护开始升温，待蒸汽养护结束后即对全梁洒水进行自然养护，自然养护时间不少于 7 d。环境温度低于 5 ℃时，预制梁表面喷涂养护剂，采取保温措施。梁体混凝土蒸汽养护采用自动化温控系统进行，确保升温、降温速度不大于 10 ℃/h，恒温不大于 45 ℃；通过在梁体混凝土内安装铠装热偶温度传感器、在梁体混凝土外安装康铜热偶温度传感器，控制混凝土芯部温度不高于 60 ℃；待梁体混凝土强度达到设计强度的 60%以上，且混凝土芯部与表层、箱内与箱外、表面温度与环境温差均不高于 15 ℃时，方可拆模。气温急剧变化时，不得拆模。

　　f. 箱梁预应力张拉。在施加预应力前，除检验混凝土强度外，还应检测其弹性模量，两者均满足设计要求后，再施加预应力；张拉采用三次张拉方案，即早期张拉、初张拉、终张拉；对施加预应力过程严格实行"双控"，严禁超张拉，以确保满足预应力徐变上拱限值的要求（以往预应力施工，常规进行超张拉，该法虽然可以提高梁体的有效预应力，提高梁体的抗裂性，但对梁体的后期徐变上拱影响较大）；在满足工期要求和设计规定的前提下，尽量推迟终张拉时间，增加存梁时间，减少梁体后期徐变上拱，在工期允许的条件下，适当延长道床浇筑与制梁终张拉的时间间隔；桥梁终张拉时间超过 60 d 后才允许在其上进行无砟轨道施工。

　　g. 箱梁徐变上拱的其他控制措施。除测试梁体终张拉的弹性上拱度外，还应增加终张拉 30 d 后的徐变上拱度的测试和要求，以控制预应力混凝土结构的后期徐变上拱度。当预应力混凝土无砟桥面梁的徐变上拱值增长较快，超过上拱限值时，应积极采取吊装或加载预压措施进行控制。

　　（3）箱梁端转角控制。

　　梁端转角是箱梁在荷载作用下，产生的变形。从力学角度进行分析，设计增加梁体的竖向刚度，可以从根本上减小梁端转角变形。因考虑到轨道扣件与支座的距离对轨道的不平顺有放大的效果，所以当扣件与支座的距离大于或等于 1.5 m 时，还要从桥梁结构设计的角度进行优化考虑，采取设置平衡板的技术措施保证轨道的平顺性。平衡板与梁体之间应有相应的旋转空间。

　　（4）施工监测及信息反馈修正。

　　施工过程监测的主要目的是通过对施工过程中桥梁关键部位的变形和应力的量测，来对施工过程进行分析评价和适时调整，以使桥梁的变形和应力能严格控制在设计容许的范围内。简支箱梁徐变上拱、梁端转角控制尤为重要。施工过程监测的主要内容包括温度场监测、梁端转角监测和箱梁徐变上拱监测。

① 监测设备。

主要用于应力量测的仪器：电阻应变仪、钢弦应变计、光纤传感器。主要用于挠度和线形量测的仪器：精密水准仪、连通管或全站仪。用于温度场测试的仪器：温度传感器。用于梁端转角测量的仪器：倾角仪。以上的监测仪器和设备可保证现场长期监测的稳定性。

② 测点布置。

a. 温度场监测：结合蒸汽养护梁体混凝土内安装的铠装热偶温度传感器和梁体混凝土外安装的康铜热偶温度传感器，对混凝土结构的各部分进行检测。

b. 转角检测：转角检测可设置在梁端断面上。

c. 梁体收缩徐变监测：初次梁体浇筑完毕后，进行收缩徐变监测。在梁体 1/4、1/3、1/2 处设置电阻应变仪，每天对箱梁各截面的应力情况进行监测，并用水准仪监测挠度变化情况，同时记录下当时的环境温度，为今后混凝土梁体浇筑提供收缩徐变参考。如浇筑温度、养护条件相差较大，则应增加相应箱梁的监测数量。

③ 监测要点及信息反馈修正。采用电阻应变传感器，即通过电阻值的变化计算出应力值。若测点露天而设，则应采用性能稳定且与基材绝缘的胶基印刷电路式电阻应变计，接线标准采用自制高频环氧基敷钢板，并整体外封 CH31 胶，以保证其工作的稳定性。根据收集的数据，进行计算机处理，动态指导箱梁施工。

3. 箱梁运输与架设

梁体架设前，需要利用提梁机将梁体放置到运梁车上。提梁机分为轮胎式提梁机和轨行式提梁机，图 3-26 所示为轨行式提梁机。按照架桥机构造形式，架桥机可以分为简支式、导梁式两类；按照桥梁的运输方式，运梁车可以分为轨行式和轮胎式两类；从功能上看，有单一功能的架桥机与运梁车组合，有运架一体式架桥机。也有采用简支和导梁相结合的复合导梁式架桥机。

图 3-26 提梁机运梁

（1）梁体运输。

梁体采用运梁车运输，常采用我国自主研发的轮胎式运梁车。图 3-27 为轮胎式运梁车运梁。

图 3-27 轮胎式运梁车运梁

运梁系统必须具备以下特征：

① 自重应尽可能小。不能在运梁车通过已架好的桥面时，对已架桥梁构成破坏威胁。

② 尽能将梁体的负荷分散，以减少作用在已架好的桥面上的集中负荷绝对值。

③ 为了将动态因素引起的负荷增加（动负荷）降至最低，运梁设备需要有高的弹性吸收能力（缓冲性能）。

④ 在不十分规则平顺的路面或轨道上行驶时，对作用在各轮子上的负荷应具有自动平衡和补偿能力。

⑤ 设备的外形尺寸要尽量小而紧凑，便于解决运梁车与架桥机的匹配问题，运梁设备越紧凑，架设梁的高度问题就越容易解决。

⑥ 由于一旦出现问题，将直接影响施工周期，因此要求运梁系统应结构简单，可靠性高，以降低损坏或故障的风险。

⑦ 整个运动系统要能够实现均匀而同步地运动，不能有加速、减速等一些危险因素作用在负载上，包括起动、停止、反向运动均需渐渐缓慢均匀地运动。

⑧ 为了保证桥梁能够准确地进入架桥机，要求设备操作上要能微动，微动的数量级要达到厘米级。运梁车运梁时必须保持平稳，严禁箱梁碰撞架桥机支腿。当需要一台起重小车吊住箱梁前端向前移动时，起重小车的前进速度必须与运梁车的前进速度保持同步。严禁梁体受损。

（2）梁体架设。

① 导梁式架桥机架设。

导梁式架桥机如图 3-28 所示。架梁作业的主要工艺流程：拼架桥机和导梁→运架桥机和导梁就位→运梁车喂梁就位→起吊箱梁→前移下导梁→安装支座，落梁就位→架桥机前移一跨。

架桥机在移位时可以通过运梁车驮运实现短途运输。经过简单拆解，架桥机可由运梁车驮运通过高速铁路双线隧道。图 3-29 所示为架桥机进行桥间转移。

图 3-28 导梁式架桥机

图 3-29 架桥机转移

② 步履式架桥机架设。

步履式架桥机如图 3-30 所示。架梁作业的主要工艺流程：拼架桥机→运梁车驮运架桥机就位→放下前支腿和中支腿，抬起后支腿，退运梁车→放下后支腿，收起中支腿，起重小车运行到主梁后部指定位置→架桥机纵移到位→利用支腿倒换运梁车喂梁就位→支立前后支腿收起中间支腿，起重小车吊起箱梁前移到位→装支座，落梁就位。

图 3-30 JQ900 型步履式架桥机

③ 运架一体式架桥机架设。

运架一体式架桥机如图3-31所示。架梁作业的主要工艺流程：拼架桥机→下导梁就位→安装支座→梁场取梁→运梁→喂梁→落梁→架桥机退回→支腿转移。

图3-31 运梁一体机架桥机

3.2.5 墩台沉降控制

高速铁路桥梁上部均采用无砟轨道，桥梁墩台施工与普通铁路桥梁墩台施工相比，对墩台基础沉降提出了更高的要求。

1. 扩大基础施工控制措施

基坑开挖要连续施工，开挖快到基坑底面时，预留30 cm人工清底，以免扰动原地基。基坑开挖到位后需立即通知设计单位进行验槽。基底地质情况与设计不符时，则检查判定地基承载力能否满足需要和保证墩台的稳定，当不能满足需要时，与设计人员协商确定处理方法；基底地质情况与设计相符时，将表面松裂碎石块清除并清理平整、冲洗干净，并立即施作混凝土垫层。

2. 桩基础施工控制措施

（1）泥浆护壁。

对于泥浆护壁，在不影响孔壁稳定的情况下，泥浆密度越小越好。泥浆密度大，护壁厚度加大，将严重影响土与桩的极限侧阻力，进而影响桩基的承载能力。

（2）沉渣厚度。

沉渣厚度影响基底土的端阻力，因此一定要严格控制。沉渣厚度可采用中科院声学所研制的SLD-1型数字式桩孔沉碴测厚仪进行检查，该仪器测厚精度达到1 mm。在浇筑水下混凝土前，要复查桩底沉渣厚度。沉渣厚度不满足要求时进行二次清孔；沉渣厚度满足要求时，采用射水冲射孔底3~5 min，翻动沉淀物，然后立即浇筑水下混凝土。

（3）桩基混凝土质量。

桩基混凝土的灌注质量也将影响桩基的承载能力，因此混凝土浇筑时一定要连续，防止出现断桩、夹泥等缺陷。

（4）地质资料的复核。

钻进过程中认真捞渣取样并与设计文件仔细对照，若出现地质资料与设计不符的情况应及时停钻并报监理工程师及设计部门处理。

（5）压力灌浆。

① 桩端以下土层压力灌浆。桩端以下土层压力灌浆是通过钻孔把固化的浆液注入岩土介质的裂缝或孔隙，增强松散土粒间的黏结，以改善岩土的物理力学性质，提高地基的强度减少沉降。钻孔布置：钻孔直径根据渗入性灌浆球形扩散理论计算，钻孔个数及布置根据桩基直径及根数确定。钻孔要求：采用泥浆循环护壁钻进，选用膨润土制浆，要求大于 0.05 mm 的颗粒不超过 10%，小于 0.005 mm 的黏粒含量应超过 50%，钻孔深入设计桩端以下 5 m。灌浆施工：钻孔结束后，采取自下而上栓塞分段灌浆。灌浆材料采用纯水泥浆掺 0.5%水玻璃。开始先用水灰比为 5∶1 的稀浆液洗孔 15 min，然后，用水灰比为 3∶1 的稀浆液洗孔 10 min，再以 1∶1 的浆液进行压力灌浆。当灌浆压力达 1.0MPa 且稳定后，保持在这个稳定压力下连续灌浆 30 min 后停灌。灌浆施工中有些孔段会出现串浆、冒浆现象，压力上升慢。施工时采取增加水玻璃掺用量（最高至 1%）和分次间隔灌浆（每次间隔时间 30~40 min）的办法，有效地防止了串浆、冒浆现象的出现。钻孔灌浆结束 7 d 后进行桩基成孔施工。

② 桩端压力灌浆。桩端压力灌浆则是在灌注桩成桩后，利用预埋在桩端的喷浆管通过预埋注浆通道进行高压注浆，使浆液对桩端沉渣、淤土及桩端附近的土层起到渗透、填充、压密和固结作用，从而减少桩基沉降，提高桩基的承载力。压力灌浆不仅提高了持力层的承载力，还消除了桩端沉渣和淤土的影响。注浆设备和参数：灌浆装置由 2SNS 压浆泵（额定压力 11 MPa）、搅拌系统、观察仪表、导浆管、喷浆管等组成，导浆管用 ϕ20 镀锌管，喷浆管用 ϕ25 镀锌管。喷浆孔径 8 mm，梅花形排列，孔距 25 mm，用胶纸和橡胶胎包盖严密。制浆所用的水泥品种和强度等级与桩身相同。洗孔浆液水灰比为 5∶1，灌注浆液水灰比为 0.8∶1，掺 0.5%水玻璃。灌浆压力控制标准为每米桩长 0.2 MPa，一般控制在 3~4 MPa，洗孔压力取相应灌浆压力的 80%。稳定灌浆压力下闭浆 30 min。压力灌浆过程采用精密水准观测桩顶上抬量，上抬量达 10 mm 时，应减压，控制不超过 20 mm。

导浆管和喷浆管固定在钢筋笼上，一起随钢筋笼下到孔内。喷浆管位置安装距笼底 5 cm，导浆管高出地面 0.2 m。桩体混凝土灌注完毕后 24 h 内通过导浆管注入清水冲洗管道，确保管道畅通。桩体混凝土养护 7 d 后进行压力灌浆。先制备水灰比 5∶1 低浓度水泥浆 2 m³ 压入，待另一端冒浆后封堵溢浆管口，然后低压注入，清洗孔底。清洗桩底后，制备水灰比为 0.8∶1、浓度较高且掺加了 0.5%水玻璃的水泥浆，在设计压力下稳定注入 30 min 后停泵，关闭止浆阀，防止高压浆液回流。记入灌浆稳定压力、进浆量、灌浆历时等。

（6）施工组织。

桩基础采取先期施工，施工完毕后即刻安排墩台身施工。这样可利用墩台自重预压，使其沉降尽快趋于稳定，以便于通过支座垫石及上部结构沉降差调整来满足道床铺设施工要求。

（7）补救措施。

墩台施工完毕后，如果墩台沉降超过了规范，则架梁时可在支座垫石上加设不同厚度的钢板来调整，也可采用三维可调支座。

3. 墩台沉降监测

① 沉降观测点的布置。根据结构受力和桥的地质情况，对沉降观测点布设进行设计，并

根据沉降观测的要求将观测点埋设在设计位置。

② 沉降监测使用的高程控制。沉降监测使用基准点采用线路控制测量中布设的精密高程控制网中的控制点，控制点间距约为 200 m。在进行沉降测量前对相邻的高程控制点进行检测，检测高差与已知高差校差应小于等于 $\pm\sqrt{L}$ mm（L 指路线长度，单位为 km）。如果相邻控制点检测的高差超限，再检测邻近的高程控制点。

③ 沉降监测的实施办法和观测周期。承台施工后，在墩柱未浇筑前，测定承台上沉降观测点的高程，并以此作为承台沉降观测点的初测高程。在桥墩浇筑前、后各进行一次沉降观测。在桥墩浇筑完成后，箱梁未安装前，测定桥墩支座垫石上沉降观测点的高程，并以此作为初测高程。以后每周对桥墩的沉降观测点进行一次沉降观测，测至箱梁架设的前一天。箱梁架设安装后，前两周内，每两天对桥墩的沉降观测点进行一次沉降观测，以后根据沉降情况调整观测时间。测量桥墩的沉降观测点时，将高程引测到梁上，在梁上布设观测点，进行沉降测量。

3.3 高速铁路隧道工程施工

3.3.1 高速铁路隧道施工特点

高速铁路隧道由于列车运行速度的提高，空气动力效应对洞口环境的不利影响十分明显。为了减小影响，隧道断面扩大是有效的措施。《高速铁路设计规范》（TB 10621—2014）规定，单洞双线隧道断面有效面积不宜小于 100 m^2，单线隧道断面有效面积不宜小于 70 m^2。大断面隧道受力比较复杂，尤以隧道底部较为复杂，而且列车运行速度高，隧道维修有一定的时间限制，对隧道衬砌的安全性，耐久性和防水性能提出更高要求。

按照《高速铁路隧道工程施工技术规范》（Q/CR 9604—2015），大断面隧道施工应注意以下要点：

（1）除考虑围岩整体性以外，围岩自身强度对大断面隧道施工方法确定、隧道施工的稳定与安全较大影响。

（2）紧支护，勤测量十分重要。

（3）对洞口段、浅埋段、偏压段、破碎带、堆积体、黄土隧道，应坚持"断面化大为小、短进尺、弱爆破、强支护、勤测量、早封闭、衬砌紧跟"原则。

高速铁路隧道工程一般采用钻爆法施工，以爆破为主导的施工方法，按开挖方法分为全断面法、台阶法、双侧壁导坑法等。对单线长隧洞也采用以机械开挖为主导的施工方法，如 TBM 掘进机法、盾构法等。还可采用爆破与机械开挖相结合的施工方法。高速铁路隧道工程施工应满足《高速铁路隧道工程施工质量验收标准》（TB 10753—2018）的要求。

3.3.2 洞口工程

洞口段施工包括洞口防排水，边仰坡开挖和防护，明洞施工、地表加固处理，进洞和洞门施工等内容。

洞口开挖时应充分考虑洞内施工需要，合理布置洞口施工现场。根据隧道进出口地形和工程地质条件，结合开挖边仰坡的稳定性及洞口排水的需要，本着"早进晚出"的原则进行洞口施工。进洞后应尽早施作洞门，锁死洞口，以策安全。图3-32为洞口、边仰坡开挖及防护施工工艺流程图。为确保施工顺利进行，在进行暗洞施工前对洞口衬砌外3 m范围内的边仰坡进行锚喷（网）加固，然后开挖进洞。

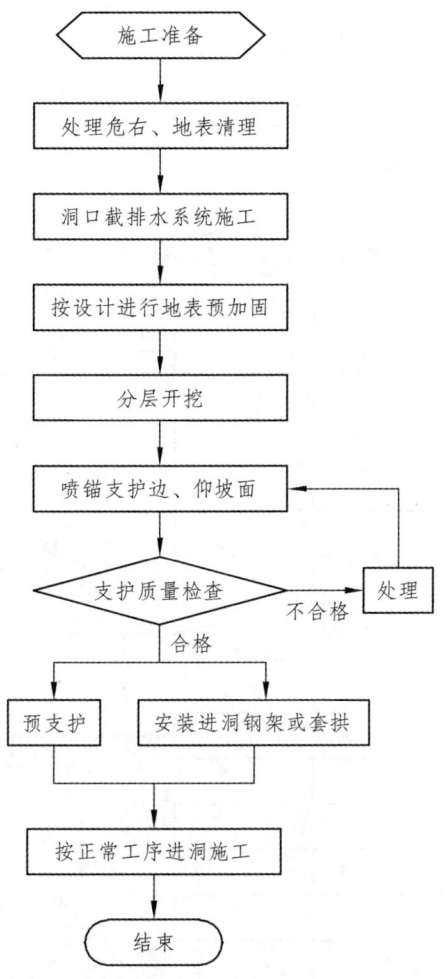

图3-32 洞口、边仰坡开挖及防护施工工艺流程图

明洞段施工过程中应进行监控量测，包括：坡面稳定，基底稳定，地表下沉量测等，以便及时掌握刷坡坡面动态和支护工作状态，保证基坑稳定和施工安全。当进出口段明洞开挖完成，隧底及时施工，然后施作明洞段衬砌，以保证洞口的施工安全。明洞明挖施工工艺流程见图3-33。

隧道洞门施工地质不良的洞口必须尽早完成，回填在洞口段衬砌达到设计强度并施作防水层后进行，两侧对称回填土石方至设计坡度。

洞门有端墙式、斜切式，帽檐式。端墙式洞门，适用于地形开阔、地层基本稳定的洞口，其作用在于支护洞口仰坡，并将仰坡水流汇集排出。斜切式洞门减少了洞口边仰坡开挖，符合早进晚出的设计原则，其主要施工顺序见图3-34斜切式洞门施工工艺流程图。

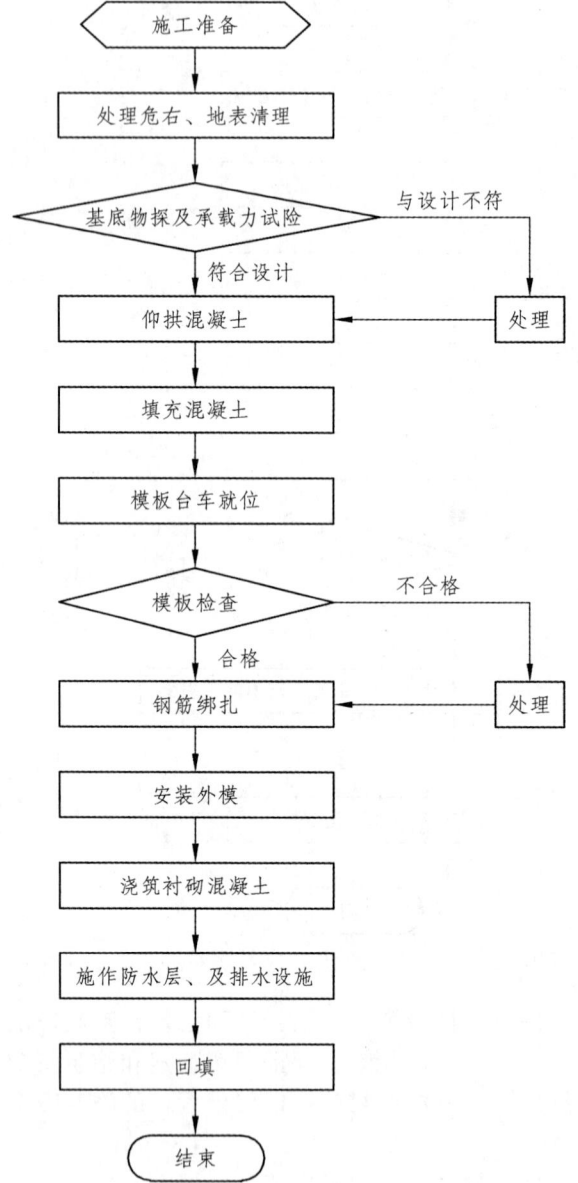

图 3-33 明洞明挖施工工艺流程图

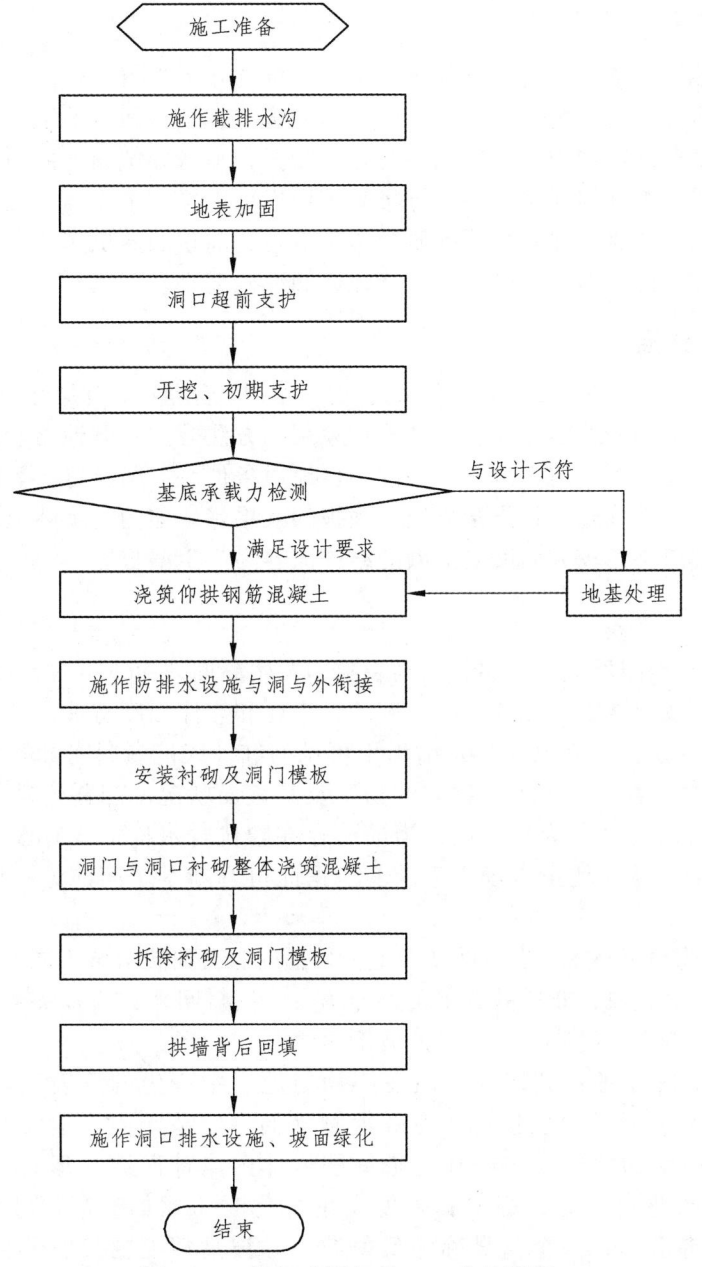

图 3-34 斜切式洞门施工工艺流程图

3.3.3 超前地质预报

超前地质预报应作为工序纳入施工组织管理，给予必要的施工时间。

隧道超前地质预报以地质调查法为基础，针对不同地段地质情况和预报目的，采用一种或几种方法相互补充印证，进行综合超前地质预报。具体方法如：① 超前导坑；② 正洞地质素描；③ 水平超前探孔；④ 声波测试；⑤ 红外探水；⑥ 弹性波法；⑦ 电磁波法。其中④～⑦为物探方法。

1. 超前导坑法

具体分超前平行导坑和超前正洞导坑。平行导坑的布置平行于正洞，断面小且和正洞间有一定的距离，通过在施工过程中对导坑中遇到的构造、结构面或地下水等情况作地质素描图来对正洞的地质条件进行预报。采用平行导坑预报，平行导坑超前的距离越长，施工人员越有充足时间安排施工计划和调整施工方案。平导还可以增加工作面、加快施工进度，便于排水减压放水、改善通风条件和探明地质构造条件。超前正洞导坑布置在正洞中，与平行导坑相比其效果更好，但成本高，在构造复杂地区的准确度小。

2. 正洞地质素描

地质素描的主要内容包括地层岩性、构造发育情况（含断层、贯穿性节理、夹层或者脉）、地下水的出水状态、围岩的稳定性及初期支护采用的方法等。正洞地质素描是利用所见正洞已开挖段的地质情况，预报前方可能出现的不良地质条件，如断层等。其优点是不占用施工时间，设备简单，不干扰施工，出结果快，预报的效果好，能为整个隧道提供完整的地质资料；缺点是对与隧道夹角较大而又向前倾的结构面容易产生漏报。

3. 物理勘探方法

① 声波。它对裂隙反应很敏感，遇到裂隙即发生界面效应（反射、折射和绕射），耗损波能波形变复杂，波速减缓，此外声波速度的大小还和岩体强度有关。

② 红外探水原理。所有物体都发射出不可见的红外线能量，能量的大小与物体的发射率成正比。而发射率的大小取决于物体的物质及其表面状况。当隧道掌子面前方及周边介质单一时，所测得的红外场为正常场，当前面存在隐伏含水构造或有水时，所产生的场强要叠加到正常场上，从而使正常场产生畸变。据此可判断掌子面前方一定范围内有无含水构造。

③ 弹性波超前预报技术。当弹性波向地下传播时，遇到波阻抗不同的地层界面对，将遵循反射定律发生反射现象，介质的波阻抗差异越大，反射回来的信号就越强。按观测系统可分为地震反射法（负视速度法）和水平声波剖面法。

地震负视速度法原理：利用地震波在不均匀地层中产生的反射波特征，来预报隧道掌子面前方及周围区域的地质情况。在隧道侧壁的一定范围内布设激震点（如小药量爆破）进行激发，产生的地震波信号在隧道周围岩体内以球面波的形式传播，在不同岩层中地震波以不同的速度传播，当岩石强度发生变化时（比如有断层或岩层变化），地震波信号的一部分将返回，这个信号称为反射波，并被高精度的接收器接收。反射界面与测线直立正交时，所接收的反射波与直接由震源发出的信号（称为直达波）在记录图像上呈负视速度。

再通过计算机软件分析前方围岩性质、节理裂隙分布、软弱岩层及含水状况等，最终显示屏上显示各种围岩构造界面与隧道轴线相交所呈现的角度及距掌子面的距离，并可初步测定岩石的弹性模量、密度、泊松比等参数以供参考。该方法适用于划分地层界线、查找地质构造、探测不良地质体的厚度和范围。其预报距离相对较长，对大的构造（尤其是张性结构面）反应明显，另外对软硬岩的变化点也有较好的反应，但仪器作业对环境低噪音要求较高。

3.3.4 高速铁路隧道开挖

钻爆法施工开挖采用新奥法原理，施工的主要工序包括：超前地质预报、超前支护、开挖、出渣、初期支护、敷设防水板、衬砌、水沟电缆槽等。

隧道出渣可选择无轨运输或有轨运输，有条件时宜选择无轨运输。

高速铁路隧道开挖，应依据环境条件、地质条件、断面大小、埋深、结构形式、隧道长度、设备配置、工期要求、经济效益、环境保护等因素，综合选定隧道开挖方法。开挖方法主要有全断面法、台阶法（二台阶法、三台阶法、三台阶预留核心土法）、中隔壁法（CD法）、双侧壁导坑法（眼镜工法）。

1. 全断面法

全断面施工方法需配备大型施工机械，隧道长度或工区长度不宜太短，否则采用大型机械化施工的经济效益会较差。由于全断面施工方法工序相互干扰少（便于组织施工和管理），工作空间大（便于组织大型机械化施工），因此施工进度快。但对地质条件要求严格，围岩必须有足够的自稳能力，且每次循环工作量相对较大，要求施工单位具有较强的开挖、出渣、运输及支护技术能力。

在高速铁路隧道中，全断面主要用于地下水状态为干燥或潮湿的Ⅰ～Ⅲ级围岩的单线隧道施工，在Ⅳ～Ⅴ级围岩采用全断面法施工时，必须辅以辅助工法，如正面喷射混凝土、打设正面锚杆等。双线铁路隧道开挖面积达 140～170 m²，受施工机械作业能力的限制，难以采用全断面法。

全断面法开挖的施工工序主要有钻孔、爆破、出渣、支护、防水层铺设、衬砌和底板混凝土施工等。开挖时应控制一次同时起爆的炸药量，减少爆破震动对围岩的影响。循环进尺Ⅰ、Ⅱ级围岩不宜大于 3.5 m，Ⅲ级围岩不宜大于 3.0 m，Ⅳ～Ⅴ级围岩在采取有效的超前预加固措施稳定开挖工作面后，循环进尺不得大于 2m。支护类型优先考虑锚杆和锚喷混凝土、挂网等支护。同时需对不良地质及时预测、预报，对支护后围岩的动态进行量测与监控。

2. 台阶法

台阶法一般适用Ⅲ级围岩，Ⅳ～Ⅴ级围岩在采取必要的超前支护措施稳定开挖工作面后也可选用台阶法。单线隧道及围岩地质条件较好的双线隧道可采用二台阶法施工。隧道断面较高、单层台阶断面尺寸较大时可采用三台阶法；当地质条件较差时，为增加掌子面自稳能力，可采用三台阶预留核心土法开挖。

二台阶法是先开挖上半断面，待开挖至一定长度后同时开挖下半断面，上、下半断面同时并进的方法。台阶开挖法可以有足够的工作空间和相当的施工速度，但上、下部作业有干扰；台阶开挖虽然增加了对围岩的扰动次数，但台阶有利于开挖面的稳定，尤其是上下部开挖支护，下部作业就较为安全，但应注意下部作业时对上部稳定性的影响。图 3-35 为二台阶、三台阶法施工工艺流程图。

施工中采用何种台阶法，要根据两个条件来确定：

（1）初期支护形成闭合断面的时间要求（围岩越差，闭合时间要求越短）；

（2）上断面施工所用的开挖，支护，出渣等机械设备及施工场地大小的要求。

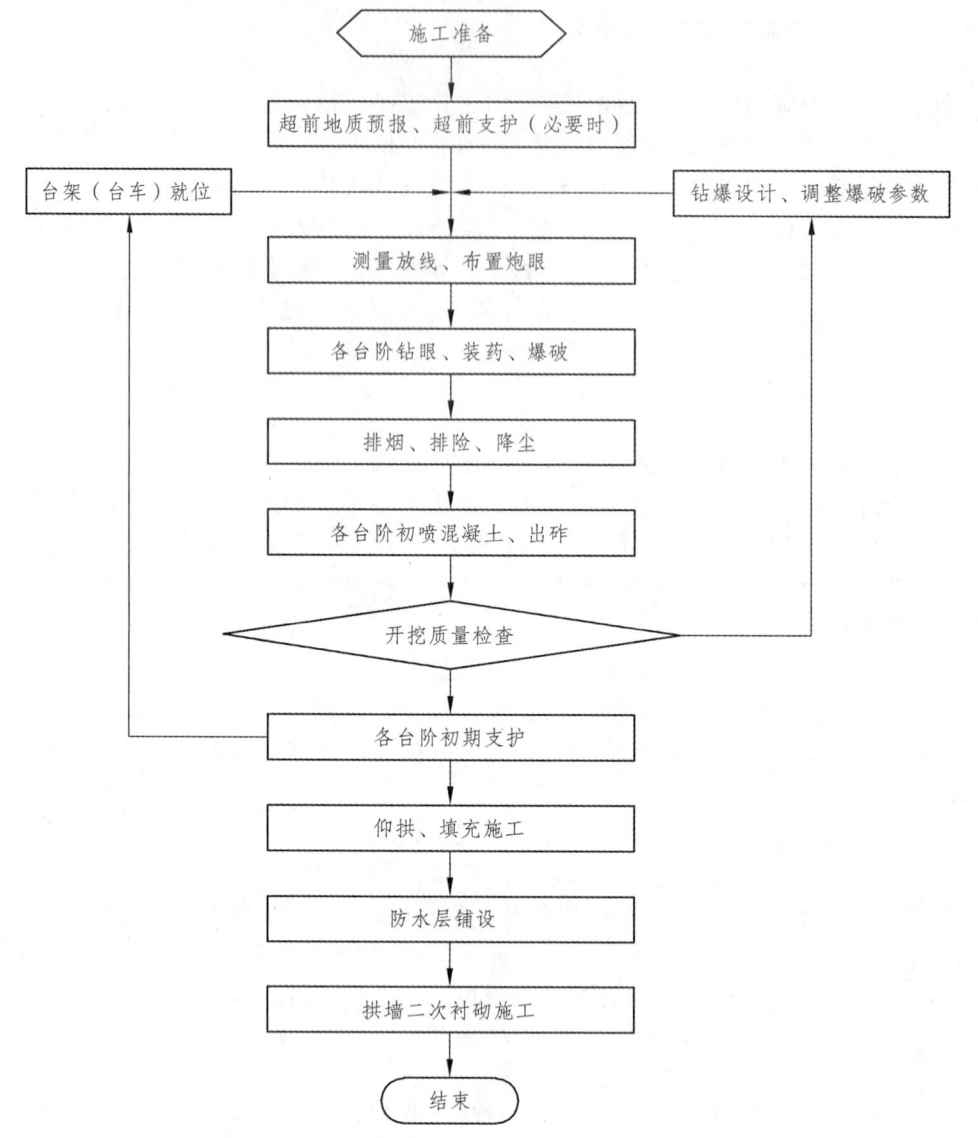

图 3-35 二台阶、三台阶法施工工艺流程图

具体台阶法施工应符合下列要求：

（1）根据围岩条件合理确定台阶长度和高度，台阶长度不宜过长，宜控制在一倍洞径以内。台阶长度一般为 3~5 m，台阶高度根据地质情况、隧道断面大小和施工机械设备情况确定，上台阶高度宜为 2.5 m。

（2）台阶形成后，各台阶开挖、支护宜平行作业。下台阶开挖，左右侧宜交错进行。

（3）循环进尺应根据围岩的地质条件、自稳能力和初期支护钢架间距合理确定。Ⅲ级围岩循环进尺不宜超过 3.0 m，Ⅳ级软弱围岩上台阶循环进尺不宜超过 2 榀钢架设计间距，Ⅴ、Ⅵ级围岩上台阶循环进尺不宜超过 1 榀钢架设计间距；Ⅳ、Ⅴ级围岩下台阶循环进尺不宜超过 2 榀钢架设计间距；初期支护设计钢架未封闭成环的隧道，仰拱一次开挖长度不宜大于 3 m。

（4）上台阶施作钢拱架时，采用扩大拱脚和锁脚锚杆（管）等措施，控制围岩和初期支护变形，必要时施作临时仰拱。

（5）下台阶在上台阶喷射混凝土达到设计强度70%以上时开挖，当岩体不稳定时需缩短进尺，必要时上下台阶分左、右两部错开开挖。初期支护要紧跟下台阶及时封闭。

（6）施工中应解决好上下台阶的施工干扰问题，下部施工应减少对上部围岩、支护的扰动。

（7）下台阶施工时要保证初支钢架整体顺接平直，螺栓连接牢靠。

（8）钢拱架必须落在实处，严禁悬空或落在虚渣上。

3. 双侧壁导坑法

双侧壁导坑法适用于浅埋双线或三线隧道Ⅴ、Ⅵ级围岩，是先开挖隧道两侧的导坑，并进行初期支护，再分部开挖剩余部分的施工方法。如图3-36所示。

图3-36 双侧壁导坑法

双侧壁导坑法虽然开挖断面分块多，扰动大，初期支护全断面闭合的时间长，但每个分块都是在开挖后立即各自闭合的，所以，在施工中变形几乎不发展。双侧壁导坑法施工安全，但速度慢，成本较高。

双侧壁导坑法施工应符合下列要求：

（1）双侧壁导坑法开挖，应先开挖隧道两侧导坑，再开挖中部剩余部分。

（2）侧壁导坑形状应近似椭圆形，导坑宽度宜为1/3隧道宽度。

（3）侧壁导坑、中部开挖应采用短台阶，台阶长度3~5 m，必要时留核心土。

（4）侧壁导坑开挖应超前中部10~15 m。

（5）开挖循环进尺不宜大于初期支护钢架设计间距。

（6）拱部与两侧壁间的钢架应定位准确、连接牢固。

施工技术要点：

（1）导坑开挖后应及时进行初期支护及临时支护，设置锁脚锚杆，并尽早封闭成环。

（2）中部开挖完成后，要及时施作初支，尽快使全断面初支封闭成环。

（3）为了稳定工作面，经常和超前预注浆等辅助施工措施配合使用。

（4）根据监控量测，初期支护稳定后，拆除临时支护，一次拆除长度不超过15 m，并加强监控量测。

图3-37为双侧壁导坑法施工工序示意图。

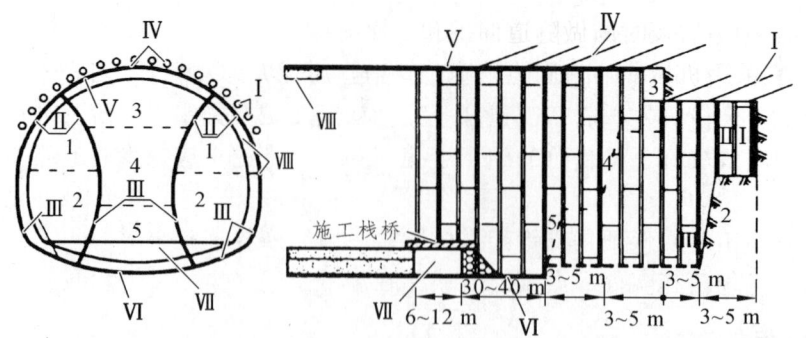

Ⅰ—两侧超前小导管；1—两侧上部开挖；Ⅱ—两侧上部初期支护；2—两侧下部开挖；Ⅲ—两侧下部初期支护；
Ⅳ—拱部超前小导管；3—中壁上部开挖；Ⅴ—中壁上部初期支护；4—中壁中部开挖；5—中壁下部开挖；
Ⅵ—中壁下部初期支护；Ⅶ—仰拱混凝土施工；Ⅷ—拱墙混凝土。

图 3-37 双侧壁导坑法施工工序示意图

4. 中隔壁法（CD 法）

中隔壁法，一般适用于Ⅳ、Ⅴ级围岩浅埋双线隧道，软弱围岩或三线隧道采用时宜增加临时仰拱。它是在软围岩大跨度隧道中，先开挖隧道的一侧，并施作中隔壁，然后再开挖另一侧的施工方法。图 3-38 为中隔壁法开挖示意图。

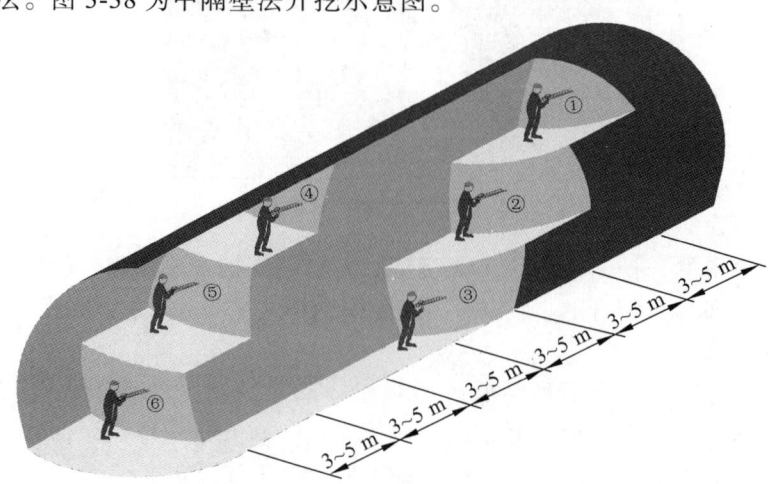

图 3-38 中隔壁法示意图

中隔壁法施工的技术要点：

（1）左右部的台阶开挖高度根据地质情况及隧道断面大小而定。

（2）左、右两侧洞体施工纵向拉开间距不大于 15 m。

（3）台阶开挖长度 3~5 m，及时施作初期支护和中隔壁临时支护。开挖循环进尺不宜大于初期支护钢架设计间距。

（4）后一侧开挖形成全断面时，应及时完成全断面初期支护闭合。

（5）中隔壁设置为弧形临时支护，隧道左右开挖面初期支护连接平顺，确保钢架连接状态良好。

（6）根据监控量测信息，初期支护稳定后拆除中隔壁临时支护，一次拆除长度不超过 15 m，并加强监控量测。

（7）临时支护拆除后及时施做隧道仰拱和二次衬砌。

（8）各部分宜采用机械开挖，周边轮廓应圆顺，避免应力集中。

中隔壁法设置仰拱施工工序见图 3-39。

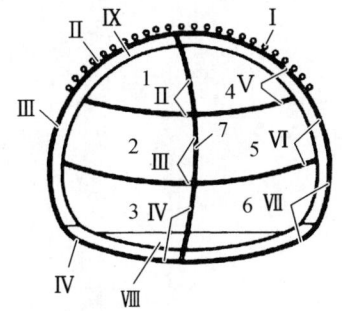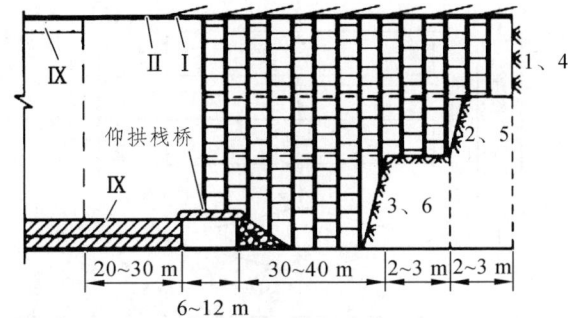

Ⅰ—超前小导管；1—左侧上部开挖；Ⅱ—左侧上部初期支护；2—左侧中部开挖；Ⅲ—左侧中部初期支护；
3—左侧下部开挖；Ⅳ—左侧下部初期支护；4—右侧上部开挖；Ⅴ—右侧上部初期支护；
5—右侧中部开挖；Ⅵ—右侧中部初期支护；6—右侧下部开挖；Ⅶ—右侧下部初期支护；
Ⅷ—仰拱填充混凝土；Ⅸ—拱墙混凝土合。

图 3-39 中隔壁法设置仰拱施工工序示意图

3.3.5 高速铁路隧道支护

高速铁路隧道施工断面大，及时合理的支护措施是施工质量与安全的重要保证。隧道支护分为超前支护与初期支护。不良地质隧道应按照设计或经批准的方案，进行超前支护，以提高围岩强度自稳和止水能力。超前支护主要包括：预注浆、超前小导管、超前锚杆、超前管棚等方式。初期支护在开挖后及时施作，以控制围岩变形，防止坍塌。具体有喷混凝土、打锚杆，挂钢筋网、立钢拱架、临时仰拱等初期支护措施。

1. 超前小导管注浆

超前小导管注浆，采用现场加工小导管，喷射混凝土封闭岩面，凿岩机钻孔并将小导管打入岩层，注浆泵压注水泥浆施工。

超前小导管设置应符合下列要求：

（1）沿隧道拱部均匀布设；环向间距符合设计要求，宜为 30~50 cm；外插角宜为 10°~15°。

（2）小导管应按设计长度施作，应大于 2 倍循环进尺，宜为 3.5~5.0 m，搭接长度不应小于 1.0 m。

（3）与钢拱架构成联合支护。

小导管注浆工艺流程见图 3-40。

小导管材质和直径应符合设计要求，宜采用 $\phi 42$ mm 的无缝钢管，前端做成圆锥状，在后端焊接钢筋箍，管体布设梅花形溢浆孔。小导管安设采用引孔顶入法，钻孔方向应顺直，钻孔深度和直径应与导管匹配，钻孔采用吹孔法清孔。小导管应安装孔口阀门，外露长度不宜小于 30 cm。注浆应采用注浆泵注浆，为加速注浆，可安装分浆器同时多管注浆。注浆顺序为由下至上、浆液先稀后浓。注浆压力应符合设计要求，使浆液充满钢管及周围的空隙。配置好的浆液应在规定时间内注完，随配随用。

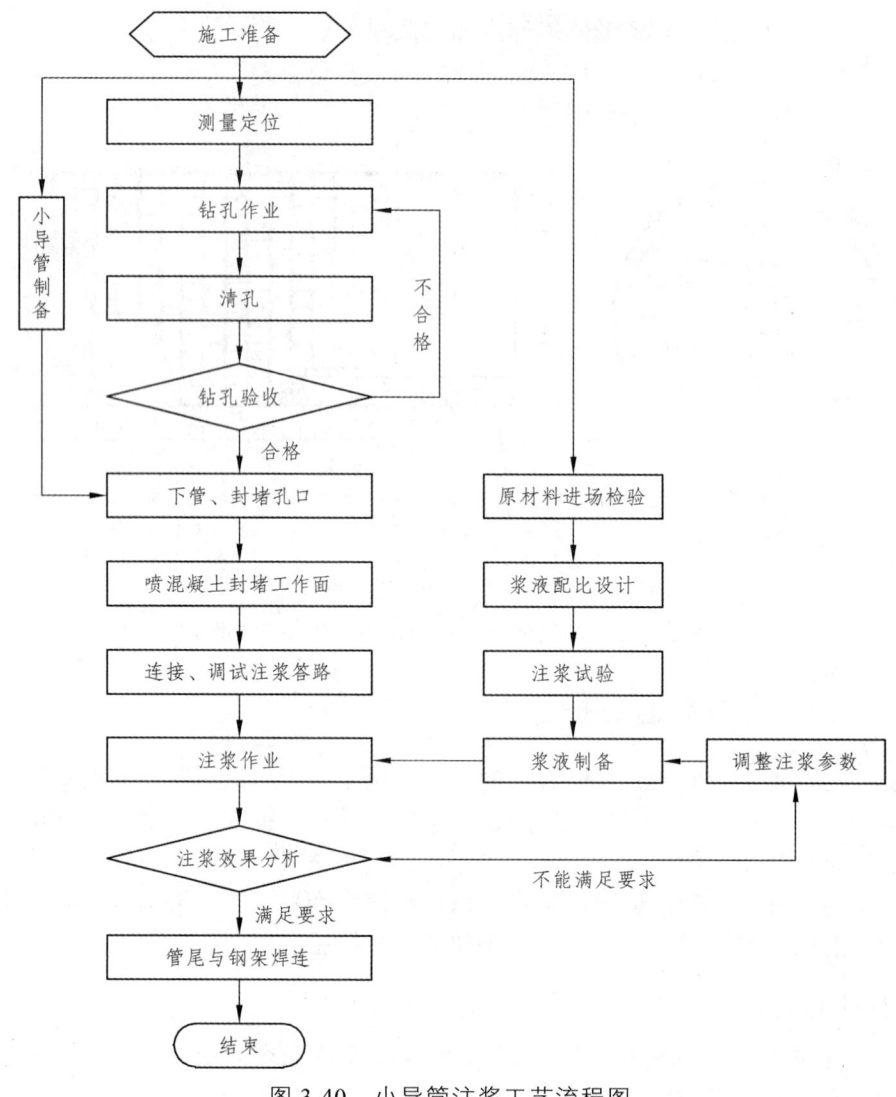

图 3-40　小导管注浆工艺流程图

2. 超前管棚

管棚是利用钢拱架,与沿开挖轮廓线以较小的外插脚向前方打入钢管或钢插板形成棚架来对开挖面前方围岩进行预支护。采用长度小于 10 m 的小钢管的称为短管棚;采用长度为 10～45 m 且较粗的钢管的称为长管棚;采用钢插板(长度小于 10 m)的称为板棚。图 3-41 为洞口导向墙管棚施工。

短管棚一次超前量少,基本与开挖作业交替进行,占用循环时间较多,但钻孔安装或顶入安装较容易。长管棚一次超前量大,虽然增加了单次钻孔或打入长钢管的作业时间,但减少了安装钢管的次数,减少了与开挖作业之间的干扰。

施工时地层易于成孔时,宜采用引孔顶进法;地质复杂不易成孔时,可采用跟管钻进工艺。洞口管棚一般采用套拱内埋设导向管定位,套拱长宜为 2～3 m。套拱施工应将导向管牢固、准确固定在拱架上,再浇筑混凝土。管棚外插角宜为 1°～5°,搭接长度不小于 3 m。

图 3-41 洞口管棚施工

管棚引孔顶入法施工工艺流程图见图 3-42。

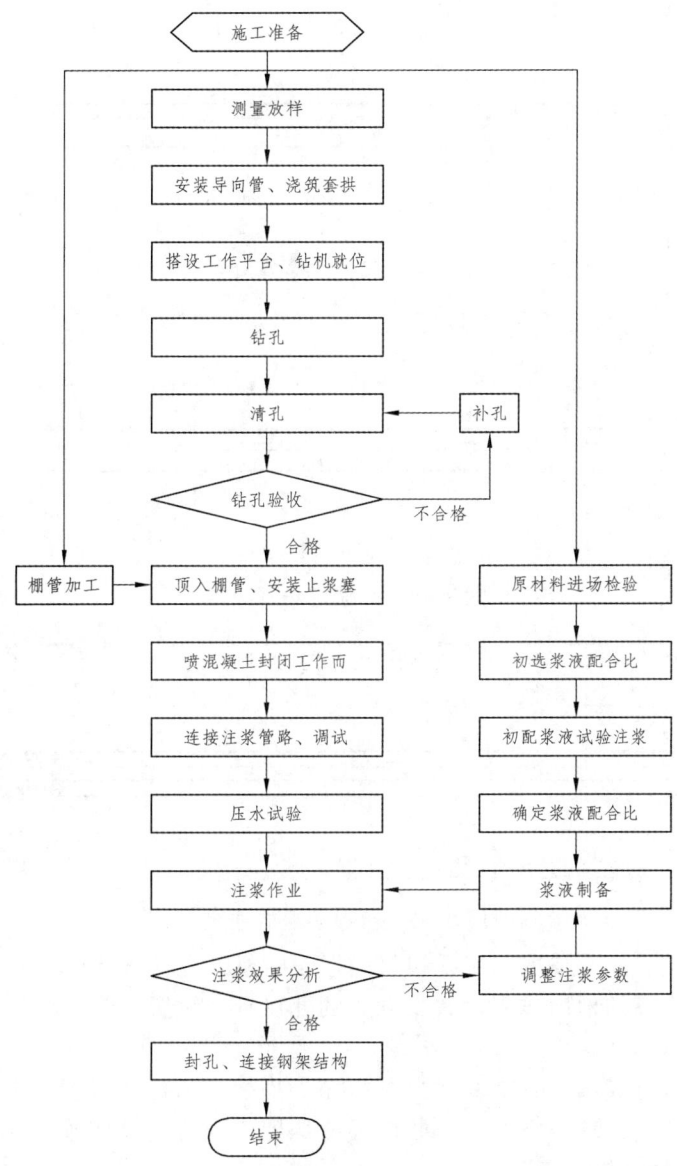

图 3-42 管棚引孔顶入法施工工艺流程图

3. 预注浆

根据设计和围岩情况可采用全孔一次性注浆、分段前进式注浆、分段后退式注浆三种方式，其适用条件和施工工艺如下：

（1）孔深小于 6 m 或地层裂隙较均匀的地层，采取全孔一次性注浆，如图 3-43。

（2）裂隙发育或破碎难以成孔的岩层，深孔注浆可采用分段前进式注浆，如图 3-44；围岩局部破碎，但可以成孔的岩层，可以分段后退式注浆，如图 3-45。

灌注水泥浆宜采用单液泵或泥浆泵，灌注砂浆宜采用专用砂浆泵，灌注双液浆宜采用双液浆泵。注浆泵的最大压力应能达到设计压力的 1.5~2.0 倍。

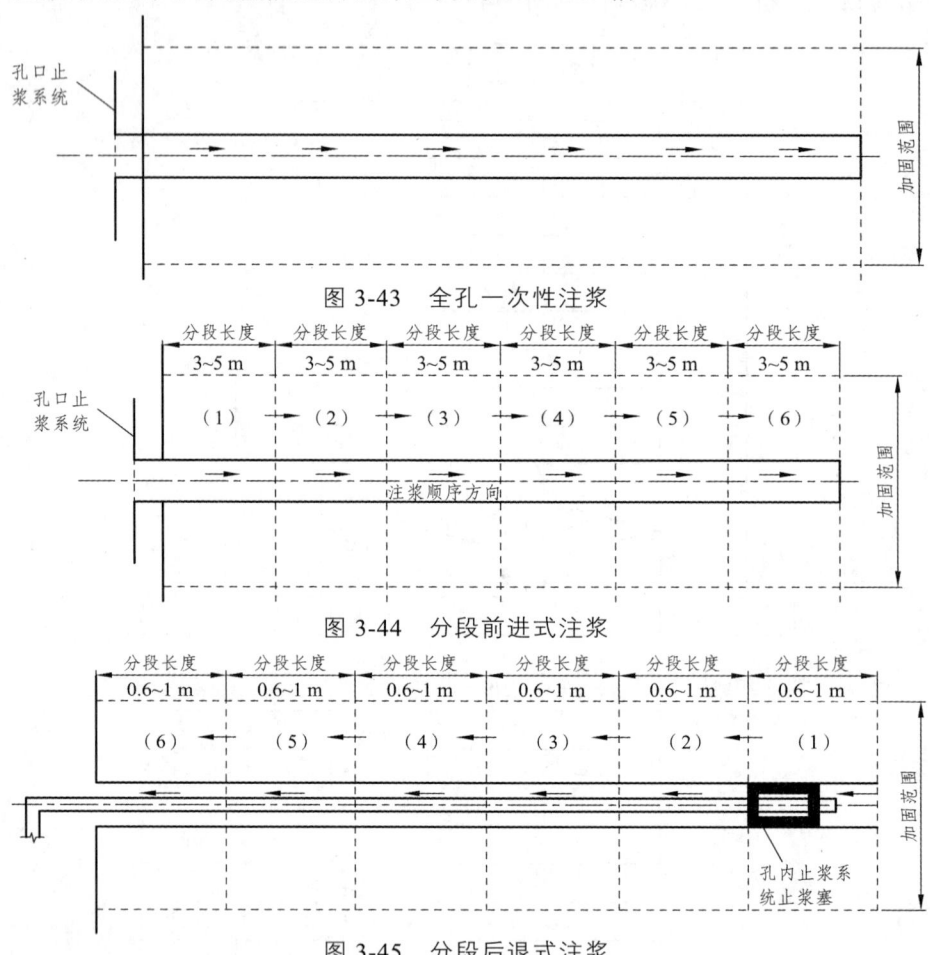

图 3-43　全孔一次性注浆

图 3-44　分段前进式注浆

图 3-45　分段后退式注浆

施工时根据水文、地质情况明确孔口管的埋设时机。孔口管或注浆管宜在钻孔 2 m 后安装；涌水量大、压力高的地段应先设置带闸阀的孔口管。设置止浆墙时，孔口管埋入止浆墙深度根据最大注浆压力确定。

止浆墙根据堵水方式确定，厚度宜为 3~8 m，应嵌入岩体并设置适量的径向锚杆，施工时周边预埋注浆管并注浆填充空隙，止浆墙强度达到 75%方可注浆施工。

图 3-46 为预注浆工艺流程图。

注浆施工异常情况处理：

（1）钻孔遇突水突泥，立即停钻，并注浆处理。

（2）局部漏浆跑浆可用麻丝填塞裂隙、调整浆液配合比、缩短凝胶时间、浅孔注浆固结等方式处理。

（3）注浆压力突然升高，应暂停注浆，检查管路是否堵塞、压力表有无故障。

（4）进浆量大、压力长时间不升高时，可采用加大浆液浓度、降低注浆压力、添加纤维材料或间歇注浆等方法处理。

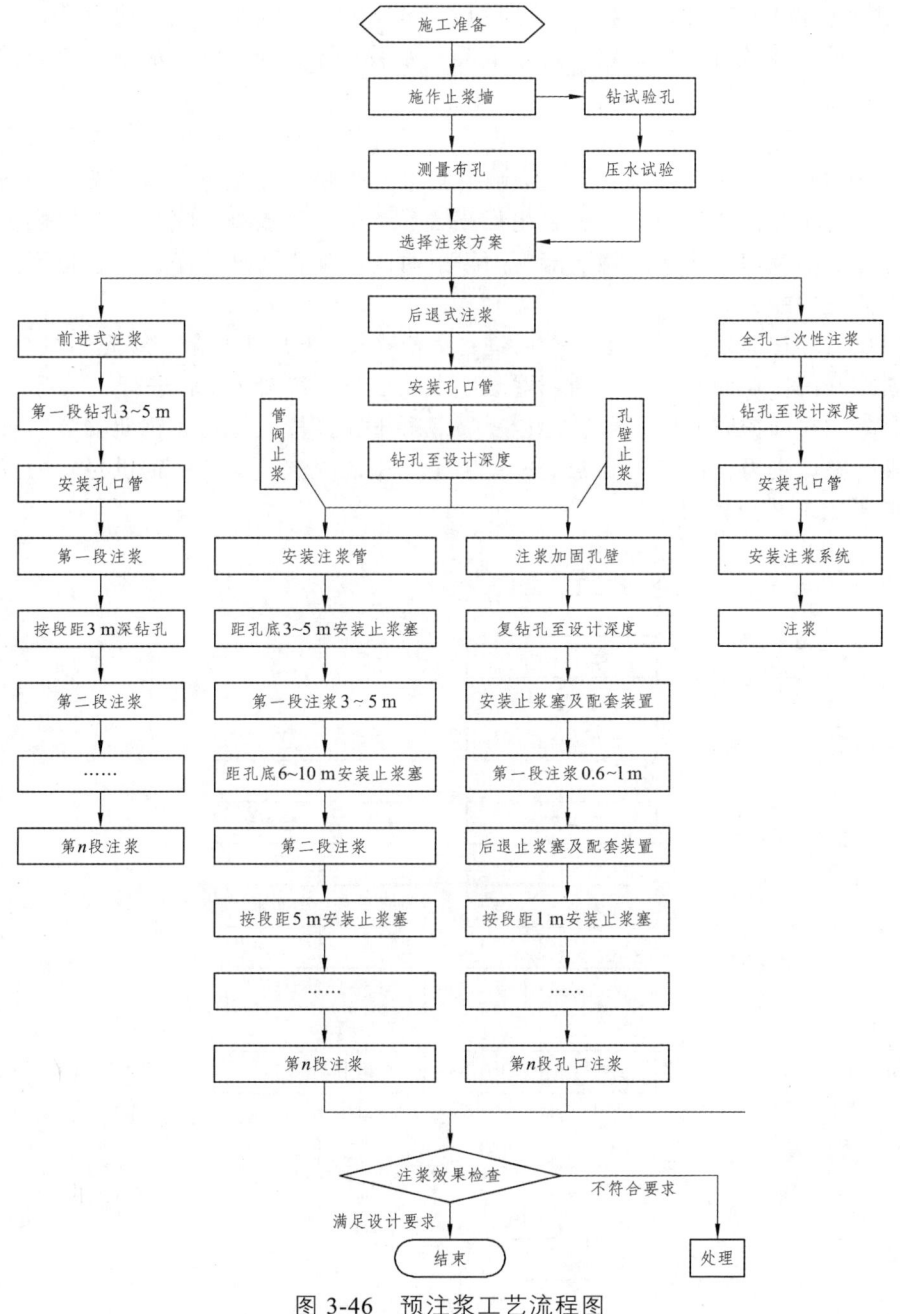

图 3-46　预注浆工艺流程图

4. 喷混凝土

初喷混凝土应在开挖后及时进行,尽早封闭暴露岩面,防止表层风化剥落,厚度不少于4cm;喷射时应先填平岩面较大凹洼处。复喷混凝土应在钢筋网及钢架安装后进行,尽快形成喷锚支护整体受力,以抑制围岩变形;未设钢筋网及钢架时应及时复喷至设计厚度。

软弱围岩及不良地质隧道喷混凝土应采用湿喷工艺,特殊地质条件下不能湿喷时需另行设计。喷混凝土必须满足设计的初期强度、长期强度、厚度及其与围岩面黏结力要求。喷混凝土 3 h 强度应达到 1.5 MPa,24 h 强度应达到 10 MPa。喷混凝土配合比应满足设计强度和喷射工艺的要求,并通过试喷确定。湿喷混凝土水胶比不大于 0.5,水泥(胶凝材料)用量不宜小于 400 kg/m^3。

喷混凝土作业应分段,自下而上连续进行。喷射角度与受喷面垂直,喷嘴与受喷面的距离宜为 0.6~1.8 m。喷射作业应变换喷嘴喷射角度和受喷面的距离,将钢架、钢筋网背后喷填密实,必要时应在钢架和初期支护后注浆充填。钢架间用混凝土喷平,并提供足够的保护层。在喷边墙下部及仰拱前,需将上部断面喷射时的回弹物清理干净,防止将回弹物卷入下部喷层中降低支护能力。

后一层喷射应在前一层混凝土终凝后进行。若终凝 1 h 后再喷射,应先用风水清洗基面。喷射作业紧跟开挖作业面时,下一循环爆破应在喷混凝土终凝 3 h 后进行。

初喷混凝土在开挖完成后立即进行;复喷混凝土在锚杆,挂网和钢架安装后进行,尽快形成喷锚支护整体受力,以抑制围岩变位;钢架间用混凝土喷平,并提供足够的保护层。图 3-47 为喷混凝土工艺流程图。

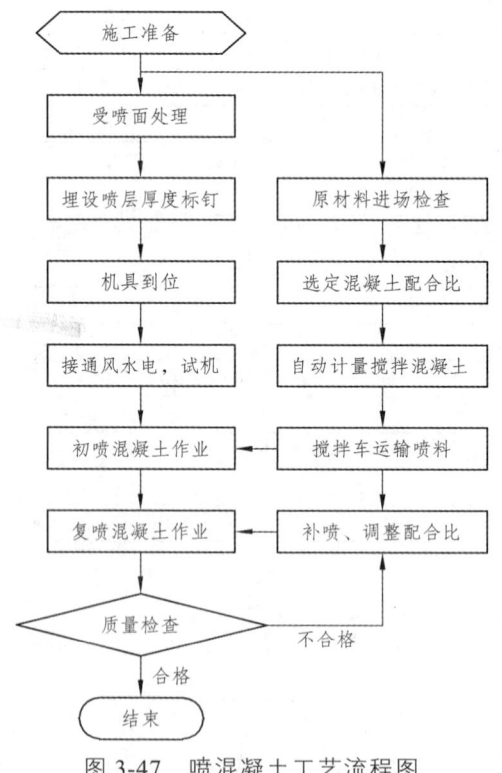

图 3-47 喷混凝土工艺流程图

5. 锚杆

锚杆是隧道施工过程中维护围岩稳定，保证施工安全的重要措施之一。施工完成后，一定程度上还可作为永久支护结构的一部分发挥作用。按照锚杆与支护体的锚固形式分，有端头锚固式锚杆，全长黏结式锚杆，摩擦式锚杆，混合式锚杆。

砂浆锚杆施工工艺：采用风动凿岩机钻孔；用高压风将孔内杂物吹净，将砂浆注入锚孔，灌浆时导管伸入孔底，边灌浆边抽拔导管，灌浆工作连续不中断；将锚杆插入钻孔内，轻轻锤击锚杆使之深入孔底，保证锚杆、砂浆、围岩间的黏结力。工艺流程见图 3-48。

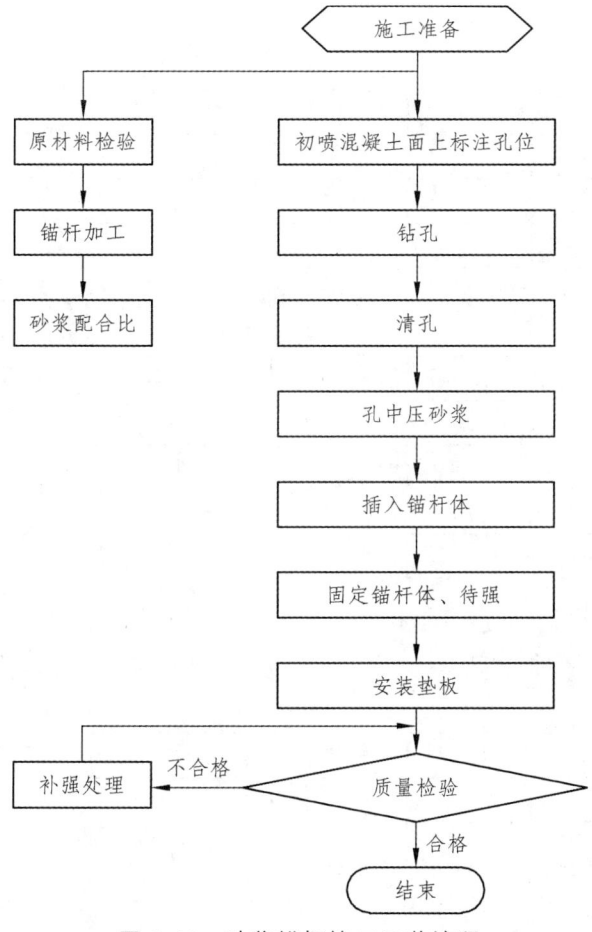

图 3-48 砂浆锚杆施工工艺流程

6. 钢拱架

隧道初期支护中的钢架应在初喷混凝土后及时架设，钢架按设计要求一般选用钢筋、型钢制成。当采用格栅钢拱架时，应采用八字结格珊钢架。型钢钢架采用冷弯成型，格栅钢架采用胎膜焊接。加工焊接不得有假缝，焊缝表面不得有裂纹、焊瘤。

钢架安装应符合下列要求：

（1）安装时各节钢架连接板间应以螺栓连接牢固、密贴，沿钢架外缘每隔 2 m 应用混凝土预制块与初喷混凝土碛紧。

（2）钢架应与锁脚锚杆焊接牢固，钢架之间应设纵向连接。

（3）钢架背后间隙应用喷射混凝土充填密实，应先铺设钢架与壁面之间的混凝土，后喷射钢架之间的混凝土。除可缩性钢架的可缩节点部位外，钢架应全部被喷射混凝土覆盖。

（4）采用分部开挖施工时，钢架拱角应施作锁角锚杆，下半部开挖后钢架应及时落底。

（5）仰拱底设有钢架时，应一次全幅安装并喷混凝土覆盖，及早闭合成环。

（6）在软弱破碎围岩或黄土隧道分部开挖中，宜扩大钢架拱角。

钢架施工工艺流程见图 3-49。

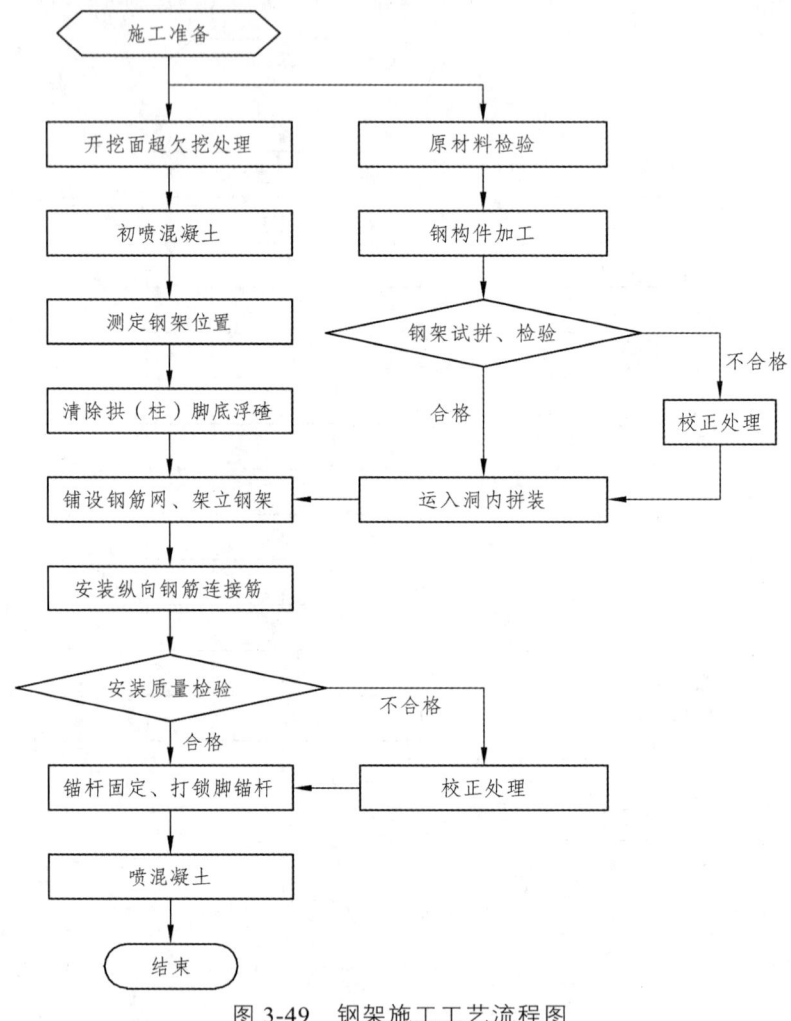

图 3-49　钢架施工工艺流程图

3.3.6　隧道二次衬砌

二次衬砌施作一般情况下应在围岩和初期支护变形基本稳定后进行。应符合下列要求：周边变形速率明显下降并趋于缓和；水平收敛（拱脚附近 7 d 平均值）小于 0.2 mm/d，拱部下沉速度小于 0.15 mm/d；施作二次衬砌前的累计位移值已达极限位移值的 80% 以上。

浅埋隧道应及早施作二次衬砌，且二次衬砌应予以加强。围岩及初期支护变形过大或变形不收敛，又难以及时补强时，可提前施作二次衬砌，以改善施工阶段结构的受力状态，并对二次衬砌予以加强。

隧道衬砌要遵循"仰拱超前，墙拱整体衬砌"的原则，初期支护完成后，为有效地控制其变形，仰拱尽量紧跟开挖面施工，仰拱填充采用栈桥平台以解决洞内运输问题。采用仰拱先行，衬砌台车先墙后拱法施工；Ⅴ级围岩段，衬砌紧跟开挖，Ⅳ级围岩段滞后开挖30~50 m；Ⅲ级围岩段滞后开挖50~100 mm，Ⅱ级围岩段滞后开挖150~200 m，每环衬砌12 m。混凝土集中拌和，混凝土运输车运输，输送泵浇灌，机械捣固成型。衬砌施工工艺见图3-50。

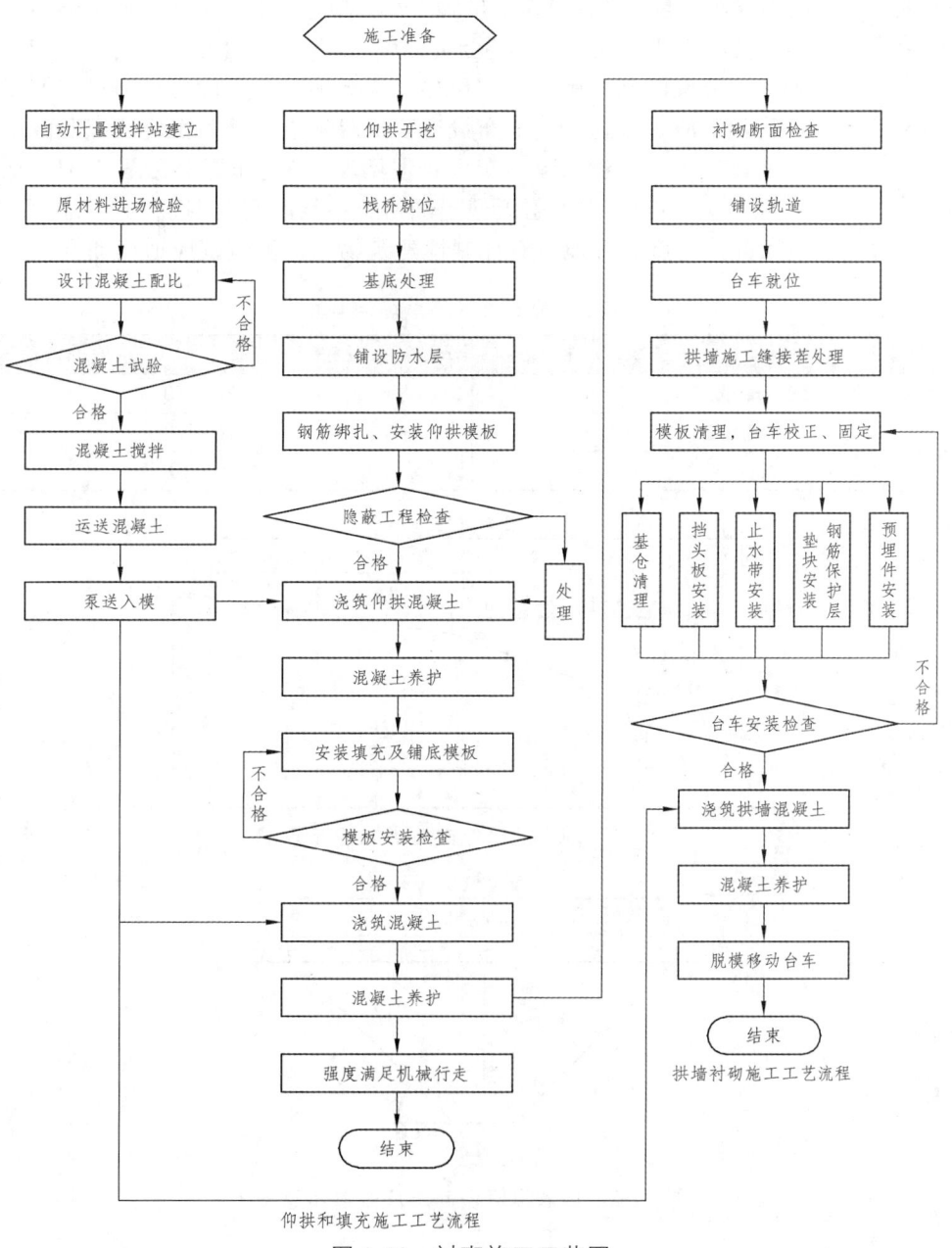

图3-50 衬砌施工工艺图

3.3.7 监控量测

围岩监控量测工作应纳入施工组织工序管理，按照监控量测方案和实施细则实施。监控量测应紧接开挖、支护作业，为施工提供有关围岩稳定性、支护可靠性、二次衬砌合理施作时间、围岩级别及支护参数调整、施工方法改变的信息和依据。监控量测的项目根据地质条件、周边环境、隧道埋深、断面尺寸、开挖方法和设计要求综合选定，分为必测项目和选测项目。

必测项目有：洞内、外观察；拱顶下沉、拱脚下沉；净空变化；地表沉降（隧道浅埋段）。

选测目有：围岩压力；钢架内力；喷混凝土内力；二次衬砌内力；初期支护与二次衬砌间接触压力；锚杆轴力；隧底隆起；围岩内部位移；爆破振动；孔隙水压力；渗漏水量。

浅埋及下穿建筑物隧道应在隧道开挖前布设地表沉降测点。地表沉降测点和隧道内测点应布置在同一里程断面。地表沉降测点纵向布置要求见表 3-3，布置图见图 3-51；横向布置见图 3-52，测点横向间距 2～5 m，中线附近适当加密，中线两侧范围不小于 H_0+B，H_0 为隧道埋深；B 为隧道最大开挖宽度。若地表有控制性建筑物，量测范围应适当加宽。

表 3-3 地表沉降测点纵向间距

埋深与开挖宽度	纵向测点间距/m
$2B<H_0\leq 2.5B$	20～50
$B<H_0\leq 2B$	10～20
$H_0\leq B$	5～10

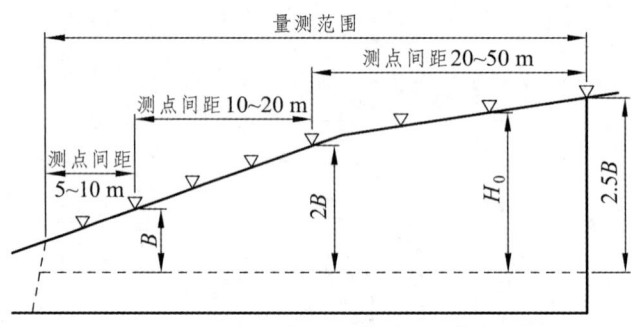

图 3-51 地表沉降纵向测点布置示意图

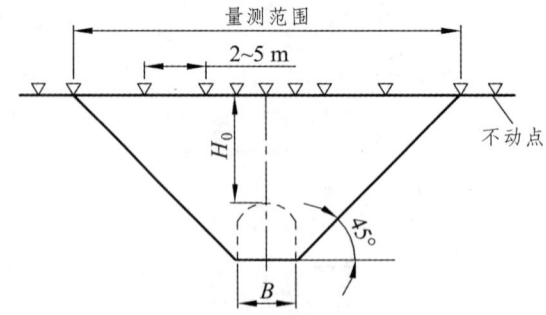

图 3-52 地表沉降横向测点布置示意图

洞内拱顶下沉测点和净空变化测点应布置在同一断面上，并应在开挖后 12h 内埋设。监测断面及测点布置应符合表 3-4 要求。拱顶下沉测点应设置在拱顶轴线附近。浅埋偏压段拱顶下沉测点应适当加密，并设置斜基线。

表 3-4 必测项目监测断面间距

围岩级别	断面间距/m
V～Ⅳ	5～10
Ⅳ	10～30
Ⅲ	30～50

注：Ⅱ级围岩视具体情况确定间距。

3.3.8 隧道防排水

隧道工程防排水，应按照"防、堵、截、排相结合，因地制宜，综合治理"的原则，设置由地表处理、围岩防渗处理、衬砌结构防水等构成的防水系统，如图 3-53 所示。

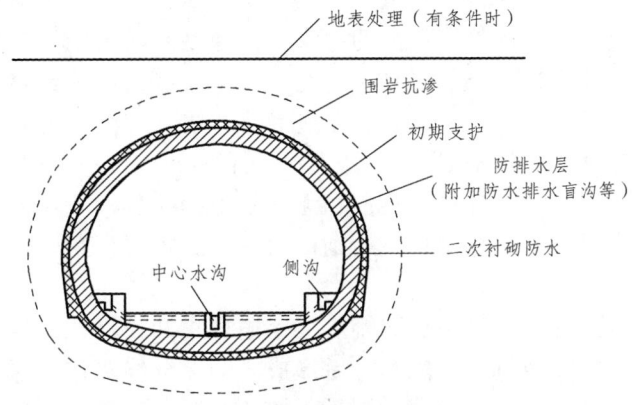

图 3-53 隧道防排水系统示意图

高速铁路隧道工程施工防水以混凝土自防水为主体，以施工缝，变形缝防水为重点，并重视初期支护的防水，辅以注浆防水和防水层加强防水，以满足结构的防排水要求。

隧道结构防水一般由喷射混凝土，全封闭柔性卷材防水层和二次衬砌结构自防水等组成。衬砌背后排水系统由排水盲管、排水板等结合需要组合而成，图 3-54 为排水盲沟正面示意图，图 3-55 为隧道防排水板施工图片。

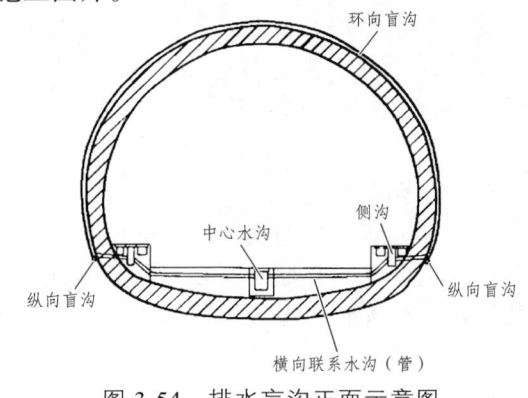

图 3-54 排水盲沟正面示意图

图 3-55 隧道防排水施工

3.4 高速铁路无砟轨道施工

高速铁路以高速行车为目的,对轨道工程的结构稳定性、运行表面的平顺性、轨道的弹性和可靠性及养护维修的便利性都有更高的要求。高速铁路轨道铺设施工依据《高速铁路轨道工程施工技术规程》(Q/CR 9605—2017)进行,并应达到《高速铁路轨道工程施工质量验收标准》(TB 10754—2018)要求。轨道工程施工前,线下工程的工后沉降评估应满足《客运专线无砟轨道铺设评价估计技术指南》(铁建设函〔2006〕158号)规定的施工条件。

高速铁路按轨道结构不同,分有砟轨道和无砟轨道两大类。轨道采用一次铺设无缝线路技术,将基地组装好的轨排,用轨排列车运到铺轨前方,再进行钢轨焊接,应力锁定,形成无缝线路。

无砟轨道无缝线路铺设一般采用长钢轨双层运输列车和长钢轨放送车铺设,然后采用移动焊机进行工地单元焊接,经应力放散锁定后形成区间无缝线路;道岔应用预铺法或预留岔位法进行铺设,整修养护至设计标准后,完成岔内钢轨单元焊接(铝热焊);在设计锁定轨温范围内完成道岔内锁定焊(铝热焊)及道岔与两端无缝线路(包括道岔)的锁定焊接,最终形成跨区间无缝线路;而后采用轨检设备进行检测,对不符合标准的进行轨道整理;并于验交前对全线钢轨进行预打磨。

3.4.1 高速铁路无砟轨道工程特点

高速铁路无砟轨道是以混凝土或(和)沥青混合料(如 CA 砂浆)取代散粒道砟道床而组成的轨道结构形式。目前无砟轨道的主要类型有 CRTS I、CRTS II、CRTS III 板式无砟轨道和 CRTS I、CRTS II 双块式无砟轨道几种结构形式。

无砟轨道工程具有以下特点:

(1)良好的结构连续性和平顺性。

无砟轨道的下部基础、底座、道床板均为现场工业化浇筑。双块式轨枕、轨道板、轨下胶垫、扣件等均为工厂预制件,可以保证其性能有较好的均一性。由此组成的轨道整体结构与有砟轨道相比具有更好的结构连续性和弹性均匀性,为提高轨道的平顺性,改善乘车质量提供了有利条件。

(2)良好的结构恒定性和稳定性。

无砟轨道结构中的整体式轨下基础可为无缝线路提供更高的横向阻力和更恒定的轨道纵横向阻力，具有更好的耐久性和更长的使用寿命。

（3）良好的结构耐久性和少维修性能。

无砟轨道维修量大大减少，为延长线路的维修周期以及高速铁路列车的高密度、准点正常运行提供了重要保证。高速铁路的行车速度高、密度大，所有线路地面检查、维修作业都必须在"天窗"时间内进行。我国高速铁路由于跨线列车多，自身的行车密度又大，不可能完全像国外高速铁路那样白天行车、夜间维修。在白天、夜间均行车的条件下，安排维修时间是很困难的。因此减少线路维修工作量是保证高速铁路列车准点运行的前提条件。

（4）工务养护、维修设施减少。

由于维修工作量减少，可以延长每个综合维修中心和维修工区的管辖范围，从而减少维修部门的数量，同时减少可以配置的维修机械、房屋等设施。

（5）无砟轨道弹性较差。

与有砟轨道相比，无砟轨道的弹性较低。轨道弹性的降低会增加轴重对轨道破坏、失效和轨道状态恶化的影响，也会随着轴重的增加加剧环境振动和提高噪声。

（6）无砟轨道工程费用高。

与有砟轨道相比，尽管无砟轨道的结构高度低、自重轻，但无砟轨道结构施工工艺、施工机械、控制手段要求高，因而工程费用高于有砟轨道。

3.4.2 Ⅰ型板式无砟轨道施工

CRTS Ⅰ型板式无砟轨道由钢轨及配件、预制的轨道板、CA砂浆填充层、混凝土底座和轨道板之间用于限位的凸形挡台组成。见图3-56为CRTS Ⅰ型板式无砟轨道构造图。凸形挡台作为板式轨道结构中重要的组成部分，设置于混凝土底座两端的中部，用于限制车道板的纵、横向移动。轨道板作为预制构件，质量容易控制，施工进度快，但其制造、运输和施工的专业性较强，在检验合格后可直接运送到现场进行安装。CRTS Ⅰ型板式无砟轨道一般采用"由上而下"的施工方法，施工过程中不需要工具轨。施工关键技术主要有轨道板预制、轨道板铺设安装、轨道充填层施工三方面。桥面CRTS Ⅰ型板式无砟轨道道床施工工艺见图3-57，主要施工工艺介绍如下。

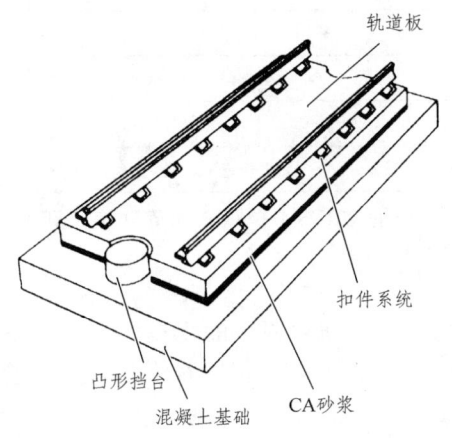

图3-56 CRTS Ⅰ型板式无砟轨道构造图

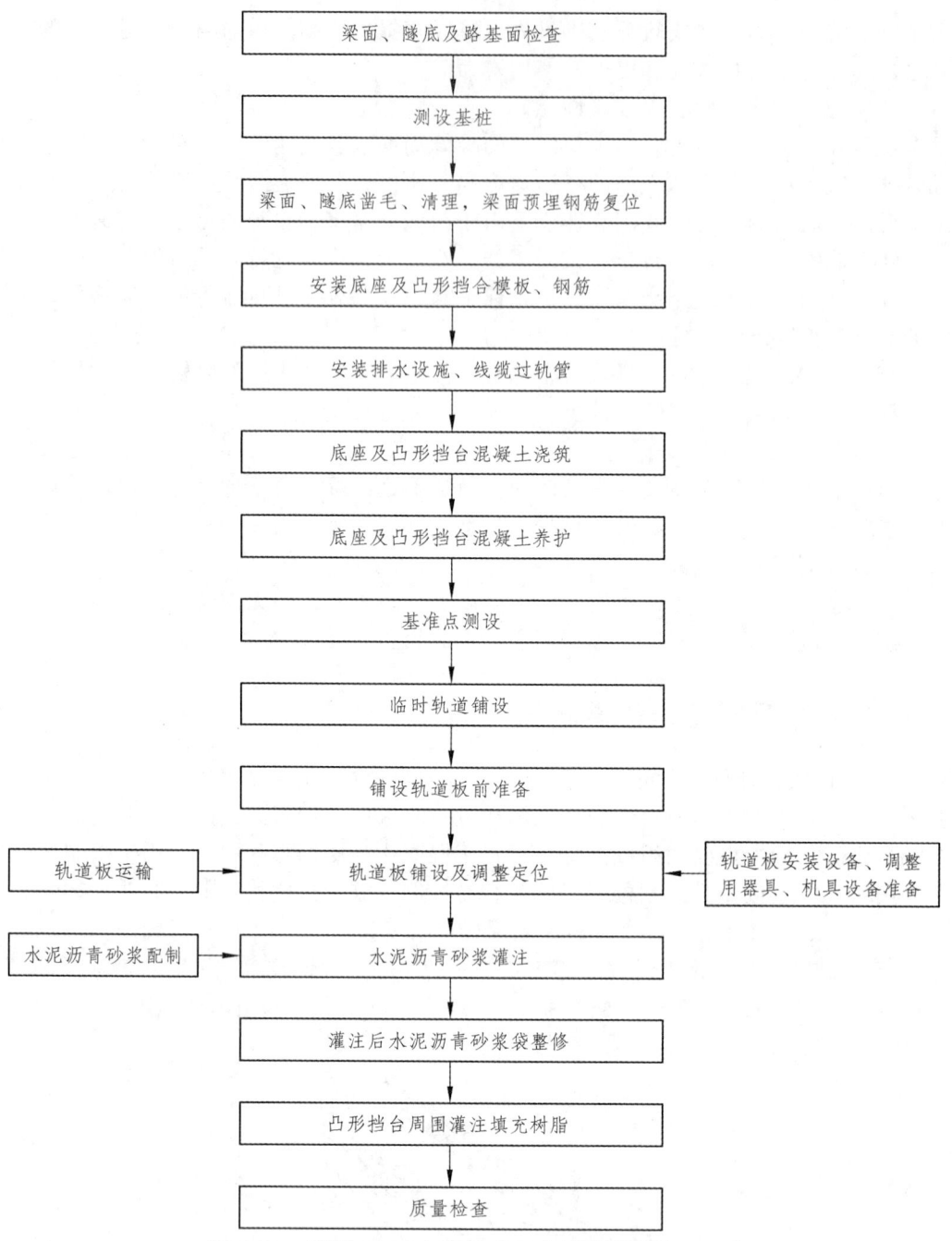

图 3-57 桥面 CRTS I 型板式无砟轨道道床施工工艺

1. 轨道板预制

轨道板的预制采用工厂化加工，轨道板厂的规模根据工程量的大小及供货期限确定。预制厂应设有封闭的预制车间，经检验合格并超过养生期限后轨道板才可露天存放。轨道板预制工艺主要流程包括：模板架设、钢筋铺设及预埋件安装、混凝土灌注、混凝土养生及脱模、轨道板施加预应力及验收存放。

2. 轨道板安装

(1) 混凝土底座施工浇筑。

施工前进行保护层清理湿润,利用Ⅲ控制网定位测量,放样模板、凸形挡台,绑扎钢筋、支模、浇筑混凝土。

在浇筑底座和凸形挡台混凝土时分两次进行,一般应在底座混凝土拆模 24 h 以后方可进行凸形挡台施工。

(2) 基准器设置。

在凸形挡台施工时,应在每个凸形挡台上设置基准器底座。在凸形挡台混凝土养护结束后,可安设基准器并按要求精度测设基准点位置。

(3) 轨道板铺设及定位。

轨道板的铺设采用专用机械进行吊运、安装,一般利用行走在临时轨道上的轨道板安装车进行安装。轨道板安装前,在每块轨道板下应铺设一个 CA 砂浆注入袋,注入袋按照轨道板尺寸加工,起到 CA 砂浆模板的作用(有的采用现场支立钢模板进行 CA 砂浆灌注)。轨道板就位后,以基准器为基准对轨道板进行调整定位。

(4) 水泥沥青砂浆(CA 砂浆)灌注及养护。

CA 砂浆灌注一般采用泵式砂浆机进行灌注,灌注前应安装防止轨道板上浮和侧移的扣压装置,每块轨道板下砂浆应一次灌注完成,灌注中严禁踩踏轨道板,由专人四角监控,检测轨道顶面高程,防止受力偏斜。CA 砂浆一般采用自然养护,但在气温高于 30 ℃ 或低于 5 ℃ 时应采取措施进行覆盖养护,模板和轨道板支承螺栓的拆卸应在水泥沥青砂浆强度达到 0.1 MPa 后才能进行。

(5) 凸形挡台周边树脂灌注。

凸形挡台周边树脂采用袋装灌注法施工,宜在 5~40 ℃ 温度条件下进行,灌注树脂应在轨道板下水泥沥青砂浆灌注 24 h 并清洁、整理完毕后进行,树脂应缓慢连续注入,防止带入空气,保证灌注密实,树脂灌注袋与凸台和轨道板应粘贴平移,没有褶皱。

(6) 质量检查。

水泥沥青砂浆灌注后应与轨道板密贴,不应有空隙,轨道板边角悬空应小于 30 mm,凸形挡台周围填充树脂宜低于轨道板顶面 5~10 mm。在精确调整轨道几何形位时,一般采用由注入袋和填充树脂组成的填充式垫板来进行调整。

3.4.3 CRTS Ⅱ 型板式无砟轨道施工

CRTS Ⅱ 型板式无砟轨道具有质量好、精度高、安装快、有可修复性、可靠、经济等特点,轨道板生产(预制及打磨)、精确测量和沥青水泥砂浆搅拌灌注是Ⅱ型板系统的核心技术。

1. 轨道板预制生产

轨道板的预制采用工厂化加工,轨道板生产厂的规模根据工程量的大小及供货期限确定。预制厂应设有封闭的预制车间,在轨道板预制结束后,将其存放一段时间,待轨道板徐变、收缩稳定后再进行承轨台削磨,然后经检验合格并超过养生期限后轨道板才可露天存放。

(1) 铺设模架。

轨道板非单独预制,而是串成一列统一预制,待其强度达到拆模标准时,锯断钢绞线,分块吊出。预制模板的底模按轨道板的顶面形状制作,其采用具有一定的强度和刚度的钢模板;模板安装后还应进行精细打磨,模板支撑基础应平整坚实。

(2) 钢筋敷设及预埋件安装。

轨道板所用的钢材的性能对其质量有较大的影响,必须严格执行相关规定。施工顺序为:铺放第一层非预应力钢筋→铺放预应力钢筋→安装侧模及预埋件→张拉预应力钢筋→铺放第二层非预应力钢筋。

底层钢筋绑扎后进行钢绞线敷设,模板内钢绞线横向通长布置,在钢筋组装和预埋件安装结束后,对钢绞线进行预应力张拉。

(3) 混凝土浇筑。

轨道板采用高性能混凝土,混凝土性能指标必须严格满足相关规定。混凝土搅拌完后,采用摊铺机浇筑混凝土。混凝土经振动捣实后必须采用刷毛机进行表面刷毛。

(4) 混凝土养生。

轨道板采用蒸汽养生,养护条件及时间见相关规定。

(5) 轨道板脱模。

脱模后的轨道板还需进行覆盖、洒水养生。达到养生期限的轨道板在露天存放一定时间,必须等待已施加预应力的混凝土徐变、收缩稳定。存放期限由试验确定并经检验验证。

(6) 轨道板削磨。

每块板在线路上的位置是确定的,不能随意串用。在确认混凝土轨道板徐变、收缩稳定后,将其在数控磨床进行加工削磨,并对削磨完后的轨道板安装上相应备件。

(7) 轨道板检验、收存。

轨道板经检验合格后,可进行集中存放。轨道板集中存放时,存放场地要平整并进行硬化处理,硬化地面混凝土强度不小 7.5 MPa,并不得有下沉变形;存放层数不应超过 10 层。轨道板沿线存放时,地基应平整密实,存放层数宜为 2~4 层。

2. 轨道板安装

CRTS Ⅱ 型板式无砟轨道板安装前必须进行混凝土支撑层道床施工,其道床施工流程如图 3-58。

(1) 混凝土支撑层施工。

① 基床表层准备。清理洒水湿润,以 CPⅢ 控制点为依据进行模板或基准线桩放样。

② 支撑层材料配置。提前进行配合比实验,在拌和站集中拌制。

③ 模筑施工。支承层采用低塑性混凝土,模板位置和高程应满足标准要求。当浇筑停顿时间超过混凝土初凝时间时,应中断浇筑,设施工缝。再次浇筑时,应将施工缝处的松散骨料剔除,并用水将接触面湿润。混凝土强度达到 2.5 MPa 以上方可拆模,拆模时不应碰掉混凝土的棱角。

④ 滑模摊铺机摊铺。施工前先进行摊铺机工艺性试验。摊铺机引导线两端用紧线器张紧固定,每侧施加不小于 1 000 N 的拉力。摊铺作业缓慢、均匀,连续不间断进行。

⑤ 拉毛处理。混凝土初凝前对支承层表面及时进行拉毛处理,对两侧边缘 35 cm 范围,

应进行收面抹光，便于排水。

⑥ 切缝处理。支承层施工完后，根据不同的施工方法，通过试验确定合适的切缝时机，应在 24 h 内进行横向切缝，切缝深度应深入支承层厚度 1/3 以上。

⑦ 混凝土养护。支承层混凝土施工完成后，应喷雾或洒水并覆盖保湿养护，覆盖应全断面覆盖，养护时间不少于 7 d。

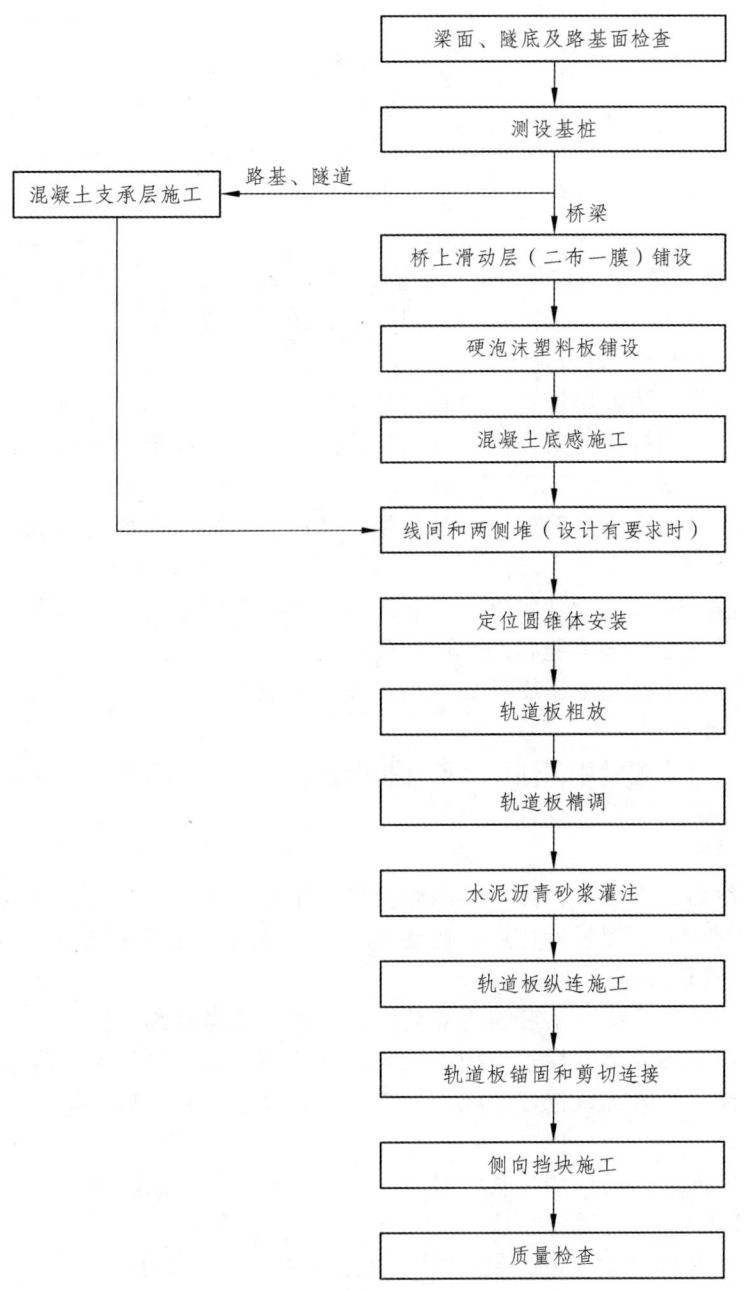

图 3-58 CRTS Ⅱ 型板式无砟轨道道床施工工艺流程图

（2）铺设Ⅱ型板工艺。

图 3-59 为桥上铺设Ⅱ型板结构示意图。

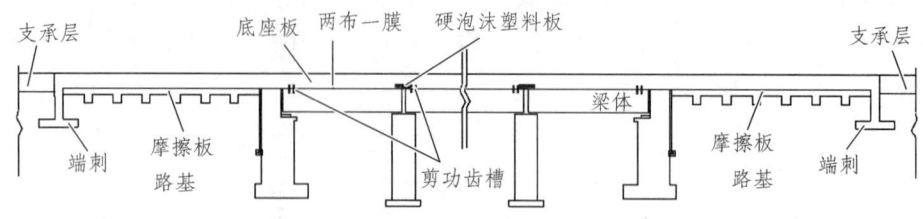

图 3-59 Ⅱ型板桥面结构示意图

主要工艺介绍：

① 施工定位测量。

通过 CPⅢ控制点进行桥上滑动层、硬泡沫塑料板及底座边线放样，每隔 10m 测设一个断面，做好标记，并对每个标记点进行高程测量，作为底座立模依据。

② 滑动层、硬泡沫塑料板施工。

第一层土工布应连续整块铺设，薄膜应整块铺设，特殊情况下必须分块铺设时，接缝采用热熔对接，禁止采用搭接方式。第二层土工布连续整块铺设于薄膜上，铺设后应随即压上钢筋笼垫块。

硬泡沫塑料板设于桥梁接缝处，通过胶粘剂与桥面粘贴，其顶面根据设计要求铺设滑动层。

滑动层铺设前，应按照设计要求，对梁面高程、梁面平整度、相邻梁端高差、防水轨道预埋件、剪力齿槽状态、伸缩缝状态等进行验收。

底座施工前，应根据施工组织计划及相关技术要求布设临时端刺。

③ 剪力钉安装。

剪力钉安装前应检查梁体预埋钳固筋连接套筒，将梁体剪力齿槽预埋套筒内的杂物清理干净，锚固筋位置数量应符合设计要求。

④ 连接器安装。

精确测量定位后浇带位置，连接器两侧的底层钢筋安装好后，安装连接器。连接器钢板应置于后浇带中间位置，螺母就位后的精轧螺纹钢筋外露长度不超过 20 mm。

⑤ 钢筋绑扎支模浇筑。

底座混凝土浇筑前，应在钢筋笼内安装温差电偶，测量后续底座连接时内部温度高低。根据弹出的模板边线，安装侧模板，模板安装必须稳固牢靠，接缝不得漏浆。

混凝土施工前，检查确认钢筋、模板等状态符合要求。所有后浇带螺母全部松开，距钢板不小于 30 mm。

简支梁常规区底座板每次灌注长度最少 1 孔，一般宜 3~4 孔。

⑥ 后浇带施工。

底座混凝土强度达到 20 MPa 后，方可进行钢筋连接器的连接。

常规区板温测量与临时端刺区板温测量同时进行，并据此计算连接筋张拉值。按顺序进行后绕带钢筋连接和混凝土浇筑。所有单元段底座的连接施工均宜在温差较小的 24h 内完成。

3. 轨道板铺设及调整定位

主要工序如下：复测底座→安置点基准点测设→定位圆锥体安装→轨道板运输→轨道板粗铺→轨道板精调固定

基准器设置在支撑层层表面上，在基准器底座上精密测量基准点的位置，包括水准测量、中线测量和正矢测量。

将轨道板吊到指定位置，轨道板就位后，以定位柱为基准把轨道板调整到设计位置，即使轨道板中心线与轨道中心线一致，轨道板高程调整到规定高程。

轨道板粗铺就位后，按设计位置安装精调调节器。轨道板精调应采用专业测量系统，其精度应满足相关测量标准规定。轨道板精调完成后设置压紧装置，安装于轨道板两端中间，当曲线位置超高达 45 mm 以上时在轨道板两侧中部增加压紧装置，压紧装置应能防止轨道板产生上浮和侧移，应严禁在上走动和放置重物。

轨道板铺设精调后，高程允许偏差 ± 0.5 mm，中线允许偏差 ± 0.5 mm。相邻轨道板接缝处承轨台顶面相对高差及平面位置允许偏差 ± 0.3 mm。

4. CA 砂浆充填层灌注

CA 砂浆是板式轨道混凝土支撑层与轨道板之间的弹性调整层，其性能直接影响板式轨道的耐久性。采用泵式砂浆压送机将 CA 砂浆注入轨道板底部。在进行 CA 砂浆注入前，须进行稠度试验，膨胀试验，抗压强度等试验，确保砂浆在不同的气温条件下的适宜温度灌注方法。

CA 砂浆的养生原则上自然养生，一般不需要采取特殊措施。砂浆经过 24 h 后，由于会发生收缩现象，为适应这种情形和防止轨道板与砂浆填充层之间发生空隙，必须及时撤除支撑螺栓，使轨道板与砂浆充分受力接触。轨道板侧面的侧立砂浆，在模板拆除后要尽快削除。CA 砂浆抗压强度至少达到 7 天后，方可进行轨道铺设作业。

5. 轨道板纵向连接及限位施工

在 CA 砂浆的强度达到设计要求后，可将轨道板之间进行纵向连接，用混凝土对接缝处进行灌注。侧向限位挡板通过挡块钢筋连接并与底座、轨道板密贴。

3.4.4 CRTS Ⅲ型板式无砟轨道施工

CRTS Ⅲ型板式无砟轨道总体结构方案为有挡肩的新型单元板式无砟轨道结构，主要由扣件、预制轨道板、配筋的自密实混凝土（或称自流平混凝土调整层）、限位凸台（或凹槽）、中间隔离层（土工布及橡胶垫层）和钢筋混凝土底座或支承层等部分组成。减振地段可将土工布换铺为 20 mm 厚 EPDM 材质的微孔橡胶减振垫层。按照"桥上单元，路基纵连"的设计原则，桥梁及隧道轨道结构采用单元分块式结构，底座板在每块轨道板范围内设置两个限位挡台（凹槽结构），底座板与自留平混凝土层间设置中间隔离层，个别地段路基上也采用与桥隧相同的轨道结构；路基地段采用连续底座，轨道板间使用纵向连接器按一定长度连接成整体。扣件采用 WJ-8 型弹条扣件。路基和桥梁上 CRTS Ⅲ型板式无砟轨道结构如图 3-60、图 3-61 所示。

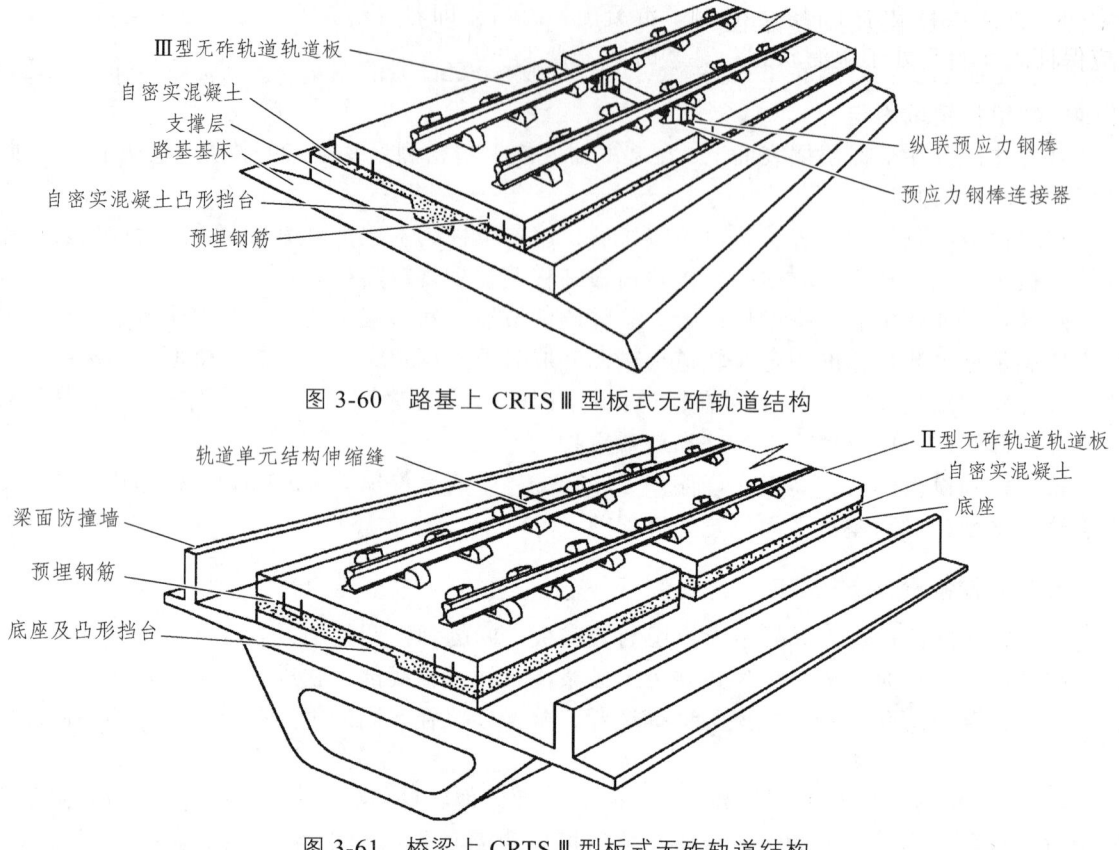

图 3-60 路基上 CRTS Ⅲ 型板式无砟轨道结构

图 3-61 桥梁上 CRTS Ⅲ 型板式无砟轨道结构

CRTS Ⅲ 型板式无砟轨道采用无辅助轨施工工艺，在底座施工完成并达到道床铺设条件后，利用汽车将轨道板运输到现场，通过汽车吊、龙门吊铺设在底座上，必要时需要增加轮胎式双向运板车中转，前后经过轨道板精调、自密实混凝土浇筑、轨道板纵连等工序形成整体无砟轨道结构。其施工以机械化为主，轮胎式双向运板车、轮胎式铺板龙门吊、轨道板快速精调系统等属专用设备，施工自动化程度高，对制造、使用、维护要求严格。

3.4.5 CRTS Ⅰ 型双块式无砟轨道工程施工

CRTS Ⅰ 型双块式无砟轨道，源于德国的 Rheda2000 型无砟轨道，采用"自上至下"的施工方法，即先将预制的双块式轨枕组装成轨排，并调整好轨排的几何形位，然后以现场灌注混凝土方式将轨枕浇入均匀连续的钢筋混凝混凝土道床内。主要施工装备有滑模摊铺机、抓枕机、轨排粗调机、螺杆/螺旋调整器、混凝土灌筑及振捣设备、专用铁路测量系统、全站仪等。

CRTS Ⅰ 型双块式无砟轨道施工方法有："机组法""排架法""轨排框架法"等，图 3-62 为排架法施工工艺流程图，以下介绍其施工作业控制要点。

1. 混凝土支承层施工

CRTS Ⅰ 型双块式无砟轨道混凝土支撑层的施工应从支承层材料、施工工艺参数、切假缝、表面平整度、高程等方面进行控制。混凝土初凝后立即养护，养护采用土工布覆盖，洒水量应保证表面始终处于湿润状态；养护时间不少于7 d。

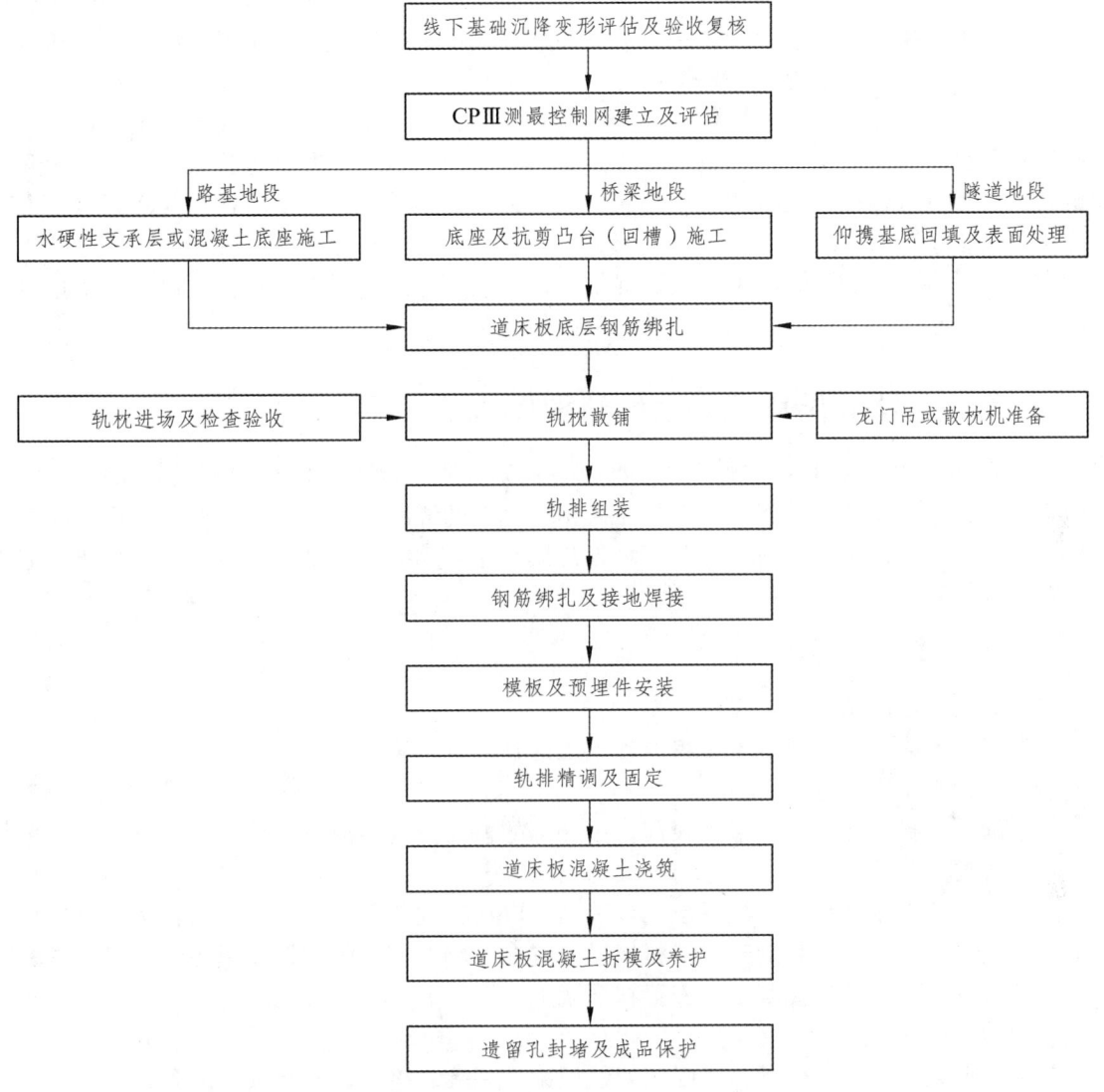

图 3-62　CRTS I 型双块式无砟轨道施工工艺流程图（排架法）

2. 无砟轨道混凝土底座施工

施工前提前2 d对保护层混凝土预先湿润处理，定位测量放样出模板位置及凸台或凹槽中心控制点，弹出侧模端模边线、结构缝处模板边线，绑扎钢筋，安装模板，浇筑混凝土，拆模养生，质量检测。

3. I 型双块式轨道道床板施工

CRTS I 型双块式无砟轨道由钢轨、扣配、轨枕（双块式轨枕）、现浇混凝土道床板组成。主要施工工序：施工测量→隔离层施工→底层钢筋铺设→轨排组装→轨排粗调→上层钢筋绑扎→模板安装→轨排精调→道床板混凝土浇筑与养生→拆模拆架→质量检验。

道床板底层钢筋：路基、隧道地段按设计要求铺设道床板底层纵向钢筋，桥梁地段按设计要求绑扎道床板底层及中间层钢筋，钢筋节点间按设计采取可靠绝缘措施。钢筋网在现场按照设计要求布置、绑扎或焊接。之后，预装好的轨排被运送到埋设位置后应对钢轨和轨枕进行调整，使轨枕距离准确。

在安装钢筋、接地、立模工作完成后，应对轨排进行精调。用轨道几何状态测量仪逐一检测钢轨调整器处的轨顶高程、轨道中线位置、线间距、轨道平顺度等轨道几何形位，并通过钢轨调整器进行调整。轨排架应始终保持稳定，其作用是保证双块轨枕在现浇混凝土中的正确定位。

道床板混凝土的浇筑一般采用泵送混凝土，在浇筑过程中应振捣密实。捣固时防止振动棒触碰钢轨调整器，并随时检测轨排几何形位的变化。

3.4.6　CRTSⅡ型双块式无砟轨道施工

CRTSⅡ型双块式无砟轨道外形与Ⅰ型双块式无砟轨道相同，主要区别是施工方法，它采用固定架替代钢轨支撑架，将轨排振动压入预先浇筑的混凝土中。其施工机械化程度高，施工进度快，施工不需要工具轨，且受环境条件影响小。路基上 CRTSⅡ型双块式无砟轨道施工工艺流程如图 3-63。

   1. 专用成套施工设备

（1）混凝土巡回车。

从混凝土搅拌车接受混凝土，将混凝土运送到浇筑位置。

（2）混凝土压实单元。

用于刮平或找平道床板混凝土表面，用外部的振动器捣实混凝土。

（3）轨枕安装单元。

用于将轨枕以振动法贯入混凝土。该单元可以从轨枕装载单元抓取一个轨枕固定架和一个横梁送到安装位置。内装的升降器将横梁安置在支脚上，内装的振动架将带有 5 个双块轨枕的固定架以振动法贯入混凝土，安置在横梁上。

（4）拆卸单元。

拆除固定架，并抓取横梁，将固定架及横梁送到装载单元，放在其尾部。

（5）轨枕装载单元。

以起重机装载轨枕，从拆卸单元上接收固定架及横梁。

（6）专用模板轨道。

模板轨道为道床混凝土的施工模板，同时可作为临时轨道，供轨道施工设备的走行。

（7）支脚。

支脚用于承载横梁及固定架。

（8）横梁。

横梁安置在 2 个相对的支脚上，用以承载固定架。横梁支撑面加工精度要求高。

（9）固定架。

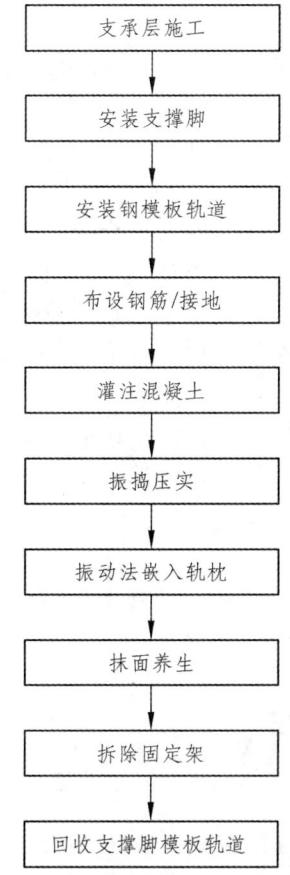

图 3-63　路基 CRTS Ⅱ 型双块式无砟轨道施工工艺流程图

用于装配 5 对双块式轨枕，与轨枕相连的支撑板形状精确地配合轨底坡和轨距。
（10）尾车。
回收支脚和模板轨道。

2. 主要施工工艺

（1）混凝土支承层施工、底座施工。

桥上的底座钢筋骨架与桥面预埋钢筋绑扎连为一体；底座模板外侧可与防护墙撑联，内侧采用对拉或支撑形式；采用混凝土泵车、立模法施工。在路基、隧道内的底座施工时，采用滑动模板摊铺机进行混凝土摊铺，一般不存在立模与拆模的问题。施工时预埋底座内的横向 PVC 排水管。

混凝土浇筑、振捣完，局部缺陷应人工抹平。混凝土浇筑完后 12 h 内采用塑料薄膜包裹养护，养护期限一般不少于 7 d。

（2）施工测量，隔离层施工。

根据 CPⅢ 轨道控制网测放支脚及钢模板放样点，并做好标记。土工布铺设应平整、无褶皱、破损，接缝应对接，不可重叠。将弹性橡胶垫板密贴固定于凹槽的侧面，缝隙应采用薄膜封闭。

（3）支脚的安装、调节。

支脚的精度校准是此种施工方法轨道精度控制最关键的程序。先进行支脚安装，待安装完模板轨道后再进行支脚精确调整。

（4）安装钢模板轨道，钢筋绑扎，混凝土浇筑。

根据钢模板轨道放样点，用专用打孔模具配合电钻钻模板定位螺栓孔，安装钢模板轨道，并按设计要求设置横向伸缩缝隔板。钢模板轨道安装应保证轨道顺直，固定牢固，并与支脚相互分离，防止施工振动影响支脚定位。模板不仅是道床板的外模，还是众多设备的走行轨道。模板的位置必须精准、稳定，不能因设备走行致使模板位移。

混凝土浇筑高程应比道床设计高程低约 30 mm，防止轨枕压入后混凝土面过高。

（5）轨枕振动嵌入。

在工厂采用以湿去模工艺生产的双块轨枕运送到安装工作站，轨枕一般被垛成 5×5 的规格，由轨枕装载单元将轨枕运送到布轨现场，然后由行走在模板轨道上的轨枕安装单元进行布轨安装。

（6）混凝土养生。

Ⅱ型双块枕是压入混凝土中的，混凝土坍落度一般较Ⅰ型双块大，裂纹控制难度相对增加，应更关注养生过程。

3.4.7　无砟轨道铺轨铺岔

1. 长钢轨铺设

高速铁路无砟轨道采用跨区间无缝线路，即无砟轨道的轨条之间、轨条与道岔之间直接焊接，轨条之间直接传递纵向力和位移。在工厂或铺轨基地将 50~100 m 的定尺钢轨运送到焊接生产线，用接触焊机把钢轨焊接成 500 m 的长钢轨条，然后运往存放基地。

长轨条运往存放基地前应按照配轨计划表进行轨条编号和焊头编号，配对装车时应编写单元轨节铺轨流水号。在存放基地，长轨条要平整、稳固存放，各层钢轨之间应采用钢轨支垫，支垫跨距 7.5 m，并上下对齐，与各层钢轨垂直放置。

长钢轨铺设前采用长钢轨运输车从存轨基地运送到铺轨现场，在装车前应核对待装长钢轨编号，并按照配轨表分左右股道对称吊装，按照卸车顺序依次排放。

无砟轨道的铺轨工作，场地条件好，铺轨较灵活、轻便，常采用拖拉布轨、推送布轨等方法进行铺轨作业。拖拉布轨法工艺简单，无需专用设备，通过拖拉将长钢轨沿导向装置牵引到指定位置后，进行调整、固定；推送布轨利用长钢轨推送车将长钢轨推送出来，钢轨通过导向装置到达指定位置，然后调整、固定。长钢轨铺设主要工艺流程：施工准备—设备编组进场—长钢轨牵引—长钢轨落槽—安装扣件—质量检查。

长轨条铺设后，用移动式接触焊作业车将长轨焊接成 1 000~2 000 m 的单元轨。工地接触焊主要设备组成有：钢轨接触焊作业车和拉轨、锯轨、打磨、正火、调直、探伤等设备。焊接完后再经过无缝线路应力放散及线路锁定、轨道整理和钢轨预打磨工序完成长钢轨铺设。锁定轨温按照《无缝线路铺设及养护维修方法》（TB/T 2098—201）确定，长钢轨条应力状态为零的轨温为实际锁定轨温，锁定的轨温必须在设计锁定的轨温范围内。单元轨节锁定成无缝线路后应进行轨道整理作业，主要包括：整修打磨不平顺焊缝、调整轨距及水平、测取钢轨的爬行量、复核锁定轨温等。在进行钢轨预打磨时，线路必须满足：无缝线路道床进入稳定阶段、轨面高程及道床尺寸符合设计要求、钢轨扣件齐全紧固、钢轨焊接头的平直度达到规范要求。钢轨预打磨主要设备包括打磨列车和钢轨波纹研磨机。

2. 无砟轨道道岔铺设方法

目前高速铁路使用了长枕埋入式无砟道岔、板式无砟道岔及有砟轨道道岔三大类道岔。

（1）长枕埋入式无砟道岔施工。

长枕埋入式无砟道岔在结构上与 CRTS I 型双块式无砟轨道相似，均采用预埋轨枕的现浇混凝土道床结构。施工时，在底座施工完成并达到无砟轨道施工条件后，通过道岔钢轨部件及预制混凝土岔枕组装成轨排并使用螺杆调节器等支撑和调整系统将其架立在底座上，再经过轨排组装及粗调、钢筋绑扎和模板安装、轨排精调、电务转换设备安装调试、浇筑道床混凝土等工序形成整体道床结构。最后完成道岔轨道精调、钢轨焊接、工电联调及后续施工等工序。长枕埋入式无砟道岔施工组织难度大，涉及道岔部件运输及吊装、高性能混凝土施工、道岔精度控制及前后顺接、钢轨焊接及无缝线路锁定，且施工过程受周边环境影响较大。

（2）板式无砟道岔施工。

板式无砟道岔是一种新型岔区无砟轨道结构形式。该型无砟道岔分为混凝土预制、道岔板铺设和道岔安装三个阶段。混凝土道岔板采用固定台座工厂预制，通过设备和工序传递来完成产品的生产过程，有相对固定的工艺流程，实行分班作业制度，有相对固定的场区保护、消防、安全、绿化环保等设施来提供质量、安全保证。

混凝土道岔板分为预埋套筒式和整体预制钻孔式两种生产方式，均为非预应力结构，每组道岔板依据对应道岔线形的不同并结合制造、运输、铺设等施工工艺的需要，划分成很多块。道岔板钢筋通过预扎胎具绑扎成型后置入整体式模型一次浇筑混凝土成型，其外形精度主要由模型实现，生产和检测设备精度要求高，质量控制和管理过程要求严格。此外，整体预制钻孔式道岔板在预制完成且混凝土强度、弹模达到要求后利用钻床钻取扣件螺栓孔。

板式无砟道岔是在下部基础上铺设预制道岔板，通过自密实混凝土或水泥乳化沥青砂浆进行调整和支承，并适应 ZPW-2000 轨道电路传输需要。板式无砟道岔施工分为道岔板铺设和道岔部件安装两个阶段。

道岔板铺设又分为两种情况。一种是路基及隧道内施工，道岔板下浇筑自密实混凝土，施工方法及工艺与 CRTS III 型板式无砟轨道相似。另一种是桥梁上施工，道岔板下浇筑水泥乳化沥青砂浆，施工方法与 CRTS II 型板式无砟轨道相似。

道岔部件安装在道岔板铺设完成后进行，通过公路或铁路将道岔部件运输进场并吊装就位，采用轨检小车配合测量进行道岔线形的调整，安装电务转换设备并进行工电联调，最后焊接道岔钢轨并与区间线路形成跨区间无缝线路。

（3）有砟轨道道岔施工。

高速铁路有砟轨道道岔设计为大号码、可动心轨、无缝结构，除因道床结构特点而采用预应力岔枕、碎石道床结构外，道岔钢轨件及扣件系统、转换设备等与高速铁路无砟轨道道岔基本相同。施工组织以原位法组装铺设为主，与高速铁路有砟轨道线路施工相似，道岔铺设前，需预铺底砟并对预铺底砟的平整度和碾压密度有严格要求，道岔组装及工电联调后采用大型整道机组整道，最后焊接成无缝线路。为保证道岔区轨道的整体性和道岔与线路的平稳过渡，施工时对控制测量、上砟整道、无缝线路锁定等要进行严格的控制。

由于道岔轨件运输及组装要求，有砟道岔施工周期长，施工时一般采用铺轨到达前提前预铺或铺轨通过后换铺等两种施工组织模式，以减少道岔施工对线路铺轨的影响，其中提前预铺是目前主要的施工组织模式。

Part 4　铁路工程概预算文件编制

铁路工程概算预算文件的编制阶段应与设计阶段一致。两阶段设计，初步设计阶段编制设计总概算，施工图设计阶段编制总预算。一阶段设计，编制总预算。以下按照《铁路基本建设工程设计概（预）算编制办法》（国铁科发〔2017〕30 号文）、《铁路基本建设工程设计概（预）算费用定额》（国铁科发〔2017〕31 号文）介绍铁路工程概预算的编制方法、费用构成、各类费用计算方法。

4.1　铁路工程概预算编制层次及范围

4.1.1　设计概（预）算的编制层次

建设项目设计概（预）算按单项概（预）算、综合概（预）算、总概（预）算三个层次编制。

单项概（预）算是确定建设项目中的某一个单项（单位）工程的概（预）算价值。综合概（预）算是将建设项目中各类工程单项概（预）算按综合概（预）算章节表的内容和顺序进行汇总的文件。总概（预）算是以综合概（预）算为依据，按综合概（预）算章节表所划分的章号顺序与名称、费用类别进行分章汇总。总概（预）算汇总是当一个建设项目编有两个以上的总概（预）算时，将各个总概（预）算分章汇总，从而求得整个建设项目的概（预）算总额。

4.1.2　编制范围及单元

1. 总概（预）算的编制范围

总概（预）算是用以反映整个建设项目投资规模和投资构成的文件。一般应按整个建设项目的范围进行编制。但遇有以下情况，应根据要求分别编制总概（预）算，并汇编该建设项目的总概（预）算汇总表。

（1）两端引入工程，与项目有关的联络线、疏解线等可根据需要单独编制总概（预）算。

（2）铁路枢纽、编组站、物流中心、动车段、动车运用所、综合物业开发相关内容应单独编制总概（预）算。

（3）采用工程所在地地区统一定额的旅客站房及站房综合楼应单独编制总概（预）算。

（4）跨越省（自治区、直辖市）或铁路局（公司）者，除应按各自所辖范围编制总概（预）算外，尚需以铁路枢纽为界，分别编制总概（预）算。

（5）分期建设的项目，应按分期建设的工程范围，分别编制总概（预）算。

（6）一个建设项目，如由几个设计单位共同设计，则各设计单位按其承担的设计范围编制总概（预）算，该建设项目的汇总总概算应由总体设计单位负责汇编。

如有其他特殊情况，可结合项目需要划分总概（预）算的编制范围。施工图总预算编制单元原则上应与初步设计总概算编制单元一致。

2. 综合概（预）算的编制范围

综合概（预）算是具体反映一个总概（预）算范围内的工程投资总额及其构成的文件，其编制范围应与相应的总概（预）算一致。

3. 单项概（预）算的编制内容及单元

单项概（预）算是编制综合概（预）算、总概（预）算的基础，是详细反映各工程类别和重大、特殊工点概（预）算费用的主要文件。编制内容包括人工费、材料费、施工机具使用费、价外运杂费、价差、填料费、施工措施费、特殊施工增加费、间接费和税金。设备单项概（预）算的编制内容包括设备费、设备运杂费和税金。

编制单元应按总概（预）算的编制范围划分，结合综合概算章节表的要求，分工程类别编制。其中技术复杂的特大、大、中桥（指最大基础水深在 10 m 以上的桥梁或有 100 m 以上大跨度梁的桥梁或有正交异性板钢梁等特殊结构的桥梁）及高桥（最大墩高 50 m 及以上），4 000 m 以上或有辅助坑道的单、双线隧道，多线隧道及Ⅰ级风险隧道，机车库、县级及以上旅客站房（含站房综合楼）等大型房屋以及投资较大、工程复杂的新技术工点等，应按工点分别编制单项概（预）算。

4.1.3　编制深度及要求

设计概（预）算的编制深度应与设计阶段及设计文件组成内容的深细度相一致。

1. 单项概（预）算

根据不同设计阶段，各类工程的单项概（预）算应达到其相应的编制深度，见表 4-1。

表 4-1　单项概（预）算编制深度表

序号	类别	初步设计	施工图设计
1	路基土石方	根据工程数量，采用预算定额编制	根据设计土石方调配数量，采用预算定额编制
2	路基附属工程	根据工程数量，采用预算定额编制	根据工程数量，采用预算定额编制
3	桥涵	根据工程数量，采用预算定额编制	根据工程数量，采用预算定额编制
4	隧道及明洞	根据工程数量，采用预算定额编制	根据工程数量，采用预算定额编制
5	轨道	根据工程数量，采用预算定额编制	根据工程数量，采用预算定额编制

续表

序号	类型	初步设计	施工图设计
6	房屋	根据数量,采用概算定额或预算定额编制	根据工程数量,采用预算定额编制
7	通信、信号、信息、灾害监测、电力、电力牵引供电	根据设计标准和数量,采用概算定额或预算定额编制	根据设计标准和数量,采用预算定额编制
8	给排水、机务、车辆、动车、工务、站场、其他建筑及设备等	根据设计规模、结构类型、设备能力及工程数量,采用概算或预算定额编制	根据设计规模、结构类型、设备能力及工程数量,采用预算定额编制
9	其他工程	按详细工程项目及施工组织设计确定的规模与数量采用概算定额或预算定额编制	按详细工程项目及施工组织设计确定的规模与数量采用预算定额编制

2. 综合概（预）算

根据单项概（预）算，按《编制办法》附录"综合概（预）算章节表"的顺序进行汇编，没有费用的章，其章号及名称应保留，各节中的细目结合具体情况可以增减调整。一个建设项目有多个综合概（预）算时，应汇编综合概（预）算汇总表。

3. 总概（预）算

根据综合概（预）算，分章汇编。没有费用的章，在输出总概（预）算表时其章号及名称一律保留。一个建设项目有几个总概（预）算时，应汇编总概（预）算汇总表。

4.1.4 定额的采用

（1）根据不同设计阶段各工程类别的编制深度要求，原则上采用铁路工程定额体系编制。

（2）旅客站房及站房综合楼的房屋工程等可采用工程所在地的地区统一定额编制，其工、料、机价格及单项概（预）算中的各项费用定额应配套采用。

（3）对于现行定额未涵盖或不适用而建设项目急需的工程，应根据该工程施工工艺要求等编制补充单价分析。

4.2 铁路工程概预算费用构成

根据《铁路基本建设工程设计概（预）算编制办法》（国铁科发〔2017〕30号文），我国铁路基本建设工程的概预算费用，按不同工程和费用类别划分为四个部分，第一部分静态投资，第二部分动态投资，第三部分机车车辆购置费，第四部分铺底流动资金。

4.2.1 按综合概（预）算章节表划分

铁路基本建设工程的概（预）算费用，按不同工程和费用类别划分为4部分，16章36

节，编制概（预）算应采用统一的章节表，其各章节的细目及内容，可查阅《编制办法》综合概（预）算章节表。

各部分和各章费用名称如下：

第一部分　静态投资

第一章　拆迁及征地费用
第二章　路基
第三章　桥涵
第四章　隧道及明洞
第五章　轨道
第六章　通信、信号及信息及灾害监测
第七章　电力及电力牵引供电
第八章　房屋
第九章　其他运营生产设备及建筑物
第十章　大型临时设施和过渡工程
第十一章　其他费用
第十二章　基本预备费

第二部分　动态投资

第十三章　价差预备费
第十四章　建设期投资贷款利息

第三部分　机车车辆（动车组）购置费

第十五章　机车车辆（动车组）购置费

第四部分　铺底流动资金

第十六章　铺底流动资金

4.2.2　按静态投资费用种类划分

按投资性质划分，静态投资分属下列五种费用：

1. 建筑工程费（费用代号：Ⅰ）

建筑工程费指路基、桥涵、隧道及明洞、轨道、通信、信号、信息、灾害监测、电力、电力牵引供电、房屋、给排水、机务、车辆、动车、站场、工务、其他建筑工程等和属于建筑工程范围内的管线敷设、设备基础、工作台等，以及拆迁工程、大型临时设施和过渡工程中应属于建筑工程费内容的费用。

2. 安装工程费（费用代号：Ⅱ）

安装工程费指各种需要安装的机电设备的装配、装置工程，与设备相连的工作台、梯子等的装设工程，附属于被安装设备的管线敷设，以及被安装设备的绝缘、刷油、保温和调试等所需的费用。

3. 设备购置费（费用代号：Ⅲ）

设备购置费指一切需要安装与不需要安装的生产、动力、弱电、起重、运输等设备（包括备品备件）的购置费，以及构成固定资产的工器具（包括备品备件）、专用工具（包括备品备件）等购置费。

4. 其他费（费用代号：Ⅳ）

其他费指土地征（租）用及拆迁补偿费、项目建设管理费、建设单位印花税及其他税费、建设项目前期费、施工监理费、勘察设计费、设计文件审查费、其他咨询服务费、营业线施工配合费、安全生产费、研究试验费、联调联试等有关费用、利用外资有关费用、生产准备费、其他等。

5. 基本预备费

基本预备费指为建设阶段各种不可预见因素的发生而预留的可能增加的费用。

4.2.3 费用项目组成

概（预）算费用项目组成见图 4-1。

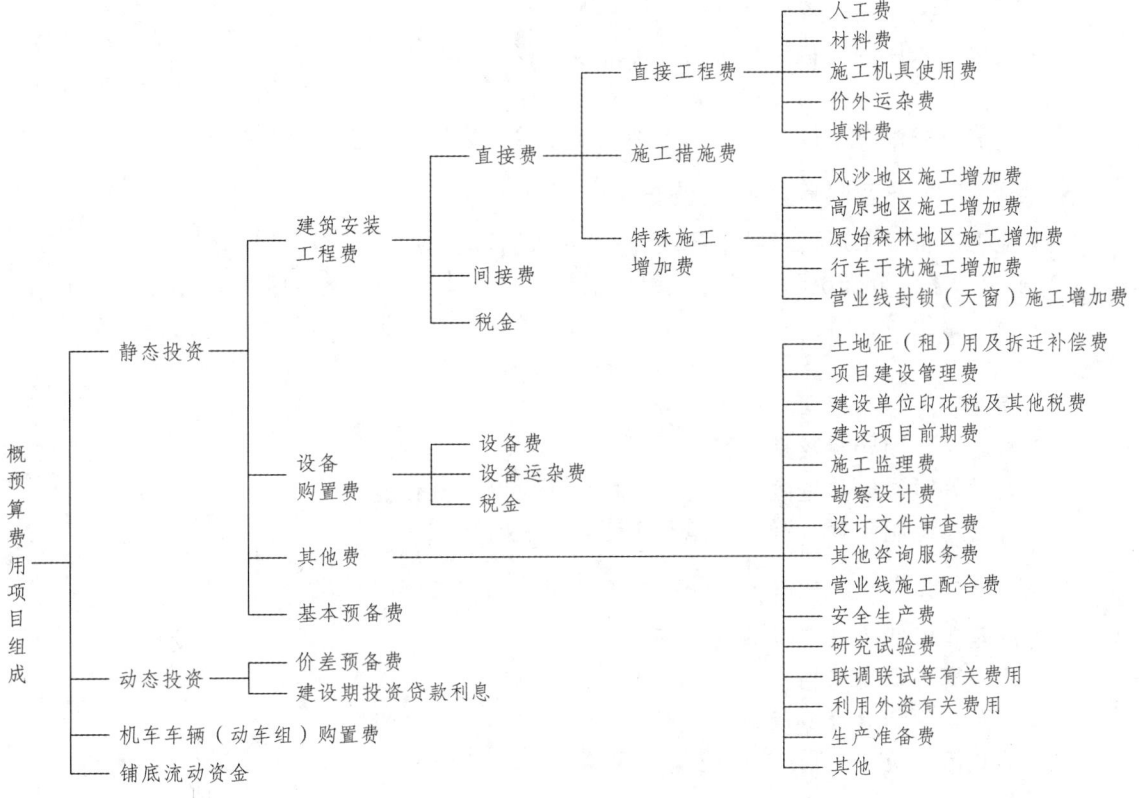

图 4-1 铁路概（预）算费用项目组成

4.3 预算文件组成及示例

铁路工程造价文件由概预算编制说明和附表组成。

4.3.1 初步设计总概算文件

总概算文件编制说明按以下格式编制。

1. 概述

（1）编制范围（建设名称、起讫地点、里程、线路全长及相关工程）。
（2）可行性研究审批意见及执行情况。
（3）工程概况。
（4）概算分段。

2. 编制依据

（1）一般规定（说明编制依据的规章、办法、协议、纪要及公文等，以及可行性研究审批的投资估算）。
（2）定额（各类工程采用的定额）。
（3）工资（采用的工资及各项津贴标准）。
（4）料价（采用的材料预算价格的标准及依据）。
（5）水、电单价（采用的水、电单价及其依据）。
（6）运输及装卸费单价（采用的各种运输单价、装卸费单价及其依据）。

3. 各项工程静态概算及费用的编制

（1）施工准备（采用资料的来源及分析指标的情况）。
（2）正式工程（分别说明各类工程的编制单位、深度、补充定额的采用和运杂费的分析）。
（3）施工措施费、特殊施工增加费（采用的费率及其依据，不含大型临时设施和过渡工程费）。
（4）间接费（采用费率及其依据）。
（5）税金（采用费率及其依据）。
（6）大型临时设施和过渡工程费（计算分析资料及其依据）。
（7）价差（编制年度，资料来源和采用费率及其依据）。

4. 动态概算费用、机车车辆购置费和铺底流动资金的编制

（1）价差预备费（采用费率及其依据）。
（2）建设期投资贷款利息（采用费率及其依据）。
（3）机车车辆购置费（费用计算依据）。
（4）铺底流动资金（采用费率及其依据）。

5. 概算指标的分析

各类工程费用所占比重及主要技术指标作简要的分析，对一些突出偏低、偏高的费用的指标应说明原因。

6. 概算总额及技术经济指标分析

（1）概算总额及每正线公里指标。

（2）与批准的可行性研究投资估算的对照分析。

附表主要内容由以下表格组成：

（1）总概算汇总表（编有几个总概算表时附）。

（2）总概算表。

（3）综合概算汇总表。

（4）综合概算表。

（5）单项预算表。

（6）主要材料（设备）平均运杂费单价表（供审查用，不附在文件内）。

（7）补充单价分析表。

（8）可行性研究总估算与初步设计总概算对照表。

（9）可行性研究综合估算与初步设计综合概算对照表。

（10）有关协议、纪要及公文。

4.3.2　施工图设计施工图预算文件

1. 编制说明

编制说明包括初步设计审批意见及执行情况和设计说明（编制依据、原则、范围及单元等）按批准的总概算编制，并说明施工图与初步设计工程的对比情况和施工图预算结果与批准的总概算对比分析情况。

2. 附表

附表主要由以下部分组成：

（1）施工图与初步设计主要工程数量对照表。

（2）总预算汇总表。

（3）综合预算汇总表。

（4）综合预算表。

（5）单项预算表。

（6）施工图预算与初步设计总概预算对照表。

（7）施工图预算与初步设计综合概算对照表。

4.3.3　施工图预算示例

西南地区某高速铁路施工图预算示例。

1. 编制说明

（1）编制范围。

CZ 线：D1K98+905.552～D1K128+828.983，正线长度为 29.940 km。

各章内容：

第一章：道路改移、沟渠改移、河道改移、砍树挖根、临时用地（分临时用地补偿、临时用地复垦）、电力迁改（不含 35 kV 及以上）、通信迁改（不含国防光缆）、给排水管线迁改工程（不含 D300 及以上管径）、油气管线迁改工程（不含 D219 及以上管径）等。

第二章：全部工程（含电缆沟槽、连通管道等）。

第三章：全部工程（含桥梁通航设施）。

第四章：全部工程（不含隧道照明、防护门、消防以外的所有工程，含相关预埋工程）。

第五章：无砟轨道板价购、安装、CPⅢ测设、轨道精调，不含铺轨铺岔。

第九章：雨棚、地道工程（不含装修）、线间沟、旅客站台墙、声屏障（不含隔声窗）。

第十章：临时便道、材料厂、拌和站、梁场、铺轨基地等全部站前工程。

第十一章：配合辅助工程费、营业线施工配合费、安全生产费。

（2）编制依据。

① 《铁路建设项目预可行性研究、可行性研究和设计文件编制办法》（国铁科法〔2018〕93 号文）。

② 《铁路基本建设工程设计概（预）算费用定额》（TZJ 3001—2017）（国铁科法〔2017〕31 号文）。

③ 国铁科法〔2017〕30 号文发布的《铁路基本建设工程设计概（预）算编制办法》（以下简称 "30 号编制办法"）。

④ 国铁科法〔2017〕32 号文发布的《铁路工程材料基期价格》和《铁路工程施工机具台班费用定额》。

⑤ 铁建函〔1998〕14 号文发布的《铁路工程建设设备预算价格》（扣税）（以下简称《设备预算价格》扣税）。

⑥ 发改价格〔2017〕2163 号文 "国家发展改革委关于调整铁路货物运输价格的通知"（营改增版）（以下简称 "2163 号文 货物运价"）。

⑦ 经规定额函〔2018〕400 号 "中国铁路经济规划研究院有限公司关于发布《铁路工程建设 2018 年第三季度主要材料价格信息》（含营改增版）的通知"。（简称 "2018 年三季度信息价"）

⑧ 国铁科法〔2019〕12 号文 "国家铁路局关于下调铁路工程造价标准增值税税率的公告"（以下简称 "12 号公告"）。

⑨ 铁总建设〔2018〕146 号 "中国铁路总公司关于规范铁路营业线施工配合技术服务费计取工作的指导意见"（以下简称 "146 号文"）。

⑩ 铁总发改函〔2019〕37 号《中国铁路总公司某省人民政府关于新建 CZ 高速铁路可行性研究报告的批复》。

⑪ 经规线站函〔2019〕81 号《中国铁路经济规划研究院有限公司关于发送新建 CZ 高速铁路（不含 DK24+055～DK39+406 段）初步设计咨询意见的函》。

⑫ 国家和铁路总公司其他有关文件。

⑬ 本阶段设计工程数量及定测资料。

⑭ 站前工程：采用国铁科法〔2017〕33 号文《铁路工程预算定额》。

⑮ 站后工程：采用国铁科法〔2017〕33 号文发布的《铁路工程预算定额》。

⑯ 工管设函〔2019〕57号《中国铁路总公司工程管理中心关于新建CZ高速铁路（不含DK24+055～DK39+406）站前施工图审核报告审查意见的函》。

⑰ CL铁路有限责任公司CL计财函〔2019〕115号《CL铁路公司关于委托编制新建CZ高速铁路（不含DK24+055～DK39+406）站前工程施工、施工监理招标设计文件的函》。

⑱ 工程数量。

（3）预算工、料、机费标准。

① 人工单价。基期及编制期人工工费标准：按国铁科法〔2017〕31号文《费用定额》规定的人工单价计列。

② 料价。

主要材料的基期价格按《铁路工程材料基期价格》（TZJ 3003—2017）执行。编制期材料单价按照2018年三季度信息价执行。

施工机械用汽油、柴油材料基期预算价格按《铁路工程材料基期价格》（TZJ 3003—2017）执行。编制期材料单价按照2018年三季度信息价执行。

③ 施工机具台班单价。

以《铁路工程材料基期价格》（TZJ 3003—2017）中的油燃料价格及《铁路工程施工机具台班费用定额》（TZJ 3003—2017）的基期综合工费单价、基期水电单价等计算出的台班单价作为基期施工机械台班单价及基期施工仪器仪表台班单价；以编制期的折旧费、综合工费单价、油燃料价格、水电单价等计算出的台班单价作为编制期施工机械台班单价及编制期施工仪器仪表台班单价。编制期的折旧费以基期折旧费为基数乘以《费用定额》施工机具折旧费调差系数表中的系数计算。本项目按1.094考虑。

④ 水、电单价。

工程用水基期单价：0.35元/t。工程用电基期单价：0.47元/度。

工程用水编制期单价：0.35元/t。工程用电编制单价：0.878元/度。

⑤ 运输及装卸费单价。

价外运杂费指根据设计需要，在编制单项概（预）算时，需在材料费之外单独计列的材料运杂费，包括材料自指定交货地点运至工地所发生的运输费、装卸费、其他有关运输费用，以及为简化概预算编制，以该运输费、装卸费、其他有关运输费用之和为基数计算的采购及保管费。

价外运杂费=∑（运输费+装卸费+其他有关运输费用）×（1+采购及保管费率）

a. 运输单价。

火车运价：营业线火车按"《费用定额》TZJ 3001—2017"及"2163号文 货物运价"的有关规定计算。

工程列车：按"《费用定额》TZJ 3001—2017"及"2163号文 货物运价"有关规定计算。

汽车运价：按调查分析价0.60元/(t·km)计算。

b. 装卸费单价。

火车、汽车按"《费用定额》TZJ 3001—2017"规定计列：一般材料3.40元/t，钢轨、道岔、接触网支柱及硬横梁12.50元/t，其他1吨以上的构件8.40元/t，其中装占60%，卸占40%。

c. 其他有关运输费用。

取送车费（调车费）按"2163号文 货物运价"规定计列。

⑥ 施工措施费。

施工措施费包括冬雨季施工增加费，夜间施工增加费，小型临时设施费、工具、用具及仪表使用费，工程定位复测、工程点交、场地清理费，文明施工及施工环境保护费，已完工程及设备保护费等。

该项费用以各类工程的基期人工费与基期施工机具使用费之和为计算基数，按"《费用定额》TZJ 3001—2017"表列费率1区费率计算。

过渡工程按表列同类正式工程的费率计列，大型临时设施按表列同类正式工程的费率乘以0.45的系数计列；掘进机、盾构施工的隧道施工措施费费率另行分析计列。

⑦ 特殊施工增加费。

在行车干扰施工增加费计费范围内施工的项目计算行车干扰施工增加费；在未移交正式运营的线路上施工和避难线、安全线、存车线及其他段管线上施工均不计列行车干扰增加费。
行车干扰施工增加费的计算：

按"《费用定额》TZJ 3001—2017"规定，根据每昼夜的行车次数，以及受行车干扰范围内的工程项目的工程数量，按以下方法计算。

i 土石方施工及跨股道运输的行车干扰施工增加费按"《费用定额》TZJ 3001—2017"表格所列工天×编制期综合工费单价× 受干扰土石方数量× 每昼夜行车次数×0.40%。

ii 接触网工程的行车干扰施工增加费按受行车干扰范围内的工程数量×（所对应定额的应计行车干扰的工天×编制期综合工费单价+所对应定额的应计行车干扰的施工机具台班量×编制期施工机具台班单价）×每昼夜行车次数×0.48%。

iii 其他工程的行车干扰施工增加费按受行车干扰范围内的工程数量×（所对应定额的应计行车干扰的工天×编制期综合工费单价+所对应定额的应计行车干扰的施工机具台班量×编制期施工机具台班单价）×每昼夜行车次数×0.40%。

⑧ 间接费。

间接费包括企业管理费、规费和利润。

本项费用以各类工程的基期人工费和基期施工机具使用费之和为基数乘以"《费用定额》TZJ 3001—2017"表格所规定费率计算。

a. 采用大型机械化施工开挖定额的隧道工程，间接费费率按25.9%计，掘进机、盾构施工的隧道间接费费率另行分析计列。

b. 过渡工程按表列同类正式工程的费率计列，大型临时设施按表列同类正式工程的费率乘以0.8的系数计列。

⑨ 税金。

根据"12号公告"规定，建筑安装工程费税金与设备购置费税金的税率为9%。

⑩ 设备购置费。

a. 设备原价。

基期设备原价采用铁建函〔1998〕14号文《铁路工程建设设备预算价格》执行，若《铁路工程建设设备预算价格》为含可抵扣进项税额的价格，则应以扣除可抵扣进项税额后的价格作为基期设备原价。

编制期设备原价采用不含可抵扣进项税额的价格。标准设备原价可根据生产厂家的出厂价及国家机电产品市场价格目录和设备信息价等资料综合分析确定；非标准设备原价可按厂家加工订货等价格资料，并结合设备信息价格，经分析论证后确定。

设计单位自行补充设备的价格应该为不含可抵扣进项税额的价格。

b. 设备运杂费。

设备运杂费指设备自生产厂家（来源地）运至施工安装地点所发生的运输费、装卸费、手续费、采购及保管费等费用的总称。

$$设备运杂费=基期设备费×设备运杂费费率$$

设备运杂费费率：按 6.5% 计列。

（4）各项工程静态预算及费用的编制。

① 征地拆迁。

征地土地征（租）用、拆迁补偿费单价按照与沿线各市、区、县签订的框架协议执行。

用地勘界费、土地预审费、森林植被恢复费、临时用地复垦方案报告编制费、压覆矿藏评估与补偿费等按初步设计批复计列。

② 正式工程。按施工图深度提供的工程数量编制预算。

③ 大型临时设施和过渡工程。

a. 大型临时设施项目：按项目需求设置铺轨基地（存放长轨条、轨枕、道砟、道岔）、汽车运输便道、材料厂、制（存）梁场、运梁便道、填料集中拌和站、混凝土集中拌和站、临时通信、临电工程、给水干管路等。

b. 过渡工程：指由于改建既有线、增建第二线等工程施工，为了保持既有线（或车站）运营工作进行，尽可能地减少运输与施工之间的相互干扰和影响，从而对部分既有工程设施必须采取的施工过渡措施。内容包括临时性便线、便桥、过渡性站场设施等及其相关的配套工程，以及由此引起的临时养护，租用土地、青苗补偿、拆迁补偿、复垦及其他所有与土地有关的费用等。

④ 其他费用。

a. 安全生产费按费率计算部分，以建筑安装工程费的 2.0% 计列。

b. 营业线施工配合费。

营业线施工配合技术服务费是指铁路营业线、邻近营业线及其他影响铁路营业线设备使用和行车安全施工时，铁路运营单位按照铁路营业线施工安全管理相关规定开展施工配合技术服务工作所需各种人员的工资补贴、交通和误餐补助、管理费等费用。

邻近营业线工程范围，一般情况下为铁路线路路堤坡脚、路堑坡顶、桥梁外缘、设备或设施外援起向外各 20 m 范围内的非爆破工程，铁路线路路堤坡脚、路堑坡顶、铁路桥梁外缘、铁路上方中心线的两侧向外各 1 000 m 范围内的爆破工程。

本项费用按不同工程各类别的计算范围，以编制期人工费与编制期施工机具使用费之和为基数，乘以"146 号文"所列费率计算。

注：具体费率根据工程所在地点、工资水平、安全风险程度、技术服务时间等因素合理确定。

（5）预算总额。

详见后附预算表格。

2. 总预算汇总表

总预算汇总表如表 4-2 所示。

表 4-2　总预算汇总表

建设项目		新建铁路 CZ 线站前施工图预算 （不含先期实施段）		工程总量	29.94 正线公里		
预算总额		241369.31 万元		技术经济指标	8 061.77 万元/正线公里		
总预算编号		CZ_ZGS_26	CZ_ZGS_31				
编制范围		6-2 单元 (D1K98+905.552～ D1K128+828.983)	11 球溪站站房雨棚及照明		合计	技术经济指标/万元	费用比例/%
章别	费用类别	预算价值(万元)					
	第一部分：静态投资	240 033.25	1336.07		241 369.31	8 061.77	100
一	拆迁及征地费用	15 951.46			15 951.46	532.78	6.61
二	路基	52 936.84			52 936.84	1 768.1	21.93
三	桥涵	92 110.79			92 110.79	3 076.51	38.16
四	隧道及明洞	45 928.13			45 928.13	1 534.01	19.03
五	轨道	17 901.28			17 901.28	597.91	7.42
六	通信、信号、信息及灾害监测	581.37			581.37	19.42	0.24
七	电力及电力牵引供电						
八	房屋						
九	其他运营生产设备及建筑物	3 007.33	1 309.9		4 317.23	144.2	1.79
十	大型临时设施和过渡工程	7 147.82			7 147.82	238.74	2.96
十一	其他费用	4 468.23	26.17		4 494.4	150.11	1.86
	以上各章合计	240 033.25	1 336.07		241 369.31	8 061.77	100
十二	基本预备费						
	以上总计	240 033.25	1 336.07		241 369.31	8 061.77	100
	第二部分：动态投资						
十三	价差预备费						
十四	建设期投资贷款利息						
	第三部分：动车组购置费						
十五	动车组购置费						
	第四部分：铺底流动资金						
十六	铺底流动资金						
	预算总额	240 033.25	1 336.07		241 369.31	8 061.77	100

3. 综合预算表

综合预算汇总表如表 4-3 所示。

表 4-3 综合预算汇总表

建设名称		新建铁路 CZ 线站前施工图招标预算（不含先期实施段）	工程总量	29.94 正线公里	编号	站前四标
编制范围		D1K98+905.552～D1K128+828.983	预算总额	241 369.31 万元	技术经济指标	8 061.77 万元/正线公里
章别	节号	工程及费用名称	单位	数量	预算价值(元)	指标(元)
		第一部分：静态投资	正线公里	29.94	2 413 693 139.00	80 617 673.31
一		拆迁及征地费用	正线公里	29.94	159 514 622.00	5 327 809.69
		其中：Ⅰ.建筑工程费	正线公里	29.94	37 978 843.00	1 268 498.43
		Ⅳ.其他费	正线公里	29.94	121 535 779.00	4 059 311.26
	1	拆迁及征地费用	正线公里	29.94	159 514 622.00	5 327 809.69
		其中：Ⅰ.建筑工程费	正线公里	29.94	37 978 843.00	1 268 498.43
		Ⅳ.其他费	正线公里	29.94	121 535 779.00	4 059 311.26
		Ⅰ.建筑工程费	正线公里	29.94	37 978 843.00	1 268 498.43
		一、改移道路	公里	10.58	36 312 736.00	3 432 205.67
		(一)等级公路	公里	0.43	2 060 615.00	4 792 127.91
		1.区间范围	公里	0.43	2 060 615.00	4 792 127.91
		(1)路基	公里	0.43	1 131 992.00	2 632 539.53
		1)土石方	立方米	26 576.00	567 413.00	21.35
		①土方	立方米	12 546.00	148 672.00	11.85
		②石方	立方米	14 030.00	418 741.00	29.85
		2)路基附属工程	元		564 579.00	
		③混凝土	圬工方	813.00	544 601.00	669.87
		⑤绿色防护（绿化）	公里	0.43	4 363.00	10 146.51
		⑥其他	公里	0.43	15 615.00	36 313.95
		(2)路面	平方米	3 260.00	733 635.00	225.04
		（1）垫层	平方米	3 670.00	136 949.00	37.32
		（2）基层	平方米	3 440.00	217 347.00	63.18
		（3）面层	平方米	3 260.00	379 339.00	116.36
		②水泥混凝土路面	平方米	3 260.00	379 339.00	116.36
		(4)圆管涵	横延米	20.00	82 692.00	4 134.60
		(6)沿线设施	米	425.00	112 296.00	264.23
		(二)非等级公路	公里	10.15	34 252 121.00	3 374 593.20
		1.区间范围	公里	9.45	32 985 021.00	3 490 478.41

续表

建设名称	新建铁路CZ线站前施工图招标预算（不含先期实施段）	工程总量	29.94 正线公里	编号	站前四标
	三、砍伐与挖根	元		1 666 107.00	
	(一)区间范围	棵	94 368.00	1 604 433.00	17.00
	(二)站场范围	棵	4 420.00	61 674.00	13.95
	Ⅳ.其他费	元		121 535 779.00	
	一、土地征（租）用及拆迁补偿费	正线公里	29.94	121 535 779.00	4 059 311.26
	（二）拆迁补偿费	元		72 323 779.00	
	2.通信线路	正线公里	29.94	6 551 595.00	218 824.15
	3.电力线路	正线公里	29.94	10 450 000.00	349 031.40
	4.油气管线	处	31.00	55 180 000.00	1 780 000.00
	5.水管线路	公里	0.50	142 184.00	284 368.00
	（三）临时用地费	亩	1 640.40	49 212 000.00	30 000.00
	(3)临时用地补偿	亩	1 640.40	19 684 800.00	12 000.00
	(4)临时用地复垦	亩	1 640.40	29 527 200.00	18 000.00
二	路基	路基公里	10.11	529 368 403.00	52 360 870.72
	其中:Ⅰ.建筑工程费	路基公里	10.11	529 368 403.00	52 360 870.72
	2 区间路基土石方	区间路基公里	9.16	174 488 032.00	19 048 911.79
	其中:Ⅰ.建筑工程费	区间路基公里	9.16	174 488 032.00	19 048 911.79
	Ⅰ.建筑工程费	断面方	4 025 594.00	174 488 032.00	43.34
	一、土方	立方米	917 956.00	9 013 417.00	9.82
	（一）挖土方（弃方）	立方米	907 808.00	8 931 052.00	9.84
	1.开挖土方(运距≤1公里)	立方米	907 808.00	6 218 176.00	6.85
	（2）机械施工	立方米	907 808.00	6 218 176.00	6.85
	2.增运土方(运距＞1公里的部分)	立方米	758 112.00	2 712 876.00	3.58
	（二）挖土方（利用方）	立方米	10 148.00	82 365.00	8.12
	1.开挖土方(运距≤1公里)	立方米	10 148.00	70 765.00	6.97
	（2）机械施工	立方米	10 148.00	70 765.00	6.97
	2.增运土方(运距＞1公里的部分)	立方米	10 148.00	11 600.00	1.14
	二、AB组填料	立方米	344 453.00	56 761 687.00	164.79
	（三）价购	立方米	344 453.00	56 761 687.00	164.79

续表

建设名称	新建铁路CZ线站前施工图招标预算（不含先期实施段）	工程总量	29.94 正线公里	编号	站前四标
	7.其他	处	145.00	3 899.00	26.89
	8.围墙	米	1 809.00	2 551 674.00	1 410.54
三	桥涵	桥梁公里	15.06	921 107 893.00	61 162 542.70
	其中：Ⅰ.建筑工程费	桥梁公里	15.06	921 107 893.00	61 162 542.70
5	特大桥(10)	延长米	8 104.83	493 504 957.00	60 890.23
	其中：Ⅰ.建筑工程费	延长米	8 104.83	493 504 957.00	60 890.23
	二、一般特大桥	延长米	8 104.83	492 358 286.00	60 748.75
	（二）一般双线梁式特大桥	延长米	8 104.83	492 358 286.00	60 748.75
	Ⅰ.建筑工程费	延长米	8 104.83	492 358 286.00	60 748.75
	1.下部工程	延长米	8 104.83	203 348 550.00	25 089.80
	（1）基础	圬工方	66 135.40	135 182 967.00	2 044.03
	①明挖	圬工方	151.50	103 121.00	680.67
	A.混凝土	圬工方	151.50	80 376.00	530.53
	B.钢筋	吨	4.56	22 745.00	4 987.94
	②承台	圬工方	33 426.20	29 675 783.00	887.80
	A.混凝土	圬工方	33 426.20	18 655 048.00	558.10
	B.钢筋	吨	2 209.36	11 020 735.00	4 988.20
	⑤钻孔桩	圬工方	32 557.70	101 151 011.00	3 106.82
	A.陆上	圬工方	32 557.70	101 151 011.00	3 106.82
	⑨挖基	立方米	99 995.50	4 253 052.00	42.53
	（2）墩台	圬工方	58 878.62	68 165 583.00	1 157.73
	①混凝土	圬工方	58 878.62	49 164 362.00	835.01
	②钢筋	吨	3 196.83	19 001 221.00	5 943.77
	2.上部工程	延长米	8 104.83	262 373 845.00	32 372.53
	（1）预应力混凝土简支箱梁	孔	228.00	185 116 570.00	811 914.78
	①制架预应力混凝土简支箱梁	孔	228.00	185 116 570.00	811 914.78
	B.双线	孔	228.00	185 116 570.00	811 914.78
	a.24m	孔	15.00	9 779 441.00	651 962.73
	a)预制	孔	15.00	8 243 851.00	549 590.07
	b)运架	孔	15.00	1 535 590.00	102 372.67
	b.32m	孔	213.00	175 337 129.00	823 179.01

续表

建设名称		新建铁路CZ线站前施工图招标预算（不含先期实施段）	工程总量	29.94正线公里	编号	站前四标
		②增运石方（运距>1km部分）	立方米	100.00	340.00	3.40
		（5）混凝土	圬工方	3 050.70	2 016 951.00	661.14
		（7）台后及锥体填筑	立方米	2 233.50	540 110.00	241.82
		（9）综合接地	处	31.00	114.00	3.68
		（10）其他	延长米	472.97	31 145.00	65.85
		（12）环保工程	立方米	3 578.70	34 553.00	9.66
		4.施工辅助设施	元		98 189.00	
		（3）基础施工辅助设施	元		98 189.00	
		②筑岛	立方米	3 685.00	98 189.00	26.65
	9	涵洞(10)	横延米	242.04	4 409 490.00	18 218.02
		其中:Ⅰ.建筑工程费	横延米	242.04	4 409 490.00	18 218.02
		Ⅰ.建筑工程费	横延米	242.04	4 409 490.00	18 218.02
		甲、新建(10)	横延米	242.04	4 409 490.00	18 218.02
		五、框架涵(8)	横延米	107.64	3 250 016.00	30 193.39
		（一）明挖(8)	顶平米	319.49	3 250 016.00	10 172.51
		1.单孔(8)	顶平米	319.49	3 250 016.00	10 172.51
		（1）涵身及附属	顶平米	319.49	2 283 407.00	7 147.04
		（2）明挖基础（含承台）	立方米	7 061.80	966 609.00	136.88
		八、渡槽(2)	延长米	134.40	1 159 474.00	8 627.04
四		隧道及明洞(4)	隧道公里	4.77	459 281 321.00	96 285 392.24
		其中:Ⅰ.建筑工程费	隧道公里	4.77	459 281 321.00	96 285 392.24
	10	隧道(4)	延长米	4 771.00	459 281 321.00	96 265.21
		其中:Ⅰ.建筑工程费	延长米	4 771.00	459 281 321.00	96 265.21
		甲、新建(4)	延长米	4 771.00	459 281 321.00	96 265.21
		三、2公里<隧长≤3公里的隧道(1)	延长米	2 059.00	173 376 239.00	84 204.10
		（一）一般双线隧道(1)	延长米	2 059.00	173 376 239.00	84 204.10
		Ⅰ.建筑工程费	延长米	2 059.00	173 376 239.00	84 204.10
		1.正洞（钻爆法施工）	延长米	2 001.00	157 037 807.00	78 479.66
		1-1 进口工区施工	延长米	1 037.00	80 193 899.00	77 332.59
		（4）Ⅳ级围岩	延长米	852.00	58 249 649.00	68 368.13

续表

建设名称		新建铁路CZ线站前施工图招标预算（不含先期实施段）	工程总量	29.94 正线公里	编号	站前四标
		（六）桥梁金属声屏障（2.8m）	平方米	4 958.61	8 588 634.00	1 732.06
		（七）桥梁金属声屏障（3.3m）	平方米	3 223.20	5 300 509.00	1 644.49
十		大型临时设施和过渡工程	正线公里	29.94	71 478 151.00	2 387 379.79
		其中：Ⅰ.建筑工程费	正线公里	29.94	71 478 151.00	2 387 379.79
	30	大型临时设施和过渡工程	正线公里	29.94	71 478 151.00	2 387 379.79
		其中：Ⅰ.建筑工程费	正线公里	29.94	71 478 151.00	2 387 379.79
		一、大型临时设施	正线公里	29.94	71 478 151.00	2 387 379.79
		Ⅰ.建筑工程费	正线公里	29.94	71 478 151.00	2 387 379.79
		（二）汽车运输便道	公里	41.55	16 445 882.00	395 809.43
		2.新建引入线	公里	16.80	7 562 072.00	450 123.33
		(2)丘陵地段	公里	16.80	7 562 072.00	450 123.33
		3.改(扩)建便道	公里	7.05	1 665 203.00	236 199.01
		4.利用地方既有道路补偿费	公里	17.70	2 268 607.00	128 169.89
		5.便道临时用地	亩	165.00	4 950 000.00	30 000.00
		（五）临时供电	元		13 989 288.00	
		2.临时电力集中供电	正线公里	29.94	13 989 288.00	467 244.09
		（七）临时场站	处	8.00	34 953 208.00	4 369 151.00
		2.填料集中加工站	处	4.00	3 430 208.00	857 552.00
		3.混凝土集中拌和站	处	3.00	3 861 655.00	1 287 218.33
		5.制(存)梁场	处	1.00	27 661 345.00	27 661 345.00
		（1）箱梁制(存)梁场	处	1.00	27 661 345.00	27 661 345.00
		⑤球溪制(存)梁场	处	1.00	27 661 345.00	27 661 345.00
		（八）隧道污水处理站	处	2.00	4 654 041.00	2 327 020.50
		（十）便桥	米	180.00	1 435 732.00	7 976.29
		2.便桥	米	180.00	1 435 732.00	7 976.29
十一		其他费用	正线公里	29.94	44 943 988.00	1 501 135.20
		其中：Ⅳ.其他费	正线公里	29.94	44 943 988.00	1 501 135.20
	31	其他费用	正线公里	29.94	44 943 988.00	1 501 135.20
		其中：Ⅳ.其他费	正线公里	29.94	44 943 988.00	1 501 135.20
		Ⅳ.其他费	元		44 943 988.00	

续表

建设名称		新建铁路CZ线站前施工图招标预算（不含先期实施段）	工程总量	29.94 正线公里	编号	站前四标
		九、安全生产费	元		44 943 988.00	
		1.按费率计算部分	元		44 943 988.00	
		以上各章合计	正线公里	29.94	2 413 693 139.00	80 617 673.31
		其中：Ⅰ.建筑工程费	正线公里	29.94	2 246 195 939.00	75 023 244.46
		Ⅱ.安装工程费	正线公里	29.94	1 003 503.00	33 517.13
		Ⅲ.设备工器具费	正线公里	29.94	13 930.00	465.26
		Ⅳ.其他费	正线公里	29.94	166 479 767.00	5 560 446.46
十二	32	基本预备费	正线公里	29.94		
		以上总计	正线公里	29.94	2 413 693 139.00	80 617 673.31
		第二部分：动态投资	正线公里	29.94		
十三	33	价差预备费	正线公里	29.94		
十四	34	建设期投资贷款利息	正线公里	29.94		
		第三部分：动车组购置费	正线公里	29.94		
十五	35	动车组购置费	元			
		第四部分：铺底流动资金	正线公里	29.94		
十六	36	铺底流动资金	正线公里	29.94		
		预算总额	正线公里	29.94	2 413 693 139.00	80 617 673.31

4. 单项预算表

单项预算表如表4-4所示。

表4-4　单项预算表

建设名称	新建铁路CZ线站前施工图招标预算（不含先期实施段）		编号	ZGS_01-002	
工程名称	区间路基土石方		工程总量	9.165 区间路基公里	
工程地点			预算价值	174 488 032 元	
所属章节	二章2节		预算指标	19 038 519.59 元/区间路基公里	
单价编号	工作项目或费用名称	单位	数量	费用（元）	
				单价	合价
	区间路基土石方	区间路基公里	9.17	19 038 519.59	174 488 032.00
	Ⅰ.建筑工程费	断面方	4 025 594.00	43.34	174 488 032.00
	一、土方	立方米	917 956.00	9.82	9 013 417.00

续表

建设名称	新建铁路CZ线站前施工图招标预算（不含先期实施段）			编号	ZGS_01-002
	（一）挖土方（弃方）	立方米	907 808.00	9.84	8 931 052.00
	1.开挖土方(运距≤1公里)	立方米	907 808.00	6.85	6 218 176.00
	（2）机械施工	立方米	907 808.00	6.85	6 218 176.00
LY-12	≤2.0 m³挖掘机装车 松土	100 m³	16.40	109.65	1 798.00
LY-33	≤15 t自卸汽车运土 增运1 km	100 m³	16.40	91.72	1 504.00
LY-13	≤2.0 m³挖掘机装车 普通土	100 m³	5 185.14	125.43	650 373.00
LY-34	≤20 t 自卸汽车运土 运距≤1 km	100 m³	5 185.14	282.85	1 466 617.00
LY-14	≤2.0 m³挖掘机装车 硬土	100 m³	3 876.54	138.18	535 661.00
LY-34	≤20 t 自卸汽车运土 运距≤1 km	100 m³	3 876.54	282.85	1 096 479.00
	人工费	元			113 351.00
	施工机具使用费	元			3 639 081.00
	一、定额直接工程费	元			3 752 432.00
	施工机具使用费价差	元			916 645.00
	三、价差合计	元			916 645.00
	直接工程费	元			4 669 077.00
	五、施工措施费	%	3 752 432.00	5.70	213 889.00
	直接费	元			4 882 966.00
	七、间接费	%	3 752 432.00	21.90	821 783.00
	八、税金	%	5 704 749.00	9.00	513 427.00
	九、单项预算价值	元			6 218 176.00
	2.增运土方(运距＞1公里的部分)	立方米	758 112.00	3.58	2 712 876.00
LY-35	≤20 t自卸汽车运土 增运1 km	100 m³	1 437.77	74.51	107 128.00
LY-35*2	≤20 t自卸汽车运土 增运1 km	100 m³	3 069.82	149.01	457 434.00
LY-35*3	≤20 t自卸汽车运土 增运1 km	100 m³	737.47	223.52	164 839.00
LY-35*4	≤20 t自卸汽车运土 增运1 km	100 m³	1 285.86	298.03	383 225.00
LY-35*7	≤20 t自卸汽车运土 增运1 km	100 m³	326.43	521.55	170 250.00
LY-35*9	≤20 t自卸汽车运土 增运1 km	100 m³	723.77	670.56	485 331.00
	施工机具使用费	元			1 768 207.00
	一、定额直接工程费	元			1 768 207.00
	施工机具使用费价差	元			464 280.00
	三、价差合计	元			464 280.00
	直接工程费	元			2 232 487.00
	五、施工措施费	%	1 768 207.00	3.60	63 655.00

续表

建设名称	新建铁路 CZ 线站前施工图招标预算（不含先期实施段）		编号		ZGS_01-002
	直接费	元			2 296 142.00
	七、间接费	%	1 768 207.00	10.90	192 735.00
	八、税金	%	2 488 877.00	9.00	223 999.00
	九、单项预算价值	元			2 712 876.00
	（二）挖土方（利用方）	立方米	10 148.00	8.12	82 365.00
	1.开挖土方(运距≤1公里)	立方米	10 148.00	6.97	70 765.00
	（2）机械施工	立方米	10 148.00	6.97	70 765.00
LY-14	≤2.0 m³ 挖掘机装车 硬土	100 m³	101.48	138.18	14 023.00
LY-34	≤20 t 自卸汽车运土 运距≤1 km	100 m³	101.48	282.85	28 704.00
	人工费	元			1 360.00
	施工机具使用费	元			41 367.00
	一、定额直接工程费	元			42 727.00
	施工机具使用费价差	元			10 403.00
	三、价差合计	元			10 403.00
	直接工程费	元			53 130.00
	五、施工措施费	%	42 727.00	5.70	2 435.00
	直接费				55 565.00
	七、间接费	%	42 727.00	21.90	9 357.00
	八、税金	%	64 922.00	9.00	5 843.00
	九、单项预算价值	元			70 765.00

4.4 单项预算费用分析

建筑安装工程费由直接费、间接费、税金组成，直接费由直接工程费、施工措施费、特殊施工增加费组成。

4.4.1 直接工程费

直接工程费是指施工过程中耗费的构成工程实体的各项费用，包括人工费、材料费、施工机具使用费、价外运杂费和填料费。

1. 人工费

人工费指直接从事建筑安装工程施工的生产工人开支的各项费用。具体计算公式为

$$人工费 = \sum 定额人工消耗量 \times 综合工费单价 \qquad (4-1)$$

（1）综合工费的组成内容。

综合工费包括基本工资、津贴和补贴、生产工人辅助工资、职工福利费、生产工人劳动保护费。

① 基本工资，指按工资区类别和岗位技能标准确定的工资。

② 津贴和补贴，指按规定标准发放的流动施工津贴、隧道津贴、副食品价格补贴、煤燃气补贴、住房补贴、交通费补贴及特殊地区津贴和补贴。

③ 生产工人辅助工资，是指生产工人年有效施工天数以外非作业天数的工资。包括开会和执行必要的社会义务时间的工资，职工学习、培训期间的工资，调动工作、探亲、休假期间的工资，因气候影响的停工工资，女工哺乳期间的工资，由行政直接支付的病（6个月以内）、产、婚、丧假期间的工资。

④ 职工福利费，是指按规定标准计提的职工福利基金和医药费基金。

⑤ 生产工人劳动保护费，是指按国家有关部门规定标准发放的劳动保护用品的购置费、修理费、服装补贴、防暑降温费、在有碍身体健康环境中施工的保健费用等。

（2）综合工费标准。

基期综合工费单价见表4-5。

表4-5 基期综合工费单价表

综合工费类别	工程类别	综合工费标准（元/工日）
Ⅰ类工	路基（不含路基基床表层及过渡段的级配碎石、砂砾石），涵洞，一般生产房屋和附属，给排水，站场（不含旅客地道、天桥、雨篷）等的建筑工程，取弃土（石）场处理，大临工程	66
Ⅱ类工	路基基床表层及过渡段的级配碎石、砂砾石	68
Ⅲ类工	桥梁（不含箱梁的预制、运输、架设、现浇、桥面系），通信、信号、信息、灾害监测、电力、电力牵引供电、机务、车辆、动车、工务、其他建筑及设备等的建筑工程	70
Ⅳ类工	设备安装工程（不含通信、信号、信息、灾害监测、电力、电力牵引供电的设备安装工程）	71
Ⅴ类工	箱梁（预制、运输、架设、现浇）、钢梁、钢管拱架设、桥面系、粒料道床，站房（含站房综合楼），旅客地道、天桥、雨篷	73
Ⅵ类工	轨道（不含粒料道床），通信、信号、信息、灾害监测、电力、电力牵引供电的设备安装工程	77
Ⅶ类工	隧道	82

注：① 表中的基期综合工费单价，不包含特殊地区津贴、补贴。特殊地区津贴、补贴按国家有关部门和省（自治区、直辖市）规定计算，按人工费价差计列。海拔3 000 m及以上高原地区工资补贴以综合工费单价40%的基本工资为基数，按表4-6列出的补贴比例计算。计列高原地区工资补贴后，不再计列该地区生活费补贴和艰苦边远地区津贴。

② 掘进机、盾构机施工的隧道综合工费单价应结合相应定额及工程实际情况另行分析确定。

③ 过渡工程综合工费单价按其同类正式工程综合工费单价计列。

④ TZJ 3001—2017中"基期综合工费单价"表中，列出的工程类别之外的其他工程，如单独的拆除工程、零星用工等，执行Ⅰ类工单价。

表 4-6 高原地区工资补贴比例

海拔高度/m	工资补贴比例
3 000（含）～3 500（含）	70%
3 500（含）～4 000（含）	100%
4 000（含）～4 500（含）	140%
4 500 以上	165%

2. 材料费

材料费指按施工过程中耗费的构成工程实体的原材料、辅助材料、构配件、零件和半成品、成品的费用以及不构成工程实体的一次性材料消耗费用和周转材料摊销费用等。

$$\text{材料费} = \sum \text{定额材料消耗量} \times \text{材料预算价格} \tag{4-2}$$

（1）材料预算价格的组成。

材料预算价格由材料原价、运杂费、采购及保管费组成。

$$\text{材料预算价格} = (\text{材料原价} + \text{价内运杂费}) \times (1 + \text{采购及保管费率}) \tag{4-3}$$

① 材料原价，指材料的出厂价或指定交货地点的价格，对同一种材料，因产地、供应渠道不同而出现几种原价时，其综合原价可按其供应量的比例加权平均确定。

② 价内运杂费，指材料自来源地（生产厂或指定交货地点）运至工地所发生的计入材料费的有关费用，包括运输费、装卸费及其他有关运输费用。

③ 采购及保管费，指材料在采购、供应和保管过程中所发生的各种费用，包括采购费、仓储费、工地保管费、运输损耗费、仓储损耗费，以及办理托运所发生的费用（如由托运单位负担的包装、捆扎、支垫等的料具耗损费，从钢厂到焊轨基地的钢轨座架使用费、转向架租用费和托运签条）等。采购及保管费率见表 4-7。

表 4-7 采购及保管费率

序号	材料名称	费率
1	水泥	3.78%
2	碎石（包括道砟及中、小卵石）	3.45%
3	砂	4.47%
4	砖、瓦、石灰	4.98%
5	钢轨、道岔、轨枕、钢梁、钢管拱、斜拉索、钢筋混凝土梁、铁路桥梁支座、电杆、铁塔、钢筋混凝土预制桩、接触网支柱及硬横梁、机柱	1.10%
6	其他材料	2.65%

注：价外运杂费的采购及保管费率同本表。

（2）材料预算价格的确定。

① 水泥、木材、钢材、砖、瓦、石、石灰、粉煤灰、风沙路基防护用稻草（芦苇）、

黏土、花草苗木、土木材料、钢轨、道岔、轨枕、钢轨扣件（混凝土枕用）、钢梁、钢管拱、斜拉索、桥梁高强螺栓、钢筋混凝土梁、铁路桥梁支座、桥梁防水卷材、桥梁防水涂料、钢筋混凝土预制桩、隧道防水板、火工品、电杆、铁塔、机柱、接触网支柱、接触网及电力线材、光电缆线、给水排水管材等材料、钢制防护栅栏网片等主要材料的基期价格采用现行的《铁路工程材料基期价格》（TZJ 3003—2017），编制期价格采用不含可抵扣进项税额的价格，由设计单位调查分析确定。若调查价格中未含采购及保管费，要计算其按不含可抵扣进项税额的调查价格计取的采购及保管费；若调查价格为指定交货地点（非工地）的价格，还需在单项概（预）算中单独计算由指定交货地点运至工地所发生的价外运杂费。

② 施工机械用油燃料的预算价格为包含该材料全部运杂费和采购及保管费的价格。基期价格按《铁路工程材料基期价格》（TZJ 3003—2017）执行，编制期价格采用不含可抵扣进项税额的价格，由设计单位调查分析确定。编制期价格与基期价格的差额按价差计列，计入施工机具使用费价差中。

③ 除上述材料以外的其他材料（辅助材料）的预算价格为包含该材料全部运杂费和采购及保管费的价格。基期价格采用《铁路工程材料基期价格》（TZJ 3003—2017），其编制期与基期的价差按有关部门颁布的辅助材料价差系数计算。

3．施工机具使用费

施工机具使用费指施工作业所发生的施工机械、仪器仪表的使用费或其租赁费。

$$施工机具使用费=施工机械使用费+施工仪器仪表使用费 \quad (4-4)$$
$$施工机械使用费=\Sigma 定额施工机械台班消耗量\times 施工机械台班单价 \quad (4-5)$$
$$施工仪器仪表使用费=\Sigma 定额施工仪器仪表台班消耗量$$
$$\times 施工仪器仪表台班单价 \quad (4-6)$$

编制期施工机具使用费与基期施工机具使用费差额按施工机具使用费价差计列。

（1）施工机械台班费用的组成。

施工机械台班费用由折旧费、检修费、维护费、安装拆卸费、人工费、燃料动力费、其他费组成。

① 折旧费。

指施工机械在规定的耐用总台班内陆续收回其预算价格的费用。

② 检修费。

检修费指施工机械在规定的耐用总台班内，按规定的检修间隔进行必要的检修，以恢复其正常功能所需的费用。

③ 维护费。

维护费指机施工机械在规定的耐用总台班内，按规定的维护间隔进行各级维护和临时故障排除所需的费用，包括为保障机械正常运转所需替换设备与随机配备工具附具的摊销费用、机械运转及日常维护所需润滑与擦拭的材料费用及机械停滞期间的维护费用等。

④ 安装拆卸费。

安装拆卸费指施工机械在现场进行安装与拆卸所需的人工、材料、机械和试运转费用以及机械辅助设施的折旧、搭设、拆除等费用。

⑤ 人工费。

人工费指机上司机（司炉）和其他操作人员的人工费。

⑥ 燃料动力费。

燃料动力费指施工机械在作业中所耗用的燃料及水、电等费用。

⑦ 其他费。

其他费指施工机械按照国家规定应交纳的车船税、保险费及检测费等。

（2）施工仪器仪表台班费用的组成。

施工仪器仪表台班费用由折旧费、维护费、校验费、动力费组成。

① 折旧费：指施工仪器仪表在规定的耐用总台班内，陆续收回其预算价格的费用。

② 维护费：指施工仪器仪表各级维护、临时故障排除所需的费用及为保证仪器仪表正常使用所需备件（备品）的维护费用。

③ 校验费：指施工仪器仪表按规定进行标定与检验的费用。

④ 动力费：指施工仪器仪表在使用过程中所耗用的电费。

（3）施工机械台班单价及施工仪器仪表台班单价的取定。

编制设计概（预）算以《铁路工程施工机具台班费用定额》（TZJ 3004—2017）作为计算施工机械台班单价及施工仪器仪表台班单价的依据。以《铁路工程材料基期价格》（TZJ 3003—2017）中的油燃料价格及（《费用定额》TZJ 3001—2017）的基期综合工费单价、基期水、电单价等计算出的台班单价作为基期施工机械台班单价及基期施工仪器仪表台班单价；以编制期的折旧费、综合工费单价、油燃料价格、水电单价等计算出的台班单价作为编制期施工机械台班单价及编制期施工仪器仪表台班单价。编制期的折旧费以基期折旧费为基数乘以表4-8系数计算。

表4-8 施工机具折旧费调差系数表

施工组织设计的建设项目开工日期	施工机械折旧费调差系数
2016年5月1日~2017年4月30日	1.128
2017年5月1日~20IS年4月30日	1.111
2018年5月1日~2019年4月30日	1.094
2019年5月1日~2020年4月30日	1.077
2020年5月1日~2021年4月30日	1.060
2021年5月1日~2022年4月30日	1.043
2021年5月1日~2023年4月30日	1.026
2023年5月1日~2024年4月30日	1.013
2024年5月1日~202i年4月30同	1.004
2025年5月1日以后	1.000

4. 工程用水、电综合单价

（1）工程用水综合单价。

工程用水基期单价为 0.35 元/吨，该单价仅为扬程 20 m 及以下的抽水费用。一般地区编制期工程用水单价应在基期单价基础上另加按国家或工程所在地区的省（自治区、直辖市）政府有关规定计取的水资源费。

特殊缺水地区（指区域地表水及地下水资源匮乏的地区），或取水困难的工程（指区域浅层地下水缺乏且地表水水源远离线路的工程），可按施工组织设计确定的供水方案，分析不含可抵扣进项税额编制期工程用水单价，并计列相关大型临时工程（如给水干管路、深水井等）等费用。必须使用自来水的，应按当地规定的自来水价格分析不含可抵扣进项税额编制期工程用水单价。

编制期用水单价与基期用水单价之差按价差计列。属于材料消耗用水的，计入材料费价差；属于施工机具消耗用水的，计入施工机具使用费价差。

（2）工程用电综合单价。

工程用电基期单价为 0.47 元/(kW·h)。

编制期单价可根据施工组织设计所确定的供电方案，按下述工程用电单价分析办法，计算出各种供电方式的单价。

① 采用地方电源的电价算式：

$$Y_{地}=Y_{基}(1+c)+f_1 \tag{4-5}$$

式中　$Y_{地}$——采用地方电源的电价（元/度）；

　　　$Y_{基}$——不含可抵扣进项税额的地方县级及以上供电部门基本电价（元/度）；

　　　c——变配电设备和线路损耗率，7%；

　　　f_1——变配电设备的修理、安装、拆除，设备和线路的运行维修的摊销费等，0.03 元/度）。

② 采用内燃发电机临时集中发电的电价算式：

$$Y_{集}=(Y_1+Y_2+Y_3+\cdots+Y_n)/W(1-R-c)+S+f_1 \tag{4-6}$$

式中　$Y_{集}$——临时内燃集中发电站的电价（元/度）；

　　　Y_1、Y_2、Y_3、…、Y_n——各型发电机的台班费（元）；

　　　W——各型发电机的总发电量（kW·h），其值为：

$$W=(N_1+N_2+N_3+\cdots+N_n)\times 8\times B\times M$$

其中：N_1、N_2、N_3、…、N_n——各型发电机的额定能力（kW）；

　　　B——台班小时的利用系数 0.8；

　　　M——发电机的出力系数 0.8；

　　　R——发电站的用电率，5%；

　　　S——发电机的冷却水费，0.02 元/度。

③ 采用分散发电的电价算式：

$$Y_{分}=Y_1+Y_2+Y_3+\cdots+Y_n/(W_1+W_2+W_3+\cdots+W_n)(1-c)+S+f_1 \tag{4-7}$$

式中　$Y_分$——分散发电的电价（元/kW·h）；
　　　Y_1、Y_2、Y_3、…、Y_n——各型发电机的台班费（元）；
　　　W_1、W_2、W_3、…、W_n——各型发电机的台班产量（kW·h），
其值为 $W_i = 8 \times B_i \times M \times N_i$
　　其中：B_i——某种型号发电机台班小时的利用系数，由设计确定；
　　　　　N_i——各型发电机的额定能力（kW），由设计确定。
编制期用电单价与基期用电单价之差按价差计列。属于材料消耗用电的，计入材料费价差；属于施工机具消耗用电的，计入施工机具使用费价差。

5. 价外运杂费

指根据设计需要，在编制单项概预算时，需要在材料费之外单独计列的材料运杂费，包括材料自指定交货地点，运至工地所发生的运输费，装卸费，其他有关运输费用，以及为简化概预算编制，以该运输费，装卸费，其他有关运输费用之和为基数计算的采购及保管费。

$$价外运杂费 = （运输费 + 装卸费 + 其他有关运输费用）\times (1 + 采购及保管费费率) \qquad (4-10)$$

价外运杂费的计算规定如下：

（1）火车运输价格。

火车运价分营业线火车、临管线火车、工程列车、其他铁路四种。

① 营业线火车。

按现行《铁路货物运价规则》的有关规定计算，计算公式如下：

$$营业线火车运价 = K_1 \times (基价_1 + 基价_2 \times 运价里程) + 附加费运价 \qquad (4-11)$$

其中　附加费运价 = $K_2 \times$（电气化附加费费率×电气化里程 + 新路新价均摊运价率×运价里程 + 铁路建设基金费率×运价里程）

单片梁重超过 120 t 32 m T 梁的营业线火车运价 = $K_1 \times$（基价$_1$ + 基价$_2$ × 运价里程）+ $K_2 \times$（电气化附加费费率×电气化里程 + 新路新价均摊运价率×运价里程 + 铁路建设基金费率×运价里程 + D 型长大货物车使用费单价×运价里程）+ D 型长大货物车空车回送费

公式计算有关说明：

a. 各种价格、费率均为不含可抵扣进项税额的价格、费率。

b. 各种材料计算货物运价所采用的综合系数 K_1、K_2 见表 4-9。

c. 电气化附加费按该批货物经由国家铁路正式营业线和实行统一运价的运营临管线电气化区段的运价里程合并计算。

d. 货物运价、电气化附加费率、新路新价均摊运价率、铁路建设基金费率、D 型长大货物车空车回送费等按《铁路货物运价规则》等有关规定执行。

e. 计算货物运输费用的运价里程，由发料地点起算，至卸料地点止，按《铁路货物运价规则》的有关规定计算。其中，区间（包括区间岔线）装卸材料的运价里程，应由发料地点的后方站起算，至卸料地点的前方站（均系指办理货运业务的营业站）止。

表 4-9　火车运输综合系数表

序号	项目分类名称	综合系数 K_1	综合系数 K_2
1	砖、瓦、石灰、砂石料	1.00	1.00
2	道砟	1.20	1.20
3	钢轨（≤25 m）、道岔、轨枕、钢梁、电杆、机柱、钢筋混凝土管桩、接触网圆形支柱	1.08	1.08
4	100 m 长定尺钢轨	1.80	1.80
5	500 m 长钢、25 m 轨排	1.43	1.43
6	单片梁重≥120 吨 32 米 T 梁	3.01	1.47
7	其他钢筋混凝土 T 梁	3.48	1.64
8	接触网方形支柱、铁塔、硬横梁	2.35	2.35
9	接触网及电力线材、光电缆线	2.00	2.00
10	其他材料	1.05	1.05

注：K_1 包含了游车、超限、限速和不满载等因素；K_2 只包含不满载及游车因素。火车运土的综合系数 K_1、K_2，比照"砖、瓦、石灰、砂石料"确定。各类材料的运价号按《铁路货物运价规则》的有关规定确定。

② 临管线火车。

临管线火车运价应执行批准的运价，扣除可抵扣进项税额后确定。运价里程应按发料地点起算，至卸料地点止，区间卸车算至区间工地。

③ 工程列车。

工程列车运价包括机车、车辆的使用费，乘务员及有关行车管理人员的工资、津贴和差旅费，线路及有关建筑物和设备的养护维修费、折旧费以及有关运输的管理费用。运价里程应按发料地点起算，至卸料地点止，区间卸车算至区间工地。工程列车运价按不含可抵扣进项税额的营业线火车运价（不包括铁路建设基金、电气化附加费、限速加成等）的 1.4 倍计算。

$$\text{工程列车运价} = 1.4 \times K_2 \times (\text{基价}_1 + \text{基价}_2 \times \text{运价里程}) \tag{4-12}$$

其中　单片梁重超过 120 t 32 m T 梁的工程列车运价=$1.4 \times K_2 \times$（基价$_1$+基价$_2 \times$运价里程+D 型长大货物车使用费单价×运价里程）

以上价格均应为不含可抵扣进项税额的价格。

④ 其他铁路。

其他铁路运价按该铁路运营主管部门的相关价格执行，在编制设计概（预）算时应扣除其中包含的可抵扣进项税额。

（2）汽车运输价格。

汽车综合运价率按《汽车运价规则》或市场调查资料确定。为简化概（预）算编制，可按下列计算公式分析汽车运价：

汽车运价=公路综合运价率×公路运距+汽车运输便道综合运价率×汽车运输便道运距

公式计算说明：

① 公路综合运价率：材料运输道路为公路时，考虑过路过桥费等因素，以建设项目所在地不含可抵扣进项税额的汽车运输单价乘以 1.05 的系数计算。

② 汽车运输便道综合运价率：材料运输道路为汽车运输便道时，结合地形、道路状况等因素，按当地不含可抵扣进项税额的汽车运输单价乘以 1.2 的系数计算。

③ 公路运距：应按发料地点起算，至卸料地点止所途经的公路长度计算。运距以公里为单位，尾数不足 1 km 的，取四舍五入后的值。

④ 汽车运输便道运距：应按发料地点起算，至卸料地点止所途经的汽车运输便道长度计算。运距以公里为单位，尾数不足 1 km 的，取四舍五入后的值。

（3）船舶运输价格。

船舶运价及渡口等收费价格按工程所在地的有关市场价格执行，在编制设计概（预）算时应扣除其中包含的可抵扣进项税额。

（4）其他运输价格。

材料运输过程中，因确需短途接运而采用的双（单）轮车、单轨车、大平车、轻轨斗车、轨道平车、小型运输车、人力挑抬等运输方法的运价，可另行分析确定，但应扣除其中包含的可抵扣进项税额。

（5）装卸费单价。

① 火车、汽车装卸单价，按表 4-10 所列单价计算。

表 4-10 火车、汽车装卸费单价   单位：元/t

一般材料	钢轨、道岔、接触网支柱	其他 1t 以上的构件
3.4	12.5	8.4

注：其中装占 60%，卸占 40%。

② 水运等的装卸单价，按工程所在地的有关市场价格执行，在编制设计概（预）算时应扣除其中包含的可抵扣进项税额。

③ 双（单）轮车、单轨车、大平车、轻轨斗车、轨道平车、小型运输车、人力挑抬等运输方法的装卸单价，可另行分析确定，但应扣除其中包含的可抵扣进项税额。

（6）其他有关运输费用。

① 取送车费（调车费）。

用铁路机车往专用线、货物支线（包括站外出岔）或专用铁路的站外交接地点调送车辆时，核收取送车费。计算取送车费的里程，应自车站中心线起算，到交接地点或专用线最长线路终端止，里程往返合计（以公里计）。取送车费按《铁路货物运价规则》计列，在编制设计概（预）算时应扣除其中包含的可抵扣进项税额。

② 汽车运输的渡船费。

按工程所在地的有关市场价格执行，在编制设计概（预）算时应扣除其中包含的可抵扣进项税额。

③ 长钢轨供应有关费用按有关费用定额分析计列，但不应包含可抵扣进项税额。

（6）价外运杂费计算其他说明。

① 单项材料价外运杂费单价的编制范围,原则上应与总概(预)算的编制单元相对应。单独编制单项概(预)算的桥隧工程等应按工点材料供应方案计算价外运杂费;其他桥隧工程可先按工点材料供应计算运距,然后按单项概(预)算的编制单元(同类型结构)加权平均计算价外运杂费;路基、涵洞、轨道等工程(含站后工程),可按正线每公里用料量相等供应方案来求算各类材料的平均运距,计算价外运杂费。

② 运输方式和运输距离要经过调查、比选,综合分析确定。以经济合理的,并且符合工程要求的材料来源地作为计算价外运杂费的起运点。

③ 分析各单项材料运杂费单价,应按施工组织设计所拟定的材料供应计划,对不同的材料品类及不同的运输方法分别计算平均运距。

④ 长钢轨供应有关费用,是特指在合理的施工组织和正常的施工条件下,单根长度200 m及以上长钢轨从焊轨基地供应到铺轨基地所发生的部分费用,包含:长钢轨供应过程中的座架使用、维修维护费,座架倒装费,长钢轨装车费,取送车费,焊轨基地场内机车使用费,管理费等。

⑤ 旧轨件的运杂费,其重量应按设计轨型计算。如设计轨型未确定,可按代表性轨型的重量,其运距由调拨地点的车站起算。如未明确调拨地点者,可按以下原则编列:

a. 已确调拨的铁路局,但未明确调拨地点者,则由该铁路局所在地的车站起算;

b. 未明确调拨的铁路局者,则按工程所在地区的铁路局所在地的车站起算。

6. 填料费

填料费指购买不作为材料对待的土方、石方、渗水料、矿物料等填筑用料所支出的费用。

设计为临时占地取填料者,其发生的填料费应按临时占地费计算,包括租用土地、青苗补偿、拆迁补偿、复垦及其他所有与土地有关的费用等。该临时占地费不应纳入本章填料费中,而应纳入第一章临时用地费项下。

$$填料费 = \Sigma 填料消耗量 \times 填料价格 \quad (4-13)$$

计算填料费时需注意:若填料消耗量为压实方数量,购买填料的数量为天然密实方数量时,应进行换算。填料价格采用不含可抵扣进项税额的价格,由设计单位调查分析确定。

4.4.2 施工措施费

为完成铁路建设工程施工,发生于该工程施工前和施工过程中的需综合计算的费用。施工措施费所包含的内容,为需综合计算的费用,而需独立计算的施工措施性费用应根据设计工程数量套用相关定额单独计算,如脚手架、施工栈桥、基坑排水降水等。

1. 施工措施费的内容

(1)冬雨季施工增加费。

冬雨季施工增加费是指建设项目的某些工程需在冬季、雨季施工,为保证工程质量,按相关规范、规程中的冬雨季施工要求,需要采取的防寒、保温、防雨、防潮和防护措施,不需改变技术作业过程的人工与机械的功效降低等,所需增加的有关费用。而由于改变技术作业过程所增加的费用则需另外分析计算。

（2）夜间施工增加费。

夜间施工增加费是指必须在夜间连续施工或在隧道内铺碴、铺轨、敷设电线、电缆，架设接触网等工程，所发生的工作效率降低、夜班津贴，以及增设照明设施（包括所需照明设施的装拆、摊销、维修及油燃料、电）等增加的有关费用。

（3）小型临时设施费。

小型临时设施费是指施工企业为进行建筑安装工程施工，所必须修建的生产和生活用的一般临时建筑物、构筑物和其他小型临时设施所发生的费用。

小型临时设施包括：

① 为施工及施工运输（包括临管）所需修建的临时生活及居住房屋，文化教育及公共房屋（如职工宿舍、食堂、开水间、洗衣房、卫生间、洗浴室、多功能室、广播室、会议室、资料室、看护房屋、文体活动场所等）和办公、生产房屋（如办公室、实验室、货运室、发电站、变电站、空压机站、料库、火工品库、车库等房屋，铺架工程临时调动房屋，材料棚、停机棚、加工棚等，不包括轨枕预制场、轨道板预制场、管片预制场的主体厂房，工地内沿线纵向运输便道，吨位≥10 t 或长度≥100 m 的龙门吊走行线，井深≥50 m 的深水井，临时场站生产区的占地费等大型临时设施费用。

② 为施工及施工运输而修建的小型临时设施，如通往涵洞工程和施工队伍驻地以及料库、车库等的运输便道引入线（含便桥、涵），列入大临的工地内沿线纵向运输便道（含便桥、涵）、轻便轨道、吨位<10 t 或长度<100 m 龙门吊走行线，由干线到工地或施工队伍驻地的电力线、地区通信线和达不到大临给水干管路要求的给水管路等。

③ 为施工及施工运输（包括临管）而修建的临时建筑物、构筑物。如临时给水设施（水塔、水池、井深<50 m 的水井等），临时排水沉淀池，隔油池，钻孔用泥浆池、沉淀池，临时整备设施（检修、上油、上砂等设施），临时信号、临时通信（指地区线路及引入部分），临时供电，临时站场建筑，接触网预配场，杆塔存放场地，分散的预制构件存放场，钢结构等加工场，架桥机等大型机械设备安拆拼装场地及配套设施等。

④ 其他。

大型临时设施和过渡工程项目内容以外的临时设施。

小型临时设施费用包括：

① 小型临时设施的场地土石方、地基处理、硬化面、圬工等的工程费用，及小型临时设施的搭设、移拆、维修、摊销及拆除恢复等费用。

② 因修建小型临时设施而发生的租用土地、青苗补偿、拆迁补偿、复垦及其他所有与土地有关的费用等，不含大型临时设施中临时场站生产区的土地有关费用。

（4）工具、用具及仪器、仪表使用费。

工具、用具及仪器、仪表使用费是指施工生产所需不属于固定资产的生产工具、检验用具及仪器、仪表等的购置、摊销和维修费，以及支付给生产工人自备工具的补贴费。

（5）工程定位复测、工程点交、场地清理费。

（6）文明施工及施工环境保护费。指现场文明施工费用及防噪声、防粉尘、防振动干扰、生活垃圾清运排放等费用。

（7）已完工程及设备保护费。指现场文明施工费用及防噪声、防粉尘、防振动干扰、生活垃圾清运排放等费用。

（8）已完工程及设备保护费。指竣工验收前，对已完工程及设备进行保护所需费用。

2. 施工措施费的计算

施工措施费分不同工程类别按下式计算：

$$\text{施工措施费}=(\text{基期人工费}+\text{基期施工机械使用费})\times\text{施工措施费费率} \quad (4-14)$$

施工措施费费率根据施工措施费地区划分表（见表4-11），按4-12所列费率计算。

表4-11 施工措施费地区划分表

地区编号	地域名称
1	上海、江苏、河南、山东、陕西（不含榆林市、延安市）、浙江、安徽、湖北、重庆、云南（不含昭通市、迪庆藏族自治州、贡山独龙族怒族自治县、宁蒗彝族自治县）、贵州（不含毕节市）、四川（不含凉山彝族自治州西昌市以西地区、阿坝藏族羌族自治州、甘孜藏族自治州、雅安市宝兴县、绵阳市的平武县和北川羌族自治县）
2	广东、广西、海南、福建、江西、湖南
3	北京、天津、河北（不含张家口市、承德市）、山西（不含大同市、朔州市、忻州市原平以西各县）、陕西延安市、甘肃（不含酒泉市、嘉峪关市、张掖市、金昌市、武威市、甘南藏族自治州、临夏回族自治州积石山保安族东乡族撒拉族自治县、临夏县、和政县、定西市岷县及漳县、陇南市文县）、宁夏、贵州毕节市、云南昭通市、迪庆藏族自治州（不含德钦县）、贡山独龙族怒族自治县、宁蒗彝族自治县、四川凉山彝族自治州西昌市以西地区、阿坝藏族羌族自治州（不含壤塘县、阿坝县、若尔盖县）、甘孜藏族自治州（不含石渠县、德格县、甘孜县、白玉县、色达县、理塘县）、雅安市宝兴县、绵阳市的平武县和北川羌族自治县、新疆和田地区、喀什地区（含图木舒克市）、吐鲁番市、巴音郭楞蒙古自治州（不含若羌县、且末县）
4	河北张家口市（不含康保县）、承德市（不含围场满族蒙古族自治县）、山西大同市、朔州市、忻州市原平以西各县、陕西榆林市、辽宁、内蒙古呼和浩特市、包头市、乌海市、巴彦淖尔市、鄂尔多斯市、阿拉善盟
5	新疆阿克苏地区（含阿拉尔市）、克孜勒苏柯尔克孜自治州、伊犁哈萨克自治州、哈密市、甘肃酒泉市（不含阿克塞哈萨克族自治县、肃北蒙古族自治县马鬃山镇以外地区）、嘉峪关市、张掖市（不含肃南裕固族自治县皇城镇、山丹县及民乐县南部山区）、金昌市、武威市（不含天祝藏族自治县）
6	河北张家口市康保县、承德市围场满族蒙古族自治县、内蒙古赤峰市、乌兰察布市、通辽市、兴安盟、锡林郭勒盟锡林浩特以南各旗（县）甘肃甘南藏族自治州、酒泉市阿克塞哈萨克族自治县及肃北蒙古族自治县马鬃山镇以外地区、张掖市肃南裕固族自治县皇城镇和山丹县及民乐县南部山区、武威市天祝藏族自治县、临夏回族自治州积石山保安族东乡族撒拉族自治县、临夏县及和政县、定西市岷县及漳县、陇南市文县，吉林，青海西宁市、海东市、黄南藏族自治州、海南藏族自治州、海北藏族自治州（不含祁连县、门源回族自治县）、海西蒙古族藏族自治州格尔木一都兰及以北地区（不含大柴旦一德令哈一天峻以北地区），新疆乌鲁木齐市（含石河子市）昌吉回族自治州（含五家渠市）、博尔塔拉蒙古自治州（不含温泉县）、塔城地区、克拉玛依市、巴音郭楞蒙古自治州若羌县及且末县、西藏林芝市雅鲁藏布江以南地区、山南市错那县、云南迪庆藏族自治州德钦县、四川甘孜藏族自治州石渠县、德格县、甘孜县、白玉县、色达县、理塘县、阿坝藏族羌族自治州壤塘县、阿坝县、若尔盖县
7	黑龙江（不含大兴安岭地区），内蒙古呼伦贝尔市阿尔山一图里河一线以东各旗（县）锡林郭勒盟锡林浩特及以北各旗（县）新疆阿勒泰地区（含北屯市）博尔塔拉蒙古自治州温泉县，青海海西蒙古族藏族自治州格尔木一都兰以南地区（不含唐古拉山镇）及大柴旦一德令哈一天峻以北地区、玉树藏族自治州（不含曲麻莱县及其以西地区）、果洛藏族自治州（不含玛多县）、西藏拉萨市（不含当雄县）、昌都市、林芝市雅鲁藏布江及以北地区、山南市（不含错那县）、日喀则市（不含萨嘎县、仲巴县、昂仁县、谢通门县）
8	内蒙古呼伦贝尔市阿尔山一图里河及以西各旗（县），黑龙江大兴安岭地区，青海玉树藏族自治州曲麻莱县及其以西地区、海北藏族自治州祁连县、门源回族自治县、果洛藏族自治州玛多县、海西蒙古族藏族自治州格尔木市辖的唐古拉山镇，西藏拉萨市当雄县、阿里地区、那曲地区、日喀则市其余地区（萨嘎县、仲巴县、昂仁县、谢通门县）

表 4-12 施工措施费费率

类别代号	工程类别	地区编号 1	2	3	4	5	6	7	8	附注
		费率（%）								
1	人力施工土石方	8.0	8.3	10.2	11.2	11.3	12.6	12.9	13.5	包括人力拆除工程，绿色防护，各类工程中单独挖填的土石方，石方爆破工程
2	机械施工土石方	5.7	6.1	9.2	10.1	10.3	12.5	13.0	13.8	包括机械拆除工程，填级配碎石、砂砾石、渗水土，公路路基路面，各类工程中单独挖填的土石方、综合维修通道、大临土石方工程
3	汽车运输土石方采用定额"增运"部分	3.6	3.5	3.8	4.4	4.5	4.8	4.9	5.4	仅指区间路基土石方及站场土石方，包括隧道出渣洞外运输
4	特大桥、大桥下部建筑	6.7	5.9	8.3	9.2	9.7	9.7	9.8	10.0	含附属工程
5	预制混凝土梁	13.6	10.7	19.1	21.0	22.8	22.9	23.2	23.7	含各种桥梁桥面系、支座、梁的横向连接和湿接缝
6	现浇混凝土梁	10.3	8.0	14.5	16.0	17.4	17.5	17.7	18.1	包括分段预制后拼接的混凝土梁
7	运架混凝土简支箱梁	4.1	4.1	4.2	4.5	4.6	4.8	4.9	5.1	
8	隧道、明洞、棚洞，自采砂石	6.8	6.6	7.1	7.7	7.8	7.8	7.9	7.9	不含隧道的照明、通风与空调等工程，不含掘进机、盾构施工的隧道
9	路基附属工程（不含附属土石方）	7.4	6.9	8.2	8.8	8.9	9.0	8.9	8.9	含区间线路防护栅栏、与路基同步施工的接触网支柱基础等
10	框架桥、公路桥、中小桥下部（含附属工程），涵洞，轮渡码头，一般生产房屋和附属、给排水、工务、站场、其他建筑物等建筑工程	7.2	6.7	8.2	8.9	9.2	9.2	9.3	9.3	含除大临土石方、大临轨道、临时电力、临时通信以外的大临工程，环保降噪声工程
11	铺轨、铺岔、架设其他混凝土梁、钢梁、钢管拱，钢结构站房（含站房综合楼）、钢结构雨棚、钢结构车库等	12.7	12.6	13.1	14.1	14.4	15.7	16.7	20.6	简支箱梁除外，包括轨道附属工程，线路备料及大临轨道；钢管拱包括钢管、钢管内混凝土、系杆、吊杆、梁及桥面板
12	铺砟	6.1	5.3	7.6	8.4	8.6	9.1	9.4	10.2	包括道床清筛、沉落整修，有砟轨道调整
13	无砟道床	16.3	13.4	21.4	23.8	25.5	25.6	25.9	26.3	包括道床过渡段
14	通信、信号、信息、灾害监测、电力、牵引变电、供电段、机务、车辆、动车的建筑工程，所有安装工程	10.9	11.0	11.2	12.0	12.1	12.3	12.5	13.0	含桥梁、隧道的照明工程，隧道通风与空调工程、临时电力、临时通信、管线路防护、管线迁改
15	接触网建筑工程	14.5	13.6	16.0	17.1	17.2	17.4	17.7	17.9	含不与路基同步施工的接触网支柱基础

4.4.3 特殊施工增加费

特殊施工增加费指在特殊地区及特殊施工环境下进行建筑安装工程施工时，所需增加的费用。

1. 风沙地区施工增加费

指在非固定沙漠或隔壁地区，月（或连续 30 天）平均风力达到四级以上（平均风速 >5.5 m/s）的风季，在相应的风沙区段进行室外建筑安装工程时，由于受风沙影响而增加的费用。内容包括：防风、防沙的措施费，材料费，人工、机械降效增加的费用，风力预警观测设施费用，以及积沙、风蚀的清理修复等费用。

本相费用以风沙区段范围内室外建筑安装工程的编制期人工费与施工机具使用费之和为基数，乘以风沙地区施工增加费率 2.6% 计算。

地区施工增加费按下列算法计列：

$$\begin{aligned}风沙地区施工增加费=&（室外风沙区段建筑安装工程的定额工天消耗 \times \\&编制期综合工费单价+室外风沙区段建筑安装\\&工程的施工机具台班消耗 \times 编制期施工机具台班单价）\times \\&2.6\%\end{aligned} \quad (4\text{-}15)$$

大风高发月（或连续 30 d）平均风力达到四级以上（平均风速 > 5.5 m/s）且小时极大风速大于 13.9 m/s 的风力累计 85 h 以上的风沙、大风地区，可根据调查资料另行分析计算风沙地区施工增加费。

2. 高原地区施工增加费

高原地区施工增加费是指设计线路高程在海拔 2 000 m 以上的高原地区施工时，由于人工和机械受气候、气压的影响而降低工作效率，所增加的费用。通过辅助坑道施工的隧道工程，按辅助坑道最高海拔确定高原地区施工定额增加幅度；海拔高度范围内的长大隧道（隧长>4 km），其高原地区施工定额增加幅度按提高一个档别计算。

高原地区施工增加费根据工程所在地的不同海拔高度，不分工程类别，按下列算法计列：

$$\begin{aligned}高原地区施工增加费=&定额工天 \times 编制期综合工费单价 \times 高原地区工天定额\\&增加幅度+定额机械（仪器仪表）台班量 \times 编制期机械\\&（仪器仪表）台班单价 \times 高原地区机具台班\\&定额增加幅度\end{aligned} \quad (4\text{-}16)$$

高原地区施工定额增加幅度见表 4-13。

表 4-13 高原地区施工定额增加幅度表

海拔高度/m	定额增加幅度	
	工天定额	机械台班定额
2 000（含）~3 000（含）	12/%	20/%
3 000（不含）~4 000（含）	22/%	34/%
4 000（不含）~4 500（含）	33/%	54/%
4 500（不含）~5 000（含）	40/%	60/%
5 000 以上	60/%	90/%

3. 原始森林地区施工增加费

原始森林地区施工增加费是指在原始森林地区进行新建或增建二线铁路施工，由于受环境影响，其路基土方工程应增加的费用。

原始森林地区施工增加费按下列算法计列：

$$\text{原始森林地区施工增加费} = (\text{路基土方工程的定额工天} \times \text{编制期综合工费单价} + \text{路基土方工程的定额机械台班量} \times \text{编制期机械台班单价}) \times 30\% \tag{4-17}$$

4. 行车干扰施工增加费

行车干扰施工增加费是指在不封锁的营业线上，在维持通车的情况下，或本线封锁施工，邻线维持通车的情况下，进行建筑安装工程施工时，由于受行车影响造成局部停工或妨碍施工而降低工作效率等所需增加的费用。

① 行车干扰施工增加费的计费范围。

受行车干扰的范围见表4-14。

表4-14 行车干扰施工增加费计费范围表

名称	受行车干扰范围	受行车干扰项目	包括	不包括
路基	在行车线上或在行车线中心平距12.5 m及以内	填挖土方、填石方，地基处理工程	路基抬高落坡全部工程	
	在行车线的路堑内	土石方工程以及路堑内的挡土墙、护墙、护坡、侧沟、吊沟的全部砌筑工程		控制爆破开挖石方
	平面跨越行车线运土石方	跨越运输的全部土石方		隧道弃渣
桥涵	在行车线上或在行车线中心平距12.5 m及以内	涵洞的主体圬工，桥梁工程的下部建筑主体圬工，桥梁架设、现浇	桥涵的锥体护坡及桥头填土	桥涵其他附属工程及桥面系等，框架桥、涵管的挖土、顶进，框架桥内、涵洞内的路面、排水等工程
隧道及明洞	在行车线的隧道、明洞内施工	改扩建隧道或增设通风、照明设备的全部工程	明洞、棚洞的挖基及衬砌工程	明洞、棚洞拱上的回填及防水层、排水沟等
轨道	在行车线上或在行车线中心平距12.5 m及以内或在行车线的线间距≤12.5 m的邻线上施工	全部数量	拆铺、改拨线路，更换钢轨、轨枕及线路整修作业	线路备料
电力牵引供电	在行车线上或在行车线两侧中心距12.5 m及以内或在行车线的线间距≤12.5 m的邻线上施工	在既有线上非封锁线路作业的全部工程和邻线未封锁而本线封锁线路作业的全部工程		封锁线路作业的项目（邻线未封锁的除外）；牵引变电及供电段的全部工程
其他室外建筑安装及拆除	在行车线上或在行车线两侧中心平距12.5 m及以内	全部工程	靠行车线较近的基本站台、货物站台，天桥、跨线站房、灯桥、雨棚，地道的上下楼梯	站台土方不跨线取土者

在未移交正式运营的线路上施工和在避难线、安全线、存车线及其他段管线上施工均不计列行车干扰施工增加费。行车干扰施工定额增加幅度适用于列车运行速度≤200 km/h 的营业线路。邻近或在列车运行速度＞200 km/h 的营业线上施工时，原则上不考虑按行车间隔施工的方案。

② 行车干扰施工增加费的计算。

行车干扰施工增加费包含施工期间人工、机械受行车影响降效增加的费用，因行车而应做的整理和养护工作费用，以及在施工时为防护所需的信号工、电话工、看守工等的人工费用及防护用品的维修、摊销费用等。

每次行车的行车干扰施工定额人工和机械台班增加幅度按 0.4% 计（接触网工程按 0.48% 计）。根据每昼夜的行车次数（以编制期铁路局运输部门的计划运行图为准，所有计划外的小运转、轨道车、补机、加点车的运行等均不计算），以及受行车干扰范围内的工程项目的工程数量，按以下方法计算。

① 土石方施工及跨股道运输的行车干扰施工增加费，不论施工方法如何，均按下列算法计列：

② 土石方施工及跨股道运输行车干扰施工增加费＝土石方施工及跨股道运输计行车干扰的工天×编制期综合工费单价×受干扰施工土石方数量×每昼夜行车次数×0.4%

土石方施工及跨股道运输计行车干扰的工天按表 4-15 所列定额确定。

表 4-15 土石方施工及跨股道运输计行车干扰的工天定额

单位：工日/100 m³ 天然密实体积

序号	工作内容	土方	石方
1	仅挖、装（爆破石方仅为装）在行车干扰范围内	15.7	7.7
2	仅卸在行车干扰范围内	3.1	4.6
3	挖、装、卸（爆破石方为装、卸）均在行车干扰范围内	18.9	12.3
4	平面跨越行车线运输土石方，仅跨越一股道或跨越双线、多线股道的第一股道	15.7	23.1
5	平面跨越行车线运输土石方，每增跨一股道	3.1	4.6

③ 接触网工程的行车干扰施工增加费按下列算法计列：

接触网工程行车干扰施工增加费＝受行车干扰范围内的工程数量×（所对应定额的应计行车干扰的工天×编制期综合工费单价＋所对应定额的应计行车干扰的机具台班量×编制期机具台班单价）×每昼夜行车次数×0.48%

④ 其他工程的行车干扰施工增加费按下列算法计列：

其他工程行车干扰施工增加费＝受行车干扰范围内的工程数量×（所对应定额的应计行车干扰的工天×编制期综合工费单价＋所对应定额的应计行车干扰的机具台班量×编制期机具台班单价）×每昼夜行车次数×0.4%

5. 营业线封锁（天窗）施工增加费

为确保营业线行车和施工安全，需封锁线路施工而造成的施工效率降低等所发生的费用。新版铁路工程预算定额中不再考虑封锁线路作业的调整系数。

计算方法：根据相关规定及施工组织设计确定的需封锁线路施工或利用天窗时间施工的工程数量，以其编制期人工费和施工机具使用费之和为计算基数乘以表 4-16 列工天与施工机具台班定额增加幅度计算。

表 4-16 营业线封锁（天窗）施工工天与施工机具台班定额增加幅度

序号	工程类别	工天与施工机具台班定额增加幅度/%
1	人力拆铺轨	340
2	机械拆铺轨	180
3	拆铺道岔	170
4	粒料道床	180
5	线路有关工程	120
6	接触网恒张力架线	130
7	接触网非恒张力架线	250
8	接触网其他工程	250
9	架设预应力混凝土 T 梁	150
10	架设预应力混凝土箱梁及其他上跨结构	100
11	其他工程	260

4.4.4 大型临时设施和过渡工程费

指施工企业为进行建筑安装工程施工及维持既有线正常运营，根据施工组织设计确定所需的大型临时建筑物和过渡工程修建及拆除恢复所发生的费用。

1. 大型临时设施项目及费用内容

（1）大型临时设施项目。

① 铁路便线（含便桥、隧、涵）。指通往临时场站、砂石（道砟）场的临时铁路线、架梁岔线及场内铁路便线、机车转向用的三角线等，独立特大桥的吊机走行线，以及重点桥隧等工程专设的铁路运料便线等。

② 汽车运输便道（含便桥、隧、涵）。指汽车运输干线、沿线纵向运输便道及通往重点土石方工点、桥梁、隧道、站房、取弃土石场、砂石（道砟）场、区间牵引变电所及临时场站等的引入线。

③ 运梁便道。指专为运架大型混凝土成品梁而修建的运输便道。

④ 临时给水设施。指为解决工程用水而铺设的给水干管路（管径 100 mm 及以上或长度 2 km 及以上）及隧道工程的水源点至山上蓄水池的给水管路，缺水地区临时贮水站，井深 50 m 及以上的深水井等。

⑤ 临时电力线（供电电压在6 kV及以上）。包括临时电力干线及通往隧道、特大桥、大桥和临时场站、砂石（道砟）场等的电力引入线。

⑥ 集中发电站、集中变电站（包括升压站和降压站）。

⑦ 临时通信基站，指在没有通信条件的边远山区、无人区等区域，设置的无线通信基站。

⑧ 临时场站，指根据施工组织设计需要确定的大型临时场站，包括材料厂、填料集中加工站、混凝土集中拌和站、独立设置的混凝土构配件预制场、制（存）梁场（含提梁站）、钢梁拼装场（含提梁站）、掘进机拼装场、盾构泥水处理场、管片预制厂、仰拱预制厂、轨节拼装场、长钢轨焊接（存放）基地、换装站、道砟存储场、轨枕预制场、轨道板预制场等。

⑨ 隧道污水处理站，指根据特殊环保要求（如有水源保护区、高类别功能水域等保护要求）必须设置的隧道污水处理站。

⑩ 渡口、码头、浮桥、吊桥、天桥、地道。指通行汽车为施工服务的设施。

（2）大型临时设施费用内容。

① 铁路便线，汽车运输便道，运梁便道，临时给水设施，临时电力线，临时通信基站，渡口、码头、浮桥、吊桥、天桥、地道等的工程费用及养护维修费用。

② 轨道板预制场、轨枕预制场、管片预制场的主体厂房工程费用。

③ 临时场站，集中发电站、集中变电站，隧道污水处理站等的场地土石方、地基处理、生产区硬化面、圬工、吨位≥10 t且长度≥100 m的龙门吊走行线等的工程费用。

④ 修建大临而发生的租用土地、青苗补偿、拆迁补偿、复垦及其他所有与土地有关的费用等。其中临时场站中应计列的所有与土地有关的费用列入第一章临时用地费项下。

2. 过渡工程

过渡工程指由于改建既有线、增建第二线等工程施工，为了保持既有线（或车站）运营工作运行，尽可能地减少运输与施工之间的相互干扰和影响，从而对部分既有工程设施必须采取的施工过渡措施。内容包括临时性便线、便桥、过渡性站场设施等及其相关的配套工程，以及由此引起的临时养护、租用土地、青苗补偿、拆迁补偿、复垦及其他所有与土地有关的费用等。

3. 大临和过渡工程费用计算规定

（1）大型临时设施和过渡工程，应根据施工组织设计确定的项目、规模及工程量，采用定额按单项概（预）算计算程序计算或按类似指标计列。

（2）大型临时设施和过渡工程，均应结合具体情况，充分考虑借用本建设项目正式工程的材料，以尽可能节约投资，其有关费用的计算规定如下：

① 借用正式工程的材料。

a. 钢轨、道岔计列一次铺设的施工损耗，钢轨扣配件、轨枕、电杆计列铺设和拆除各一次的施工损耗（拆除损耗与铺设同），便桥枕木垛所用的枕木，计列一次搭设的施工损耗。

b. 该类材料一般应计列由材料堆存地点至使用地点和使用完毕由材料使用地点运至指定归还地点的运杂费。

c. 该类材料在设计概（预）算中一般不计使用费，材料工地搬运及操作损耗率按《铁路工程基本定额》执行。

② 使用施工企业的工程器材。

使用施工企业的工程器材,按表4-17所列的施工器材年使用费率计算使用费。

表4-17 施工器材年使用费率

序号	材料名称	年使用费率(%)
1	钢轨、道岔	10
2	钢筋混凝土电杆	10
3	铁横担	10
4	铸铁管、钢管、万能杆件、钢铁构件	16
5	木制构件、油浸电杆	16
6	素材电杆、木横担	20
7	通信、信号及电力线材(不包括光缆、电杆及横担)	30
8	过渡工程用设备	25

注:① 不论按摊销或折旧计算,均一律按表列费率作为编制设计概(预)算的依据。其中通信、信号及电力线材的使用年限超过3年时,超过部分的年使用费率按10%计。困难山区使用的钢筋混凝土电杆,不论其使用年限多少,均按100%摊销。
② 光缆、接触网混凝土支柱不论其使用年限多少,均按100%摊销。
③ 计算单位为季度,不足一季度,按一季度计。

③ 利用旧道砟,除计运杂费外,还应计列必要的清筛费用。
④ 不能倒用的材料,如圬工用料,道砟(不能倒用时),计列全部价值。
(3)铁路便线的养护费计费定额

为使铁路便线经常保持完好状态,其养护费按表4-18所列的定额计算。

表4-18 铁路便线养护费定额

项目	人工	零星材料费	道砟[立方米/(月·公里)]		
			3个月以内	3~6个月	6个月以上
便线	32工日/(月·千米)	—	20	10	5
便线中的便桥	11工日/(月·百换算米)	1.25元/(月·延长米)	—	—	—

注:① 人工费按设计概(预)算编制期Ⅰ类综合工费标准计算。
② 便线长度不满100 m者,按100 m计;便桥长度不满1 m者,按1 m计。计算便线长度,不扣除道岔及便桥长度。
③ 便桥换算长度的计算:钢梁桥:1 m=1换算米 木便桥:1 m=1.5换算米 圬工及钢筋混凝土梁桥:1 m=0.3换算米
④ 养护的期限,根据施工组织设计确定,按月计算,不足一个月者,按一个月计。
⑤ 道砟数量采用累计法计算[例:1 km便线当其使用期为一年时,所需道砟数量=3×20+3×10+6×5=120(m³)]。
⑥ 定额内包括冬季积雪清除和雨季养护等一切有关养护内容。
⑦ 通行工程列车或临管列车的便线,并需计列运费者,因运价中已包括了养护费用,不应另列养护费;运土、运料等临时便线,只计取送车费或机车、车辆租用费者,可计列养护费。
⑧ 营业线上施工,为保证不间断行车而修建通行正式运营列车的便线,在未办理交接前,其养护费按照表列定额加倍计算。

④ 汽车便道养护费计费定额。

为使通行汽车运输便道经常保持完好的状态，其养护费按表 4-19 所列定额计算。

表 4-19　汽车运输便道养护费定额

项　　目		人工	碎石或粒料
		工日/(月·千米)	立方米/(月·千米)
土　　路		15	—
粒料路（包括泥结碎石路面）	干线	25	2.5
	引入线	15	1.5

注：① 人工费按设计概（预）算编制期Ⅰ类综合工费单价计算。
　　② 计算便道长度，不扣除便桥长度。不足 1 km 者，按 1 km 计。
　　③ 养护的期限，根据施工组织设计确定，按月计算，不足一个月者，按一个月计。
　　④ 定额内包括冬季积雪清除和雨季养护等一切有关养护内容。
　　⑤ 便道中的便桥不另计养护费。

4.4.5　间接费、税金及价差

1. 间接费

间接费包括企业管理费、规费和利润。间接费的费用具体内容：
（1）企业管理费。
企业管理费是指建筑安装企业组织施工生产和经营管理所需的费用。内容包括：
① 管理人员工资。指管理人员的基本工资、津贴和补贴、辅助工资、职工福利费、劳动保护费等。
② 办公费。指管理办公用的文具、纸张、账表、印刷、邮电、书报、宣传、会议、水、电、烧水和集体取暖用煤等费用。
③ 差旅交通费。指职工因公出差、调动工作的差旅费，助勤补助费，市内交通费和误餐补助费，职工探亲路费，劳动力招募费，职工退休、退职一次性路费，工伤人员就医路费以及管理部门使用的交通工具的油料、燃料、养路费及牌照费。
④ 固定资产使用费。指管理和试验部门及附属生产单位的属于固定资产的房屋、车辆、设备仪器等的折旧、大修、维修或租赁费。
⑤ 工具用具使用费。指管理使用的不属于固定资产的生产工具、器具、家具、交通工具和检验、试验、测绘、消防用具等的购置、维修和摊销费。
⑥ 检验试验费。指施工企业按照规范和施工质量验收标准的要求，对建筑安装的设备、材料、构件和建筑物进行一般鉴定、检查所发生的费用，包括自设试验室进行试验所耗用的材料和化学药品费用等，以及根据规定由施工单位委外检验试验的费用。不包括应由研究试验费和科技三项费用支出的新结构、新材料的试验费；不包括建设单位要求对具有出厂合格证明的材料进行试验，对构件破坏性试验及其他特殊要求检验试验的费用；不包括由建设单位委外检验试验的费用；不包括施工质量验收标准以外设计要求的检验试验费用。
⑦ 财产保险费。指施工管理用财产、车辆保险费用。
⑧ 税金。指企业按规定交纳的房产税、车船使用税、土地使用税、印花税、城市维护建设税、教育费附加、地方教育附加等各项税费。

⑨ 施工单位进退场及工地转移费。指施工单位根据建设任务需要，派遣人员和机具设备从基地迁往工程所在地或从一个项目迁至另一个项目所发生的往返搬迁费用及施工队伍在同一建设项目内，因工程进展需要，在本建设项目内往返转移，以及民工上、下路所发生的费用。包括：承担任务职工的调遣差旅费，调遣期间的工资，施工机械、工具、用具、周转性材料及其他施工装备的搬运费用；施工队伍在转移期间所需支付的职工工资、差旅费、交通费、转移津贴等；民工的上、下路所需车船费、途中食宿补贴及行李运费等。

⑩ 劳动保险费。指由企业支付离退休职工的易地安家补助费、职工退职金、6个月以上病假人员的工资、职工死亡丧葬补助费、抚恤费以及按规定支付给离休干部的各项经费等。

⑪ 工会经费。指企业按照职工工资总额计提的工会经费。

⑫ 职工教育经费。指企业为职工学习先进技术和提高文化水平，按职工工资总额计提的费用。

⑬ 财务费用。指企业为筹集资金而发生的各种费用，包括企业经营期间发生的短期贷款利息净支出，金融机构手续费，以及其他财务费用。

⑭ 工程排污费。指施工现场按规定缴纳的工程排污费用。

⑮ 其他。包括技术转让费、技术开发费、业务招待费、绿化费、广告费、公证费、法律顾问费、审计费、咨询费、无形资产摊销费、投标费、企业定额测定费、企业信息化管理系统建设及使用费、工程验收配合费等。

（2）规费。

规费是指政府和有关部门规定必须缴纳的费用（简称规费）。内容包括：

① 社会保障费。指企业按规定缴纳的基本养老保险费、失业保险费、基本医疗保险费、工伤保险费、生育保险费。

② 住房公积金。指企业按规定缴纳的住房公积金。

（3）利润。

利润是指施工企业完成所承包的工程所应获得的盈利。

2. 间接费的费用计算

间接费按下列算法计列：

$$间接费=\Sigma（基期人工费+基期施工机械使用费）\times 间接费费率 \quad (4-18)$$

间接费费率按不同工程类别，采用表4-20所规定费率。

表4-20 间接费费率表

类别代号	工程类别	费率/%	附 注
1	人力施工土石方	47.4	包括人力拆除工程，绿色防护，各类工程中单独挖填的土石方，石方爆破工程
2	机械施工土石方	21.9	包括机械拆除工程，填级配碎石、砂砾石、渗水，公路路基路面，各类工程中单独挖填的土石方、综合维修通道、大临土石方工程
3	汽车运输土石方采用定额"增运"部分	10.9	仅指区间路基土石方及站场土石方，包括隧道出渣洞外运输

续表

类别代号	工程类别	费率/%	附注
4	特大桥、大桥下部建筑	26.4	含附属工程
5	预制混凝土梁	56.7	含各种桥梁桥面系、支座、梁横向连接和湿接缝
6	现浇混凝土梁	43.6	包括分段预制后拼接的混凝土梁
7	运架混凝土简支箱梁	29.9	
8	隧道、明洞、棚洞,自采砂石	33.9	不含隧道的照明、通风与空调等工程,不含大型机械化施工及掘进机、盾构施工的隧道
9	路基附属工程(不含附属土石方)	33.5	各区间线路防护栅栏、与路基同步施工的接触网支柱基础等
10	框架桥、公路桥、中小桥下部(含附属工程)、涵洞、轮渡、码头,一般生产房屋和附属、给排水、工务、站场、其他建筑物等建筑工程	44.2	含除大临土石方、大临轨道、临时电力、临时通信以外的大临工程,环保降噪声工程
11	铺轨、铺岔、架设其他混凝土梁、钢梁、钢管拱、钢结构站房(含站房综合楼)、钢结构雨棚、钢结构车库等	89.5	简支箱梁除外,包括轨道附属工程,线路备料及大临轨道;钢管拱包括钢管、钢管内混凝土、系杆、吊杆、梁及桥面板
12	铺砟	40.4	包括道床清筛、沉落整修,有砟轨道调整
13	无砟道床	67.1	包括道床过渡段
14	通信、信号、信息、灾害监测,电力、牵引变电、供电段、机务、车辆、动车,所有安装工程	59.8	含桥梁、隧道的照明工程,隧道通风与空调工程、临时电力、临时通信、管线路防护、管线迁改
15	接触网建筑工程	59.4	含不与路基同步施工的接触网支柱基础

注:1. 采用大型机械化施工开挖定额的隧道工程,间接费费率按25.9%计,掘进机、盾构施工的隧道间接费费率另行分析计列。
2. 过渡工程按表列同类正式工程的费率计列,大型临时设施按表列同类正式工程的费率乘以0.8的系数计列。

3. 税金

税金是指按照设计概(预)算构成及国家税法等有关规定计算的增值税额。税率按9%计列。

$$\text{建安工程费税金} = (基期人工费+基期材料费+基期施工机具使用费+ \\ 价外运杂费+价差+填料费+施工措施费+特殊施工增加费+ \\ 间接费) \times 税率 \tag{4-19}$$

$$\text{设备购置费税金} = (基期设备费+设备运杂费+设备费价差) \times 税率 \tag{4-20}$$

4. 设备购置费

设备购置费指购置的达到固定资产标准的设备、工器具、生产家具和虽低于固定资产标准，但属于设计明确列入设备清单的设备等所需的费用。购买计算机硬件设备时所附带的软件若不单独计价，其费用应随设备硬件一起列入设备购置费中。

设备购置费包括设备费、设备运杂费和税金。

（1）设备费。

设备费指根据设计确定的设备规格、型号、数量，按相应的设备原价计算的费用。

$$设备费=\sum 设备数量 \times 设备原价 \qquad (4-21)$$

编制期设备费与基期设备费差额按设备费价差计列。

设备原价指标准设备的出厂价或非标准设备的加工订货价。

基期设备原价按《铁路工程建设设备预算价格》执行，若《铁路工程建设设备预算价格》为含可抵扣进项税额的价格，则应以扣除可抵扣进项税额后的价格作为基期设备原价。

编制期设备原价采用不含可抵扣进项税额的价格。标准设备原价可根据生产厂家的出厂价及国家机电产品市场价格目录和设备信息价等资料综合分析确定；非标准设备原价可按厂家加工订货等价格资料，并结合设备信息价格，经分析论证后确定。

设计单位自行补充设备的价格应为不含可抵扣进项税额的价格。

（2）设备运杂费。

设备运杂费指设备自生产厂家（来源地）运至施工安装地点所发生的运输费、装卸费、手续费、采购及保管费等费用的总称。设备运杂费的计算基数应为基期设备费。

$$设备运杂费=基期设备费 \times 设备运杂费费率 \qquad (4-22)$$

设备运杂费费率一般地区按 6.5% 计列，新疆、西藏、青海按 8.4% 计列。

5. 价差调整说明

设计概算价差调整是指基期至概（预）算编制期对价格所做的合理调整，由设计单位在编制概算时，按编制办法列出的价差调整方法计算，列入单项预算。

价差调整包括人工费、材料费、施工机械使用费、设备费等主要项目基期至设计概（预）算编制期价差的调整。

（1）人工费价差。

按定额统计的人工消耗量（不包括施工机械台班中的人工）乘以编制期综合工费单价与基期综合工费单价的差额计算。

$$人工费价差=\sum 定额人工消耗量 \times (编制期综合工费单价 - 基期综合工费单价) \qquad (4-23)$$

（2）材料费价差。

① 水泥、木材、钢材、砖、瓦、砂、石、石灰、粉煤灰、风沙路基防护用稻草（芦苇）、黏土、花草苗木、土工材料、钢轨、道岔、轨枕、钢轨扣件（混凝土枕用）、钢梁、钢管拱、斜拉索、桥梁高强螺栓、钢筋混凝土梁、铁路桥梁支座、桥梁防水卷材、桥梁防水涂料、钢筋混凝土预制桩、隧道防水板、火工品、电杆、铁塔、机柱、接触网支柱、接触网及电力线材、光电缆线、给水排水管材、钢制防护栅栏网片等主要材料的价差，按定额统计的消耗量乘以编制期价格与基期价格之差计算。

$$\text{主材材料费价差} = \sum \text{定额材料消耗量} \times$$
$$(\text{编制期材料价格} - \text{基期材料价格}) \qquad (4-24)$$

基期材料价格按《铁路工程材料基期价格》执行，编制期价格采用铁路工程造价信息网发布的调查价格，均为不含可抵扣进项税额的价格。

② 水、电价差（不包括施工机械台班消耗的水、电）。

$$\text{水、电价差} = \sum \text{定额材料消耗量} \times$$
$$(\text{编制期水、电的价格} - \text{基期水、电的价格}) \qquad (4-25)$$

③ 上述材料以外的辅助材料价差。

辅助材料的价差以基期辅助材料费（定额消耗辅助材料消耗量乘以基期价格）为计算基数，按有关部门发布的辅助材料价差系数调整，公式如下：

$$\text{辅助材料价差} = \text{基期辅助材料费} \times (\text{辅助材料价差系数} - 1) \qquad (4-26)$$

（3）施工机具使用费价差调整方法。

按定额统计的施工机械台班及施工仪器仪表台班消耗量，乘以相对应的编制期台班单价与基期台班单价的差额计算。如施工机械使用费价差计算：

$$\text{施工机械使用费价差} = \sum \text{定额机械台班消耗量} \times (\text{编制期施工机械台班单价} -$$
$$\text{基期施工机械台班单价}) \qquad (4-27)$$

编制期施工机械台班单价分析中，机械用油燃料价格采用铁路工程造价信息网发布的调查价，人工单价按编制期人工单价（考虑特殊地区津贴、补贴）。

（4）设备费价差的调整方法。

编制设计概（预）算时，以《铁路工程建设设备预算价格》中的设备原价作为基期设备原价。编制期设备原价由设计单位按照国家或主管部门发布的信息价和生产厂家的编制期出厂价分析确定。基期至编制期设备原价的差额，按价差处理，不计取运杂费。

4.5 铁路预算编制流程

4.5.1 单项预算编制步骤

1. 单项预算编制程序

铁路建筑安装工程单项概（预）算计算程序见表 4-21。

表 4-21　建筑安装工程单项概（预）算计算程序

序号	费用名称	计算式
1	基期人工费	按设计工程量和采用的基期价格计算
2	基期材料费	
3	基期施工机具使用费	
4	定额直接工程费	（1）+（2）+（3）
5	价外运杂费	指需要单独计列的价外运杂费，按施工组织设计的材料供应方案及本办法的有关内容计算

续表

序号	费用名称		计算式
6	价差	人工费价差	基期至编制期价差按编制办法的有关内容计算
7		材料费价差	
8		施工机具使用费价差	
9		价差合计	（6）+（7）+（8）
10		填料费	按设计数量和采用的购买价计算
11		直接工程费	（4）+（5）+（9）+（10）
12		施工措施费	[（1）+（3）]×费率
13		特殊施工增加费	以相应的编制期人工费+编制期施工机具使用费为基数计算
14		直接费	（11）+（12）+（13）
15		间接费	[（1）+（3）]×费率
16		税金	[（14）+（15）]×税率
17		单项概（预）算价值	（14）+（15）+（16）

设备单项概（预）算计算程序见表4-22。

表4-22 设备单项概（预）算计算程序

序号	费用名称	计算式
1	基期设备费	按设计设备数量和采用的基期设备原价计列
2	设备运杂费	（1）×费率
3	设备费价差	基期与编制期价差按本办法的有关内容计算
4	税金	[（1）+（2）+（3）]×税率
5	单项概（预）算价值	（1）+（2）+（3）+（4）

2. 单项概（预）算编制步骤

编制建筑安装工程单项概（预）算使用"单项概（预）算表"，该表有二种，一种为"表甲"，用在单项概（预）算的第一页，上面有详细的表头栏目；另一种是"表乙"，它其实是"表甲"的续页。手工编制建筑安装工程单项概（预）算具体步骤如下：

（1）按照"综合概算章节表"规定的细目，将整个概预算划分成几个部分，把工程数量分别归入各个部分。工程数量的单位应与定额规定的单位相一致，汇总工程数量应按规定的编制单元进行。

（2）逐一查找与工程项目相对应的定额，将其编号、工程项目或费用名称、单位、数量、单价填入表内，并计算合价。如有的工程项目查不到相对应的定额，应当在"补充单价分析表"中进行补充单价分析。

（3）编制"主要劳材机具数量计算表"。

在"主要劳材机具数量计算表"中按各部分套用定额子目逐一进行人工、主材、机具台班数量统计，将各部分相同的工天、材料、机械数量纵向合计相加，完成各部分所有工作项目各种资源总消耗量的计算。

（4）将各部分人、材、机消耗量合并汇总，完成单项预算主要劳材机具数量统计。

（5）分析主要材料平均价外运杂费单价。

利用"主要材料（设备）平均价外运杂费单价分析表"，按照施工组织设计确定的运输方案，计算各种主材在各种运输方式下的价外运杂费构成，形成单价，再根据上步统计的各主材数量计算总运杂费。

（6）计算价差。

根据编制办法价差调整规定，计算基期至编制期人工费、材料费、施工机具使用费价差。

（7）根据编制办法取费计算填料费、施工措施费、特殊施工增加费、间接费及税金。

（8）计算单项概（预）算价值。

4.5.2 综合预算总预算编制

1. 综合概（预）算编制

综合概（预）算是概（预）算文件的基本文件，所有的工程项目、数量、概算费用都要在综合概（预）算表中反映出来。它是在单项概（预）算的基础上编制的，依据《编制办法》规定的"综合概（预）算章节表"的顺序和章节汇编，是编制总概（预）算表的基础。"综合概（预）算章节表"中的章节顺序及工程名称不应改动，没有费用的章节其章别、节号应保留，作为空项处理。工程细目可根据实际情况增减，其序号按增减后的序号连号填写。

2. 总概（预）算的编制示例

总概（预）算具有归类汇总性质，它在综合概（预）算完成后才能编制。当综合概（预）算完成后，按照四部分十六章的费用划分，填写在"总概算表"中。沿表的横向根据综合概（预）算不同费用性质分别填写建筑工程、安装工程、设备器具、其他费四项费用，然后计算"合计""技术经济指标"和"费用比重"。"技术经济指标"指单位工程量（正线公里）所含某章的费用值，等于各对应"合计"值与工程总量的比值；"费用比重"是各章费用占概算总额的百分比，等于各对应"合计"值与概算总额之比。沿表纵向计算"四部分合计"，填入对应概算总额栏中。最后，填写总概（预）算表的表头，由相关责任人在表尾签字，总概算表编制完成。

4.5.3 铁路投资控制系统编制预算

铁路投资控制系统2017版软件适用于铁路工程设计、建设、施工单位编制投资（预）估算、概算、预算以及招投标文件。有关主材信息价格、价差系数的补丁程序可在铁路工程造价信息网 www.tlgczj.com 下载。软件编制预算的操作流程如图4-2所示。

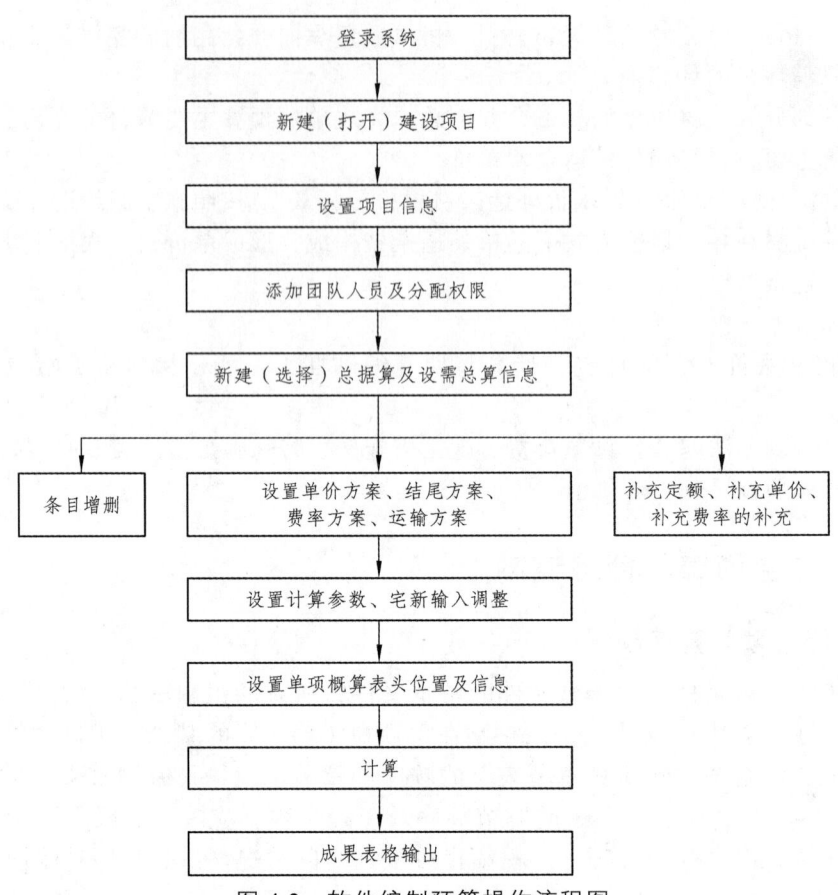

图 4-2　软件编制预算操作流程图

Part 5 铁路工程工程量清单计价

5.1 工程量清单及计价概述

5.1.1 工程量清单的概念

铁路工程量清单是载明工程项目、甲供材料设备、自购设备的名称和相应数量以及暂列金额项目等内容的明细清单。它是编制招标文件、投标报价、签订工程合同、支付工程款、调整工程量和办理工程结算等活动的基础。

工程量清单现行编制依据为国铁科法〔2020〕8号文发布的《铁路工程工程量清单规范》（TZJ 1006—2020），规范由总则、术语、一般规定、工程量清单编制、工程量清单格式、工程量清单计量规则表组成。它明确了铁路工程量清单编制的基本要求，对工程量清单编制原则、适用范围、编制格式和计量规则进行了统一规定。

招标工程量清单应由具有编制能力的招标人或受其委托、具有相应资质的工程造价机构和全国造价执业资格的工程造价人员编制，招标人可委托第三方工程造价咨询人对其成果进行核对。招标人或由其委托的代理机构按照招标要求和施工设计图纸规定将拟建招标工程的全部项目和内容，依据《铁路工程工程量清单规范》（TZJ 1006—2020）中统一项目编码、项目名称、计量单位和工程量计算规则编制招标工程量清单，作为承包商进行投标报价的主要参考依据。在性质上，工程量清单是招标文件的组成部分，是招投标活动的重要依据，一经中标且签订合同，它即成为合同的组成部分。因此，无论招标人还是投标人都应该认真对待。

5.1.2 工程量清单的内容

工程量清单作为招标文件的一部分，是投标人进行投标报价的重要依据。作为一个合格的计价依据，工程量清单中必须具有完整详细的信息披露，为达到这一要求，招标人编制的工程量清单应该包括以下内容：

1. 明确的项目设置

工程计价是一个分部组合计价的过程，不同的计价模式对费用项目设置规则的要求有所不同。在业主提供的工程量清单计价文件中必须明确清单项目的设置情况，如各个清单项目的名称，各个清单项目的特征和工程内容，以保证清单项目设置没有遗漏，也没有重叠。这种项目设置可以通过统一的规范编制来解决,《铁路工程工程量清单规范》就解决了铁路工程清单计价的统一规则问题。

2. 清单项目的工程数量

招标人提供的工程量清单中必须列出各个清单项目的工程数量,这也是工程量清单招标与定额招标的一个重大区别。

采用定额方式招标由投标人自行计算工程量的投标报价,由于设计或图纸的缺陷,不同投标人员理解不一,计算出的工程量也不同,报价相去甚远,容易产生纠纷。而工程量清单报价就为投标者提供了一个平等竞争的条件,相同的工程量,由企业根据自身的实力来填报不同的单价,符合商品交换的一般性原则。因为对于每一个投标人来说,计价所依赖的工程数量是一样的,就使得投标人之间的竞争完全属于价格的竞争,其投标报价反映出自身的技术能力和管理能力,清单招标也使得招标人的评标标准更加简单明确。

同时,在招标人提供的工程量清单中提供工程数量,还可以实现承发包双方合同风险的合理分担。采用工程量清单报价方式后,投标人只对自己所报的成本、单价等负责,而对工程量的变更或计算错误等不负责任;相应地,对于这一部分风险则应由业主承担,这种格局符合风险合理分担与责权利关系对等的一般原则。

3. 提供基本的表格格式

工程量清单的表格格式是附属于项目设置和工程量计算的,它为投标报价提供一个合适的计价平台,投标人可以根据表格之间的逻辑联系和从属关系,在其指导下完成分部组合计价的过程。

铁路工程工程量清单是按照《铁路工程工程量清单规范》的规定,按统一的项目编码、项目名称、项目特征、计量单位和工程量计算规则进行编制,作为业主编制招标控制价的依据,也是投标人编制投标报价的依据。工程量清单同时也是签订工程合同、支付工程款、调整工程量和办理工程结算的基础。

5.1.3　工程量清单计价的原理和特点

工程量清单计价包括编制招标控制价、投标报价、合同价款确定与调整及办理工程结算等。《铁路工程工程量清单规范》规定实行工程量清单计价招投标的铁路建设工程,除招标文件另有规定外,其招标控制价、投标报价的编制、合同价款确定与调整、工程结算均应按清单规范执行。

工程量清单计价的过程可以分为两阶段:工程量清单的编制和工程量清单的应用。清单编制程序如图5-1,清单应用过程如图5-2。投标报价是在业主提供的工程量计算结果的基础上,根据企业自身所掌握的各种信息、资料,结合企业定额编制得出的。工程招标投标过程中,投标企业在投标报价时必须考虑工程本身的内容、范围、技术特点、要求以及招标文件的有关规定、工程现场情况等因素;同时还必须充分考虑到许多其他方面的因素,如投标单位自己制定的工程总进度计划、施工方案、分包计划、资源安排计划等。这些因素对投标报价有着直接而重大的影响。

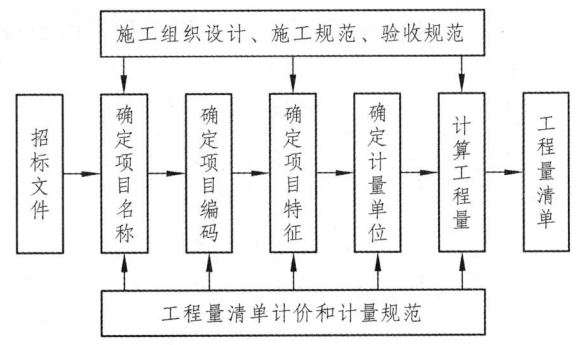

图 5-1 工程量清单的编制程序

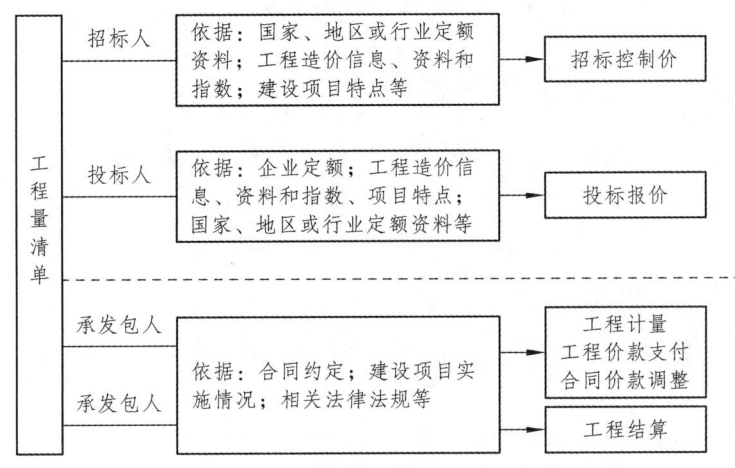

图 5-2 工程量清单的应用程序

工程量清单计价适用于建设工程发承包及实施阶段的计价活动。使用国有资金投资的建设工程发承包，必须采用工程量清单计价。国有资金投资的项目包括全部使用国有资金（含国家融资资金）投资或国有资金投资为主的工程建设项目（国有资金投资总额50%以上，或虽不足50%但国有投资者实质上拥有控股权的工程建设项目）。

工程量清单计价的特点是：

（1）提供平等的竞争条件，满足市场经济条件下的竞争需要

采用施工图预算来投标报价，不同施工企业人员对图纸理解不一，计算出的工程量也不同，报价容易相差甚远；清单报价为投标者提供了一个平等的竞争条件，相同的工程量，由企业根据自身实力来填报不同的单价。自主报价体现了企业的竞争优势，可以规范市场秩序，确保工程质量。招投标过程是企业竞争的过程，投标人依据招标方提供的工程量清单，根据自身情况确定综合单价，单价乘以数量形成合价，进而汇总成总价。单价高低成为中标和企业盈利的关键。单价高低直接取决于企业管理和技术水平的高低，这促进了企业整体实力的竞争，有利于铁路建设市场的快速发展。

（2）有利于提高工程计价效率，实现快速报价

工程量清单计价方式，避免了传统计价方式下，招投标双方在工程量计算上的重复工作，投标人在统一的量的平台下竞价，促进了企业定额的完善和造价信息的积累，能真正实现工

程建设的快速报价。

（3）有利于工程款拨付和造价最终结算，利于业主对投资进行控制

企业中标后，中标价是业主和中标单位签订施工合同，确定合同价的基础，投标清单上的单价成为工程实施中业主拨付工程款的依据。业主根据企业完成的工程量，按单价确定进度款的拨付额。竣工后，根据设计变更、工程量增减，也易于确定工程最终造价。

采用施工图预算招标，工程实施阶段业主对因设计变更、工程量增减所引起的工程造价变化不敏感；清单招标下，投资变化一目了然，设计变更时，能马上知道对造价的影响，便于业主根据投资情况来决定是否变更或进行方案比较，寻求最恰当的处理方法。

5.2 铁路工程工程量清单的编制及应用

5.2.1 铁路工程工程量清单编制

工程量清单作为拟建工程工程数量的明细清单，它是招标文件的重要组成部分，是投标人投标报价的依据，一般由具有编制招标文件能力的招标人或受其委托具有相应资质的中介机构编制。

1. 招标工程量清单格式

招标工程量清单依据《铁路工程工程量清单规范》编制。

具体内容组成包括：

（1）封面。

（2）填表须知。

（3）总说明。

（4）招标工程量清单表（表 5-1）。

表 5-1 招标工程量清单表

标段：　　　　　　　　　　　　　　　　　　　　　　　　　　　　　　第　页　共　页

第××章××××			
子目编码	名　称	计量单位	工程数量

（5）计日工表（表 5-2）。

表 5-2　招标工程量清单表
A. 计量工　　人工

标段：　　　　　　　　　　　　　　　　　　　　　　　　　　　第　页　共　页

序　号	名　称	计量单位	数　量

（6）甲供材料数量及价格表（表 5-3）。

表 5-3　甲供材料设备表
A. 甲供材料数量及价格表

序号	材料代号	材料名称及规格	计量单位	交货地点	数量	不含税单位（元）			不含税合价（元）
						出厂价	运杂费	综合单价	

（7）自购材料表（表 5-4）。

表 5-4 自购设备数量表

表 5-2　招标工程量清单表

标段：　　　　　　　　　　　　　　　　　　　　　　　　　　　第　页　共　页

序号	专业名称	设备代号	设备名称及规格型号	安装子目编码	计量单位	数量

（8）设备清单表。
（9）补充工程量清单计量规则表（表 5-5）。

表 5-5　补充工程量清单计量规则表

标段：　　　　　　　　　　　　　　　　　　　　　　　　　　　第　页　共　页

第××章×××					
子目编码	名称	计量单位	子目划分特征	工程量计算规则	工程（工作）内容	附注

招标工程量清单表格的填写应符合下列规定：

（1）招标工程量清单应由招标人填写，随招标文件发至投标人。

（2）填表须知包括下列内容，招标人可根据具体情况补充完善。

① 工程量清单中所有要求签字、盖章的地方，必须由规定的单位和人员签字、盖章。

② 工程量清单中的任何内容不得随意删除或涂改。

③ 已标价工程量清单中列明的所有需要填报的单价（由招标人填写的单价除外）和合价，投标人均应填报（其中计量单位为"元"的子目单价栏填"1"，合价栏与数量栏的数额相同），未填报的单价和合价，视为此项费用已含在工程量清单的其他单价和合价中。

④ 金额（价格）均应以＿＿＿币表示。

（3）总说明包括以下内容：

① 工程概况：建设规模、工程特征、计划工期、施工现场实际情况、交通运输情况、自然地理条件、环境保护和安全施工要求。

② 工程招标和分包范围

③ 工程量清单编制依据

④ 工程质量、材料、施工等的特殊要求

⑤ 其他需要说明的问题。

（4）招标工程量清单中出现清单规范工程量计量规则表以外的清单子目，应按规范规定编制补充工程量清单计量规则表，并随招标工程量清单发至投标人。

（5）甲供材料数量及价格表由招标人根据拟建工程的具体情况，详细列出甲供材料的材料代号、名称及规格、计量单位、交货地点、数量、不含税单价。

（6）甲供设备数量及价格表应由招标人根据拟建工程的具体情况，详细列出甲供设备专业名称、设备代号、设备名称及规格型号、安装子目编码、交货地点、计量单位、数量、不含税单价等。

（7）自购设备数量表由招标人根据拟建工程的具体情况，详细列出自购设备对于清单中专业名称、设备代号、设备名称及规格型号、安装子目编码、计量单位和数量等。

（8）甲供材料、甲供设备的单价应为交货地点的价格。

（9）计日工表应由招标人根据拟建工程的具体情况，详细估列出人工、材料、施工机具的名称、规格型号、计量单位和相应数量，并随招标工程量清单发至投标人。

2. 铁路工程工程量清单报价文件格式

工程量清单报价文件由下列内容组成：

（1）封面。

（2）投标报价总额。

（3）已标价工程量清单投标报价总表（表5-6）。

（4）已标价工程量清单章节表；

（5）工程量清单子目综合单价分析表；

（6）计日工费用计算表；

（7）甲供材料设备表；

（8）自购设备费计算表。

表 5-6　已标价工程量清单投标报价总表

标段：　　　　　　　　　　　　　　　　　　　　　　　　　　　第　页　共　页

章号	节号	名　称	金额（元）
第一章	01	迁改工程	
第二章		路基工程	
	02	区间路基土石方	
	03	站场土石方	
	04	路基附属工程	
第三章		桥涵工程	
	05	特大桥	
	06	大桥	
	07	中小桥	
	08	框架桥	
	09	涵洞	
第四章		隧道及明洞工程	
	10	隧道	
	11	明洞	
第五章		轨道工程	
	12	正线	
	13	站线	
	14	线路有关工程	
第六章		通信、信号、信息及灾害检测工程	
	15	通信	
	16	信号	
	17	信息	
	18	灾害监测	
第七章		电力及电力牵引供电工程	
	19	电力	
	20	电力牵引供电	
第八章		房屋工程	
	21	旅客站房	
	22	其他	
第九章		其他运营生产设备及建筑物	
	23	给排水	

续表

章号	节号	名　称	金额（元）
	24	机务	
	25	车辆	
	26	动车	
	27	站场	
	28	工务	
	29	其他建筑及设备	
第十章	30	大型临时设施和过渡工程	
第十一章	31	其他费	
第一章至第十一章清单合计 A			
暂列金额 B			
含在暂列金额中的计			
自购设备费用 C			
投标　　总价 $A+B+C$			

已标价工程量清单表格的填写应符合下列规定：

（1）已标价工程量清单表格应由投标人填写；

（2）封面应按规定内容填写、签字、盖章。

（3）投标报价总额应按已标价工程量清单投标报价总表中的"投标报价总额"填写。

（4）已标价工程量清单投标报价总表各章节的金额应与已标价工程量清单章节表的金额一致。

（5）已标价工程量清单章节表中的综合单价应与工程量清单子目综合单价分析表中的综合单价一致。

（6）已标价工程量清单章节表和工程量清单子目综合单价分析表中的子目编码、名称、计量单位、工程数量应与招标人提供的招标工程量清单一致。

（7）工程量清单子目综合单价分析表应由投标人根据自身的施工和管理水平按综合单价组成分项自主填写，但间接费中的规费和税金应按国家有关规定计算。

（8）暂列金额按招标文件规定的费率计算。

（9）计日工费用计算表中的人工、材料、施工机具名称、计量单位和相应数量应与招标人提供的计日工表一致，工程竣工后按实际完成的数量结算费用。

（10）甲供材料费计算表中的材料代号、材料名称及规格、计量单位、交货地点、数量、不含税单价等应与招标人提供的甲供材料数量及价格表一致。

（11）甲供设备费计算表中的专业名称、设备代号、设备名称及规格型号、安装子目编码、计量单位和数量等应与招标人提供的甲供设备数量及价格表一致。

（12）自购设备费计算表中的专业名称、设备代号、设备名称及规格型号、安装子目编码、计量单位和数量等应与招标人提供的自购设备数量表一致，单价由投标人自主填报。

3. 清单项目设置的规定

《铁路工程工程量清单规范》工程量清单格式由 11 章 31 节组成，第一～九章各章节按专业名称划分，第十章 30 节为大型临时设施和过渡工程，第十一章 31 节为其他费，包括安全生产费和营业线施工配合费。

（1）子目编码。

子目编码采用数字表示，由多级组成。其中，第一级为节号码，由两位数字 01-99 构成；后续层级为子目码，根据子目所属工程内容按主从属关系顺序编排，各层均由两位数字 01-99 构成。

建筑工程费、安装工程费、新建、改建层级不编码，其对应的下一级或子级延续编码。旅客站房未编码子目可根据项目所在地具体情况自行编码。

如编码 020101 表示区间路基土石方节下土方工程挖土方（弃方），该项目属第 2 节，是土方工程下的第一类工程项目。

（2）名称。

名称包括清单格式各章节名称和费用名称、子目划分特征为"综合"的子目名称一般是指形成工程实体的名称。

（3）计量单位。

计量单位一般采用以下基本单位：

① 以体积计算的子目 —— 立方米（m^3）；
② 以面积计算的子目 —— 平方米（m^2）；
③ 以长度计算子目 —— 米、公里（m、km）；
④ 以重量计算子目 —— 吨（t）；
⑤ 以自然计量单位计算子目 —— 个、处、孔、组、座或其他可以明示的自然计量单位；
⑥ 没有具体数量的子目 —— 元。

工程数量应按以下规定计量：

① 计量单位为"立方米""平方米""米"的取 2 位；
② 计量单位为"公里"的，轨道工程取 5 位，其他工程取 3 位。
③ 计量单位为"吨"的取 3 位；
④ 计量单位为"个、处、孔、组、座"或其他可以明示的自然计量单位的取整。

（4）子目划分特征。

子目划分特征是指对清单子目的不同类型、结构、材质、规格等影响综合单价的特征的描述，如预制预应力混凝土简支箱梁的子目划分特征有单线、双线、跨度、速度；水中钻孔桩子目划分特征为桩径；地基处理的子目划分特征为处理方式等。

在编制工程量清单时，可根据项目的特点按子目划分特征编列或自行补充清单子目。子目划分特征为"综合"的，即为最低一级的清单子目，是投标报价和合同签订后工程实施中计量的清单子目，其下不得再设置细目。

（5）工程量计算规则。

1）工程量计算规则是在各类工程界面划分明确的而基础上对清单子目工程量的计算规定。

① 路基与桥梁工程界面划分：设置桥台过渡段时，桥台后过渡段为路基工程，未设置桥台过渡段时，桥台后缺口填筑为桥梁工程。

② 路基与隧道工程界面划分：设置斜切式洞门时，以洞门的斜切面与设计内轨顶面的交线同线路中线的交点为界，靠隧道一侧计入隧道工程，靠路基一侧计入路基工程。

③ 隧道与桥梁工程界面划分：桥台进洞时，桥台基坑开挖、防护、回填等计入桥梁工程；隧道边坡、仰坡防护等计入隧道工程。

④ 室内室外界面划分：

a. 给水管道：设置入户水表井（或交汇井）时，以井为界，水表井（或交汇井）计入室外给水管道。未设置入户水表井（或交汇井）时，以建筑物外墙皮为界。

b. 排水管道：以出户第一个排水检查井（或化粪池）为界，检查井、化粪池均计入室外。

c. 热网管道、工艺管道：以建筑物外墙皮为界。

d. 电力、照明线路：以入户配电箱为界，入户配电箱计入室内。

⑤ 清单子目的土方和石方，指单独挖填土石方的子目和无需砌筑的各种沟渠等的土石方。砌筑等工程的子目工程（工作）内容已含土石方挖填的清单子目，土石方不单独计量。

2）除另有规定及说明外，清单子目工程量应以设计图示的工程实体净值计算，不含施工中的各种损耗及因施工工艺需要所增加的工程量，相关损耗及工程量所发生费用计入综合单价。

① 非预应力钢筋的重量按设计图示长度（应含架立钢筋、定位钢筋）乘理论单位重量计算，不含搭接和焊接料、绑扎料、接头套筒、垫块等材料的重量。

② 预应力钢筋（钢丝、钢绞线）重量按设计下料长度乘理论单位重量计算，不含锚具、管道、锚板及连结钢板、封锚、捆扎、焊接材料等的重量。

③ 钢结构的重量按设计图示尺寸计算，不含搭接、焊接料、下脚料、缩包料和垫衬物、涂装料等材料的重量。

④ 砌体体积按设计图示尺寸以实体体积计算，除另有规定外，不扣除预留孔洞、预埋件的体积。勾缝、抹面按设计砌体表面勾缝、抹面的面积计算。

⑤ 混凝土体积按混凝土设计尺寸以实体体积计算，除另有规定外，不扣除混凝土中钢筋（钢丝、钢绞线）、预埋件和预留压浆孔道等所占的体积。

⑥ 桩基以体积计量时，其高度按设计图示中桩顶至桩底间长度计列，其截面积均按设计桩径断面积计列，不得将扩孔（扩散）因素或护壁圬工计入工程数量，房屋工程除外。如需试桩，按设计文件的要求计入工程数量。桩帽（筏板）混凝土按设计体积计算，桩帽（筏板）钢筋按设计重量计算。

⑦ 工程量以面积计量时，其面积按设计图示尺寸计算，不扣除各类井和在 $1\ m^2$ 及以下的构筑物所占的面积。另有规定除外。

⑧ 工程量以长度计量时，按设计图示中心线的长度计算，不扣除接头、检查井、人（手）孔坑、接头坑等所占的长度。另有规定除外。

3）在新建铁路工程项目中，与路基、桥梁、隧道等工程同步施工的电缆沟、槽及光（电）缆防护、接触网滑道，应分别在路基、桥梁、隧道等工程的清单子目中计量。对既有线改造项目，应根据工程实际情况计列。

4）所有室内工程的地基处理应在房屋工程相应的清单子目中计量。

（6）工程（工作）内容。

工程（工作）内容是指完成该清单子目的具体工程（工作）。除已列明的工程（工作）内容外，还包括场地平整、原地面挖台阶、原地面碾压，工程定位复测，测量、放样，工程点交、场地清理，材料（含成品、半成品、周转性材料）和各种填料的采备保管、运输装卸，小型临时设施，按照规范和施工质量验收标准的要求，对建筑安装的设备、材料、构件和建筑物进行检验、试验、检测、观测、防寒、保温设施，防雨、防潮设施，照明设施，文明施工（施工标识、防尘、防噪声等）和环境保护、水土保持、防风防沙、卫生防疫措施，已完工程及设备保护措施、竣工文件编制等内容。

对于改建工程的清单子目或距既有线（既有建筑物）较近工程的清单子目，除另有说明或单列清单子目外，还包括既有线（既有建筑物）的拆（凿）除（凿毛）、整修、改移、加固、防护、更换构件和与相关产权单位的协调、联络、封锁线路要点施工或行车干扰降效等内容。

对于使用旧料修建的工程，还包括对旧料的整修，选配等内容。

施工中引起的过渡费用应计入相应的清单子目，另有说明或单列清单子目除外。

常用工程内容的表示方法：

① 基坑（工作坑、检查井孔）挖填。包括筑岛、围堰及拆除（桥梁工程除外）、土石挖、装、运、弃，弃方整理，坑（孔）壁支护及拆除，降排水，修坡，修底，垫层铺设，回填（含原土回填和外运填料或圬工回填）、压实。

② 桩（井）孔开挖。包括桩（井）孔土石挖、运、弃，弃方整理，孔壁支护及拆除，通风，降排水，清孔。

③ 沟槽挖填。包括管沟、排水沟、光（电）缆沟等的筑岛、围堰及拆除，土石挖、运、弃，弃方整理，沟壁支护及拆除，降排水，修坡，修底，地基一般处理（含换填、垫层铺设），回填（含原土回填和外运填料回填）、压实，标志埋设。

④ 砌体（干砌和浆砌）砌筑。包括砂浆配料、拌制，石料或砌块选修，挂线，填塞，勾缝，抹面，养护。

⑤ 混凝土浇筑。包括配料（含各种外加剂），拌制，运输，浇筑，振捣，养护。

⑥ 钢筋及预埋件制安。包括调直、除锈，切割，钻孔，弯曲，捆束，堆放，焊接，套筒连接，绑扎，安放，定位，检查，校正，垫块。

⑦ 模板制安拆。包括制作、挂线放样、模板及配件安装，校正，紧固，涂刷脱模剂，拆除、整修、涂油、堆放。

⑧ （钢筋）混凝土预制构件制安。包括脚手架搭拆，钢筋及预埋件制安，预制场内模板制安拆、混凝土浇筑、安砌（装），勾缝，抹面，养护。

⑨ 金属构件制安。包括放样、除锈、切割、钻孔、煨制、堆放、安装、连接、检查、校正、涂装。

⑩ 管道铺（架）设。包括管道基础浇筑，支（吊）架、支墩制安，管道、管件制安，阀门、计量表安装，接口处理，防腐、保温处理，管道实验。

⑪ 杆坑挖填。包括土石挖、运、弃，弃方整理，坑（孔）壁支护及拆除，降排水，修坡，修底，垫层铺设，回填（含原土回填和外运填料或圬工回填）、压实等。

⑫ 立杆（电杆、信号机柱）。包括清坑、杆（柱）架立，整正，底盘、卡盘安装，撑杆、拉线、拉线桩（盘）制安，根部加固及防护（培土、砌筑等），接地连接，杆上附属装置制安，

铭牌制安。

⑬ 立杆（接触网支柱）。包括清坑、支杆，整正回填，接地连接，根部加固及防护（培土、砌筑等）。

⑭ 光（电）缆敷设。包括检查，配盘、量裁，沿电缆沟、槽、管道敷设，架空敷设，盘留固定余缆，测试。分支地线敷设及连接，引接线端子排安装及连接，接地体制安。洞口封堵恢复，缠绕线环，线端核对，编绑整理。除管槽外的光（电）缆线路防护。

⑮ 导线架设。包括横担组装，绝缘子、防震锤安装，导线架设，紧固，接续，端头处理，测试。

⑯ 铁塔组立。包括构件组装，铁塔架立、固定，接地连接，防腐处理，警告牌制安，根部加固及防护（培土、砌筑等）。

⑰ 防雷设施制安。包括坑、沟挖填，地线盘、地网、接地级、避雷线（针）、避雷器、清雷器、防雷器制安，加降阻剂，设标志，防腐处理，接地电阻实验。

⑱ 设备安装、调试。包括开箱检验，机架（柜）、底座、支架、配件制安，模块、机盘安装，打孔洞、插件、插板安装，配线敷设，电气安装，相应软件的安装调试，单机测试。

4. 有关费用说明

（1）暂列金额。

暂列金额是招标人在工程量清单中暂定并包括在合同价款中的一笔款项。用于工程合同签订时未确定或者不可预见的所需材料、设备、服务的采购，施工中可能发生的工程变更、合同约定调整因素出现时的工程价款调整以及发生的索赔、现场签证确认等的费用。

暂列金额的费率或额度由招标人在招标文件中明确。

（2）计日工。

计日工是对零星工作采取的一种计价方式。

计日工费用是指完成招标人提出的工程量暂估的零星工作所需的费用，计日工表由招标人根据拟建工程的具体情况，详细列出人工、材料、施工机械的名称、规格型号、计量单位和相应数量，并随工程量清单发至投标人。

（3）甲供材料设备。

在招标文件和合同中明确的额，由招标人负责采购的工程材料设备。

（4）自购设备。

投标人自行采购的、属于招标文件和合同中明确列出的工程设备。

5.2.2　工程量清单计价及应用

工程量清单计价是一种市场定价体系，在发达国家已非常流行，随着我国建设市场的不断成熟和发展，其计价方法也必然会越来越成熟规范。工程量清单计价包括招标标底编制、投标报价、合同价款确定与调整、工程结算等内容。

1. 工程量清单的综合单价

工程量清单计价采用综合单价法计价。

综合单价反映完成最低一级的清单子目计量单位全部具体工程（工作）内容所需的人工

费、材料费、施工机具使用费、价外运杂费、填料费、施工措施费、特殊施工增加费、间接费、税金以及招标文件和合同中明确的一定范围内风险费用。

（1）综合单价组成。

① 人工费。

直接从事建筑安装工程施工的生产工人开支的各项费用。

② 材料费。

施工过程中耗费的构成工程实体的原材料、辅助材料、构配件、零件、半成品、成品所支出的费用，以及不构成工程实体的一次性材料消耗费用和周转材料摊销费用等。

③ 施工机具使用费。

施工作业所发生的施工机械、仪器仪表的使用费或其租赁费。

④ 价外运杂费。

价外运杂费指需在材料费之外单独计列的材料运杂费，包括材料自指定交货地点至工地所发生的运输费、装卸费、其他有关运输费用，以及以该运输费、装卸费、其他有关运输费用之和为基数计算的采购及保管费。

⑤ 填料费。

购买不作为材料对待的土方、石方、渗水料、矿物料等填筑用料所支出的不含增值税可抵扣进项税额的费用。

⑥ 施工措施费。

为完成铁路建设工程施工，发生于该工程施工前和施工过程中的需综合计算的费用。

⑦ 特殊施工增加费。

在特殊地区及特殊施工环境下进行建筑安装施工时，所增加的费用。

⑧ 间接费。

施工企业为完成承包工程而组织施工生产和经营管理所发生的费用。

⑨ 税金。

按照国家税法等有关规定计算的增值税。

⑩ 一定范围内风险费用。

一定范围内风险费用指投标人在计算综合单价时充分考虑不限于已包括费用的明示或暗示的风险、责任、义务或有经验的投标人都可并应该预见的费用。包括招标文件明确应由投标人考虑的一定幅度范围内的物价上涨风险，工作量增加或减少对综合单价的影响风险，采用新技术、新工艺、新材料的风险，投标人未填写单价和合价的项目已含在其他项目的单价和合价中的风险费用等。

已标价工程量清单表中，合价=工程数量×综合单价。

（2）综合单价调整。

工程量清单中的综合单价应按招标文件和清单规范的相关规定编制，包含完成清单子目全部工程（工作）内容的费用。

工程量清单中的综合单价因工程数量变化或技术标准变更等因素需调整时，应由合同约定。

2. 工程量清单在各种承包方式下的应用

铁路建设项目承包方式可分为施工单价承包、施工总价承包和工程总承包3种，施工总价承包应用最为广泛。针对不同的承包方式，工程量清单的应用方法有所不同。

（1）施工单价承包。

采用施工单价承包方式由招标人根据鉴定审批的初步设计或施工图设计提供拟建工程项目工程量清单，投标人根据统一的计量规则和有关规定对工程量清单进行自主报价。中标后，双方签订施工合同，在规定工程量变化幅度范围内，合同单价不能随意改变，即合同单价相对稳定。单价承包模式下工程量清单中所列工程数量仅作为投标的共同基础，不能作为最终计价的依据。实际计量应根据合同约定的计量方式，按清单规范的工程量计算规则执行。该方式下施工单位承担单价风险，建设单位承担数量风险。故发包人要对清单质量负责，承包人要对单价负责，必须选择好施工方案，统筹安排好劳材机要素配置，对单位工程成本、现场费用、施工技术措施费用进行优化控制，编定投标价。

（2）施工总价承包与工程总承包。

施工总价承包是指招标人根据鉴定审批的初步设计或者施工图设计提出招标项目工程量清单，由投标人根据工程量清单和施工图进行报价，报价中包含一定额度的总承包风险费。在合同实施过程中，除根据合同约定可调的费用外，合同总价保持不变，采用合同总价下的工程量清单方式进行验工计价。

工程总承包是指招标人根据鉴定审批的初步设计提出招标项目工程量清单，投标人编制施工图设计大纲，并在规模、标准不变、功能满足要求的情况下，调整工程量清单并据以报价。发包人选定中标人后，项目开工前，根据工程进度需要，确定节点工程划分表，并将签约合同价（除施工图勘察设计费）分配到各计价节点，形成付款计划表，其中总承包风险费也按照工程进度和风险大小比例分配到各计价节点。承包人完成发包人确定的节点工程并验收合格后，按照付款计划表约定的节点工程计价额进行支付。施工图勘察设计费按照约定的勘察设计节点单独支付。

上述 2 种总承包方式都是招标人提供拟建工程项目工程量清单，投标人对工程数量和单价都进行填报，承包人既对单价费，又要对工程数量负责。清单规范是根据单价承包方式编写，当建设项目实行总价承包方式时，应作以下调整：删除"暂列金额""计日工"等相关内容；在"工程量清单投标报价汇总表"中增加"总承包风险费"栏目；当采用工程总承包时，在清单格式"第十一章　其他费"中增加"施工图勘察设计费"清单子目。

5.2.3　工程量清单报价实例

以西南地区某高速铁路工程工程量清单报价为例。

1. 报价编制说明

（1）工程量清单说明。

① 工程量清单中所列工程量是依据招标文件第七章"技术标准和要求"中《铁路工程工程量清单规范》、第六章"图纸"和第四章"合同条款及格式"约定方式计算的数量。

② 工程量清单应与投标人须知、通用合同条款、专用合同条款、技术标准和要求及图纸等文件同时阅读与理解。

③ 招标人提供的工程量清单中所列工程量是投标人报价的参考，不作为最终结算与支付

的依据。

④ 在评标过程中,评标委员会对投标人已标价工程量清单中有计算和汇总方面的算术错误,按照第三章"评标办法"约定的原则进行算术性校核和修正。

⑤ 实际计量应按第七章"技术标准和要求"中工程量计算规则、第四章"合同条款及格式"约定的方式和经审核的施工图计算,并经监理工程师确认,形成已完合格工程数量。

⑥ 特殊说明:

a. 安全生产费是指为加强铁路建设工程安全生产管理,建立安全生产投入长效机制,改善铁路工程施工作业条件,减少施工伤亡事故发生,切实保障铁路工程安全生产所需的费用。

b. 激励约束考核费是指为确保铁路工程建设质量、建设安全、建设工期和投资控制,建立激励约束考核机制引起的相关费用,按总公司有关规定计列。

⑦ 中标后,合同所列工程量的变动,丝毫不会使合同条款无效或降低,也不免除承包人按要求的标准进行施工和缺陷修复的责任。

(2)投标报价说明。

① 投标报价应包括按照招标文件的要求实施完成本标段全部工程,以及修复任何缺陷(含保修期)所需的全部费用。

② 投标人填写工程量清单时应按照招标人提供的工程量清单及第七章"技术标准和要求"中《铁路工程工程量清单规范》的规则填写。

工程量清单计价表中的每一项目须填入单价或价格,且只允许有一个报价。投标人没有填入单价或价格的项目,其费用应视为已分摊在工程量清单的有关项目的单价或价格中。

③ 符合合同条款规定的全部费用应已被计入已标价的工程量清单所列各项目中。除非合同另有约定,工程量清单中有标价的单价与价格,均已包括了所需人工费、材料费、施工机械使用费、填料费、措施费、间接费、税金和一般风险费用。投标人按照一般计税方法计列增值税。

④ 投标人报价中应对涉及工程质量的主要直接费的降低进行说明,工人工资、社会保障等不得低于国家或工程所在地规定的标准。

⑤ 承包人必须完成工程量清单中未填入单价或价格的工程项目,但不能得到另外的结算和支付。

⑥ 对作业方法和材料的一般要求或说明,不必重复或摘要写入工程量清单内。给工程量清单各支付项标价前,须参阅合同文件的有关部分。

⑦ 本项目实行总价承包,合同签订后任何一方不得擅自调整合同价格,符合合同约定的情形时方可调整。

⑧ 总承包风险费是指由总承包单位为支付风险费用计列的金额,风险费用包括的内容在合同中约定。总承包风险费由投标人根据建设项目的具体情况自主填报,费用包干,一律不调整。

⑨ 与本标段工程相关保险由承包人办理,保险费计入总承包风险费,不再单独报价。开工前向发包人提供保险手续复印件。

⑩ 承包人应根据铁路总公司有关规定的支出范围,在投标文件中明确具体使用项目以及费用。安全生产费应按规定报价,不得删减,列入标外管理,规范使用,确保需要。

⑪ 甲供材料设备费不纳入公布的最高投标限价和签约合同价格。

（3）其他说明。

报价总额见已标价工程量清单投标报价总表。

2. 已标价工程量清单投标报价总表

表 5-7 已标价工程量清单投标报价总表

标段：CZZQ-4

章号	节号	名　　称	金额（元）
第一章	1	拆迁及征地费用	147778220
第二章		路基	502020235
	2	区间路基土石方	165475415
	3	站场土石方	34968182
	4	路基附属工程	301576638
第三章		桥涵	847319041
	5	特大桥	453800507
	6	大桥	364299460
	7	中小桥	25104632
	8	框架桥	
	9	涵洞	4114442
第四章		隧道及明洞	418966301
	10	隧道	418966301
	11	明洞	
第五章		轨道	165977530
	12	正线	165335886
	13	站线	
	14	线路有关工程	641644
第六章		通信、信号、信息及灾害监测	209134
	15	通信	
	16	信号	209134
	17	信息	
	18	灾害监测	
第七章		电力及电力牵引供电	
	19	电力	
	20	电力牵引供电	
第八章		房屋	
	21	旅客站房	

续表

章号	节号	名称	金额（元）
	22	其他房屋	
第九章		其他运营生产设备及建筑物	33617026
	23	给排水	
	24	机务	
	25	车辆	
	26	动车	
	27	站场	27056483
	28	工务	
	29	其他建筑及设备	6560543
第十章	30	大型临时设施和过渡工程	63685069
第十一章	31	其他费	0
第一章~第十一章清单合计（不含安全生产费）		A	2179572556
设备费		B	13203
总承包风险费		C	31199314
安全生产费		D	44943988
投标报价总额（A+C+D）			2255715858
按照一般计税方法标明报价中包含的增值税数额			186251768

3. 已标价工程量清单章节表（节选）

表5-8 已标价工程量清单章节表

清单 第02章 路基					
编码	节号	名称	计量单位	工程数量	金额（元）	
					综合单价	合价
0202	2	区间路基土石方	区间路基公里	9.16	18 065 001.64	165 475 415
		其中：Ⅰ.建筑工程费	区间路基公里	9.16	18 065 001.64	165 475 415
0202-01		Ⅰ.建筑工程费	断面方	4025594	41.11	165 475 415
0202-01-01		一、土方	立方米	917 956	9.31	8 548 891
0202-01-01-02		（一）挖土方（弃方）	立方米	907 808	9.33	8 470 752
0202-01-01-02-01		1.开挖土方(运距≤1公里)	立方米	907 808	6.50	5 900 752
0202-01-01-02-01-02		（2）机械施工	立方米	907 808	6.50	5 900 752
0202-01-01-02-02		2.增运土方(运距>1公里的部分)	立方米	758 112	3.39	2 570 000

续表

		清单 第02章 路基			
0202-01-01-03	（二）挖土方（利用方）	立方米	10 148	7.70	78 139
0202-01-01-03-01	1.开挖土方(运距≤1公里)	立方米	10 148	6.61	67 078
0202-01-01-03-01-02	（2）机械施工	立方米	10 148	6.61	67 078
0202-01-01-03-02	2.增运土方(运距＞1公里的部分)	立方米	10 148	1.09	11 061
0202-01-02	二、AB组填料	立方米	344 453	156.28	53 831 115
0202-01-02-03	（三）价购	立方米	344 453	156.28	53 831 115
0202-01-02-03-01	1.价购	立方米	344 453	150.57	51 864 288
0202-01-02-03-02	2.运填	立方米	344 453	5.71	1 966 827
0202-01-03	三、石方	立方米	2 592 008	24.31	63 022 810
0202-01-03-01	（一）挖石方（弃方）	立方米	2 463 437	24.56	60 493 786
0202-01-03-01-01	1.爆破石方	立方米	2 463 437	11.04	27 196 344
0202-01-03-01-01-01	（1）一般爆破	立方米	2 463 437	11.04	27 196 344
0202-01-03-01-03	2.挖运(运距≤1公里)	立方米	2 463 437	8.90	21 924 589
0202-01-03-01-03-02	（2）机械施工	立方米	2 463 437	8.90	21 924 589
0202-01-03-01-04	3.增运石方(运距＞1公里的部分)	立方米	2 208 321	5.15	11 372 853
0202-01-03-02	（二）挖石方（利用方）	立方米	113 907	21.34	2 430 775
0202-01-03-02-01	1.爆破石方	立方米	113 907	12.45	1 418 142
0202-01-03-02-01-01	（1）一般爆破	立方米	113 907	12.45	1 418 142
0202-01-03-02-02	2.挖运石方(运距≤1公里)	立方米	113 907	8.89	1 012 633
0202-01-03-02-02-02	（2）机械施工	立方米	113 907	8.89	1 012 633
0202-01-03-03	（三）利用石填方	立方米	14 664	6.70	98 249
0202-01-03-03-01	1.挖填石方(运距≤1公里)	立方米	14 664	6.70	98 249
0202-01-03-03-01-02	（2）机械施工	立方米	14 664	6.70	98 249
0202-01-05	五、填改良土	立方米	46 472	55.97	2 601 037
0202-01-05-01	（一）利用土改良	立方米	46472	55.97	2 601 037
0202-01-05-01-01	1.挖填土方(运距≤1公里)	立方米	46472	46.77	2 173 495
0202-01-05-01-02	2.增运土方(运距＞1公里的部分)	立方米	46472	9.20	427 542
0202-01-06	六、级配碎石(砂砾石)	立方米	124705	300.48	37 471 562
0202-01-06-01	（一）基床表层	立方米	61364	294.61	18 078 448

清单 第02章 路基						
0202-01-06-02		（二）过渡段	立方米	63341	306.17	19 393 114
0202-01-06-02-02		2.路涵过渡段	立方米	63341	306.17	19 393 114
0203	3	站场土石方	站场路基公里	0.95	36808612.63	34 968 182
		其中：Ⅰ.建筑工程费	站场路基公里	0.95	36808612.63	34 968 182
0203-01		Ⅰ.建筑工程费	断面方	1479288	23.64	34 968 182
0203-01-01		一、土方	立方米	212859	10.62	2 259 894
0203-01-01-02		（一）挖土方（弃方）	立方米	212859	10.62	2 259 894
0203-01-01-02-01		1.开挖土方(运距≤1公里)	立方米	212859	6.47	1 377 198
0203-01-01-02-01-02		（2）机械施工	立方米	212859	6.47	1 377 198
0203-01-01-02-02		2.增运土方(运距＞1公里的部分)	立方米	162859	5.42	882 696
0203-01-02		二、AB组填料	立方米	28104	156.27	4 391 812
0203-01-02-03		（三）价购	立方米	28104	156.27	4 391 812
0203-01-02-03-01		1.价购	立方米	28104	150.56	4 231 338
0203-01-02-03-02		2.运填	立方米	28104	5.71	160 474
0203-01-03		三、石方	立方米	1219667	21.02	25 636 430
0203-01-03-01		（一）挖石方（弃方）	立方米	556032	29.52	16 414 064
0203-01-03-01-01		1.爆破石方	立方米	556032	11.00	6 116 352
0203-01-03-01-01-01		(1)一般爆破	立方米	556032	11.00	6 116 352
0203-01-03-01-03		2.挖运(运距≤1公里)	立方米	556032	8.89	4 943 124
0203-01-03-01-03-02		（2）机械施工	立方米	556032	8.89	4 943 124
0203-01-03-01-04		3.增运石方(运距＞1公里的部分)	立方米	556032	9.63	5 354 588

清单 第03章 桥涵						
编码	节号	名 称	计量单位	工程数量	金额（元）	
					综合单价	合价
0305	5	特大桥(10)	延长米	8104.83	55 991.37	453 800 507
		其中：Ⅰ.建筑工程费	延长米	8104.83	55 991.37	453 800 507
0305-02		二、一般特大桥	延长米	8104.83	55 857.18	452 712 979
0305-02-05		（二）一般双线梁式特大桥	延长米	8104.83	55 857.18	452 712 979
0305-02-05-01		Ⅰ.建筑工程费	延长米	8104.83	55 857.18	452 712 979

续表

	清单 第03章 桥涵				
0305-02-05-01-01	1.下部工程	延长米	8104.83	24 243.37	196 488 401
0305-02-05-01-01-01	（1）基础	圬工方	66135.4	1 996.61	132 046 744
0305-02-05-01-01-01-01	①明挖	圬工方	151.5	645.78	97 836
0305-02-05-01-01-01-01-01	A.混凝土	圬工方	151.5	503.18	76 232
0305-02-05-01-01-01-01-02	B.钢筋	吨	4.56	4 737.72	21 604
0305-02-05-01-01-01-02	②承台	圬工方	33426.2	841.94	28 142 995
0305-02-05-01-01-01-02-01	A.混凝土	圬工方	33426.2	529.27	17 691 485
0305-02-05-01-01-01-02-02	B.钢筋	吨	2209.36	4 730.56	10 451 510
0305-02-05-01-01-01-05	⑤钻孔桩	圬工方	32557.7	3 064.47	99 772 095
0305-02-05-01-01-01-05-01	A.陆上	圬工方	32557.7	3 064.47	99 772 095
0305-02-05-01-01-01-09	⑨挖基	立方米	99995.5	40.34	4 033 818
0305-02-05-01-01-02	（2）墩台	圬工方	58878.62	1 094.48	64 441 657
0305-02-05-01-01-02-01	①混凝土	圬工方	58878.62	788.43	46 421 670
0305-02-05-01-01-02-02	②钢筋	吨	3196.83	5 636.83	18 019 987
0305-02-05-01-02	2.上部工程	延长米	8104.83	28 497.08	230 963 976
0305-02-05-01-02-01	（1）预应力混凝土简支箱梁	孔	228	754 897.63	172 116 659
0305-02-05-01-02-01-01	①制架预应力混凝土简支箱梁	孔	228	754 897.63	172 116 659
0305-02-05-01-02-01-01-02	B.双线	孔	228	754 897.63	172 116 659
0305-02-05-01-02-01-01-02-01	a.24m	孔	15	603 533.07	9 052 996
0305-02-05-01-02-01-01-02-01-01	a）预制	孔	15	514 092.53	7 711 388
0305-02-05-01-02-01-01-02-01-02	b）运架	孔	15	89 440.53	1 341 608
0305-02-05-01-02-01-01-02-02	b.32m	孔	213	765 557.10	163 063 663
0305-02-05-01-02-01-01-02-02-01	a）预制	孔	213	674 062.51	143 575 315
0305-02-05-01-02-01-01-02-02-02	b）运架	孔	213	91 494.59	19 488 348
0305-02-05-01-02-04	（4）预应力混凝土连续梁	米	648.5	46 975.95	30 463 901
0305-02-05-01-02-04-09	6)28+3*48+28m 双线连续梁（时速250、350公里，无砟）	延长米	201.5	49 781.59	10 030 991
0305-02-05-01-02-04-09-05	①混凝土	圬工方	3019.73	1 898.27	5 732 263
0305-02-05-01-02-04-09-07	②预应力钢筋	吨	94.47	11 316.76	1 069 094

续表

	清单 第03章 桥涵				
0305-02-05-01-02-04-09-08	③普通钢筋	吨	592.8	5 448.10	3 229 634
0305-02-05-01-02-04-14	11)40+64+40 m 双线连续梁（时速250、350，无砟）	延长米	145.5	49 973.13	7 271 090
0305-02-05-01-02-04-14-05	①混凝土	圬工方	2399.3	1 822.23	4 372 076
0305-02-05-01-02-04-14-07	②预应力钢筋	吨	78.37	9 614.74	753 507
0305-02-05-01-02-04-14-08	③普通钢筋	吨	394.06	5 444.62	2 145 507
0305-02-05-01-02-04-15	12)支架现浇 6*32.7 m 渡线道岔连续梁（小里程）	延长米	196	41 909.47	8 214 257
0305-02-05-01-02-04-15-05	①混凝土	圬工方	2260.84	2 347.42	5 307 141
0305-02-05-01-02-04-15-07	②预应力钢筋	吨	90.67	7 917.48	717 878
0305-02-05-01-02-04-15-08	③普通钢筋	吨	402.88	5 433.97	2 189 238
0305-02-05-01-02-04-16	13)28+48+28 m 双线连续梁（时速250、350，无砟）	延长米	105.5	46 896.33	4 947 563
0305-02-05-01-02-04-16-05	①混凝土	圬工方	1457.2	1 940.98	2 828 396
0305-02-05-01-02-04-16-07	②预应力钢筋	吨	44.91	11 062.81	496 831
0305-02-05-01-02-04-16-08	③普通钢筋	吨	297.75	5 448.65	1 622 336
0305-02-05-01-02-12	（12）支座	元			2 375 665
0305-02-05-01-02-12-04	④简支梁	个	912	2 245.63	2 048 015
0305-02-05-01-02-12-05	⑤连续梁	个	42	7 801.19	327 650
0305-02-05-01-02-13	（13）桥面系	延长米	8104.83	3 208.92	26 007 751
0305-02-05-01-02-13-01	①混凝土梁桥面系	延长米	8104.83	3 208.92	26 007 751

4. 工程量清单子目综合单价分析表（节选）

表 5-9 工程量清单子目综合单价分析表

清单 第 04 章 隧道及明洞

编码	节号	名称	计量单位	综合单价组成(元)					综合单价(元)
				人工费	材料费	机械使用费	措施费	间接费	税金	

编码	节号	名称	计量单位	人工费	材料费	机械使用费	措施费	间接费	税金	综合单价(元)
0410	10	隧道(4)	延长米							87 815.52
		其中:Ⅰ.建筑工程费	延长米							87 815.52
0410-01		甲、新建(4)	延长米							87 815.52
0410-01-03		三、2 公里<隧≤3 公里的隧道(1)	延长米							76 413.15
		(一)一般双线隧道(1)	延长米							76 413.15
0410-01-03-04		Ⅰ.建筑工程费	延长米							76 413.15
0410-01-03-04-01		1.正洞(钻爆法施工)	延长米							70 976.12
0410-01-03-04-01-01		1-1 进口工区施工	延长米							69 891.03
0410-01-03-04-01-01-08		(4)Ⅳ级围岩	延长米							61 418.85
0410-01-03-04-01-01-08-04		①开挖	立方米							93.84
0410-01-03-04-01-01-08-04-01		A.开挖	立方米	19.78	20.18	25.17	3.06	15.24	7.51	90.94
0410-01-03-04-01-01-08-04-01-02		B.洞外弃砟增运	立方米			2.01	0.11	0.54	0.24	2.90
0410-01-03-04-01-01-08-04-02		②衬砌	坊工方							609.28
0410-01-03-04-01-01-08-04-02-01		A.模筑混凝土	坊工方	36.28	341.26	62.46	5.92	29.5	42.79	518.21
0410-01-03-04-01-01-08-04-02-02		B.钢筋	吨	505.69	3802.46	195.93	44.55	222.06	429.36	5 200.05
0410-01-03-04-01-01-08-04-03		③支护	延长米							26 844.78
0410-01-03-04-01-01-08-04-03-01		A.喷射混凝土	坊工方	100.78	480.14	139.64	14.34	71.47	72.57	878.94

续表

编号	清单 第04章	项目	单位							合计
					隧道及明洞					
0410-01-03-04-01-01-08-04-03-03		C.钢筋网	吨	1 052.14	35 89.12	113.89	77.16	384.67	469.53	5 686.51
0410-01-03-04-01-01-08-04-03-04		D.钢支撑	吨	1 346.56	3 862.07	238.18	103.57	516.34	546.01	6 612.73
0410-01-03-04-01-01-08-04-03-05		E.超前小导管	米	10.35	25.54	4.94	0.96	4.78	4.19	50.76
0410-01-03-04-01-01-08-04-03-06		F.锚杆	米	7.49	22.88	4.96	0.75	3.76	3.59	43.43
0410-01-03-04-01-01-08-04-04		④拱顶压浆	延长米	17.21	86.41	8.54	1.69	8.42	11.01	133.28
0410-01-03-04-01-01-08-04-05		(5) V级围岩	延长米							10 8323.29
0410-01-03-04-01-01-08-05-01		①开挖	立方米							134.39
0410-01-03-04-01-01-08-05-01-01		A.开挖	立方米	21.7	46.83	32.63	3.25	16.22	10.86	131.49
0410-01-03-04-01-01-08-05-01-02		B.洞外弃碴增运	立方米			2.01	0.11	0.54	0.24	2.90
0410-01-03-04-01-01-08-05-02		②衬砌	圬工方							779.26
0410-01-03-04-01-01-08-05-02-01		A.模筑混凝土	圬工方	34.62	339.88	62.37	5.8	28.91	42.44	514.02
0410-01-03-04-01-01-08-05-02-02		B.钢筋	吨	513.23	3 786.67	200.1	45.27	225.69	429.39	5 200.35
0410-01-03-04-01-01-08-05-03		③支护	延长米							59 465.78
0410-01-03-04-01-01-08-05-03-01		A.喷射混凝土	圬工方	126.87	479.66	150.03	16.65	83	77.06	933.27
0410-01-03-04-01-01-08-05-03-03		C.钢筋网	吨	1 052.48	3 590.27	113.93	77.18	384.79	469.68	5 688.33
0410-01-03-04-01-01-08-05-03-04		D.钢支撑	吨	1 112.62	3 608	248.01	88.29	440.16	494.74	5 991.82
0410-01-03-04-01-01-08-05-03-05		E.超前小导管	米	8.76	21.29	4.48	0.82	4.09	3.55	42.99
0410-01-03-04-01-01-08-05-03-06		F.锚杆	米	6.16	27.6	4.7	0.65	3.24	3.81	46.16
0410-01-03-04-01-01-08-05-03-07		G.管棚	米	29.15	56.8	39.37	4.09	20.39	13.48	163.28
0410-01-03-04-01-01-08-05-04		④拱顶压浆	延长米	17.39	87.58	8.61	1.71	8.51	11.14	134.94

5. 材料费计算表

表 5-10 甲供材料计算表

标段：CZZQ-4

序号	材料编码	名称及规格	交货地点	计量单位	数量	金额/元 单价	金额/元 合价
1	2765012	轨距挡板 60 kg	施工工地、车板交货	块	35 581.35	3.76	133 884.20
2	2766022	WJ-7 型扣件	施工工地、车板交货	套	273.70	242.94	66 491.43
3	2766104	60 kg 钢轨弹条Ⅲ型扣配件	施工工地、车板交货	组	296.27	42.27	12 522.53
4	400000019	球型钢支座-4 000 kN	施工工地、车板交货	个	132.00	10 151.53	1 340 002.18
5	400000021	球型钢支座-5 000 kN	施工工地、车板交货	个	1 604.00	13 085.23	20 988 713.28
6	400000022	球型钢支座-6 000 kN	施工工地、车板交货	个	4.00	16 088.10	64 352.40
7	400000028	球型钢支座-12 500 kN	施工工地、车板交货	个	10.00	40 091.36	400 913.62
8	400000030	球型钢支座-17 500 kN	施工工地、车板交货	个	4.00	59 790.12	239 160.50
9	400000031	球型钢支座-20 000 kN	施工工地、车板交货	个	8.00	82 590.08	660 720.66
10	400000033	球型钢支座-25 000 kN	施工工地、车板交货	个	8.00	92 420.87	739 366.98
11	400040026	C 型压接件 铜质（含防腐处理）	施工工地、车板交货	个	2 399.00	52.32	125 515.68
12	400040027	L 型连接器（含防腐处理）	施工工地、车板交货	个	454.00	141.70	64 331.80
13	8018165	金属护套环保型接地铜缆 70 mm²	施工工地、车板交货	m	67 426.08	80.14	5 403 310.29
	900000000	部组织采购—以上小计					30 239 285.54
14	2031130	金属声屏障单元板 1 960×500×140	施工工地、车板交货	m²	4 517.65	795.43	3 593 494.32
15	2031133	通透单元板 1 960×1 000×20（桥金属-8323A）	施工工地、车板交货	m²	2 792.46	1 410.84	3 939 718.56
16	2031136	复合吸声板 3 960×140×500	施工工地、车板交货	m²	294.84	432.38	127 482.69

续表

序号	材料编码	名称及规格	交货地点	计量单位	数量	金额/元 单价	金额/元 合价
17	2613914	梁端可更换伸缩缝(铝合金)TSSF-100 无砟	施工工地、车板交货	m	6 048.00	638.66	3 862 588.75
18	3341030	EVA 防水板 δ=1.5	施工工地、车板交货	m²	657.90	17.77	11 693.99
19	400000003	桥梁高聚物改性沥青防水卷材(甲供)	施工工地、车板交货	m²	60 732.31	41.84	2 541 207.44
20	400000004	桥梁聚氨酯防水涂料(甲供)	施工工地、车板交货	kg	230 131.79	14.74	3 391 130.41
21	400000006	隧道防水板(甲供)	施工工地、车板交货	m²	6 119.82	24.15	147 765.65
22	400000107	铁路桥梁墩台高聚物改性沥青防水卷材(甲供)	施工工地、车板交货	m²	18 670.08	41.84	781 219.64
23	400000108	铁路桥梁墩台聚氨酯防水涂料(甲供)	施工工地、车板交货	kg	4 218.72	14.74	62 166.17
24	400000109	铁路涵洞高聚物改性沥青防水卷材(甲供)	施工工地、车板交货	m²	554.16	41.84	23 188.28
25	400000110	铁路涵洞聚氨酯防水涂料(甲供)	施工工地、车板交货	kg	3 229.46	14.74	47 589.71
26	400000169	硅酮密封胶	施工工地、车板交货	L	77 075.95	49.07	3 782 109.97
27	400000212	施工缝用背贴式自粘橡胶止水带	施工工地、车板交货	m	30 330.72	122.81	3 724 774.54
28	400000213	施工缝用中埋式自粘钢边橡胶止水带	施工工地、车板交货	m	29 689.14	115.22	3 420 863.55
29	400000222	自粘式防水板	施工工地、车板交货	m²	152 574.27	55.65	8 490 124.01
30	400000223	变形缝用中埋式自粘钢边橡胶止水带 B-Z-ZG-300×6	施工工地、车板交货	m	543.66	120.02	65 250.14
31	400000224	变形缝用背贴式自粘橡胶止水带 B-T-ZR-300*6	施工工地、车板交货	m	564.06	122.80	69 267.96
	900000000	建设单位采购-以上小计					38 081 635.79
		合计					68 320 921.33

表 5-11 自购材料计算表

标段：CZZQ-4

序号	材料编码	材料名称及规格	计量单位	单价/元
1	31	电（机械台班用）	kW·h	0.878
2	32	汽油（机械台班用）	kg	8.41
3	33	柴油（机械台班用）	kg	7.472
4	50	水（机械台班用）	t	0.35
5	1010002	水泥 32.5 级	kg	0.319
6	1010003	普通水泥 42.5 级	kg	0.34
7	1010012	普通水泥 42.5 级（高性能混凝土）	kg	0.34
8	1010013	普通水泥 52.5 级（高性能混凝土）	kg	0.421
9	1110001	原木	m³	1257
10	1110003	锯材	m³	1366
11	1170056	草皮	m²	2.66
12	1170057	混合草籽	kg	31.02
13	1170060	小灌木	株	1.611
14	1170062	绿篱苗木 苗高>0.6 m	株	4.57
15	1170063	花灌木 带土球	株	16.01
16	1170065	攀缘植物 4 年生	株	1.09
17	1200014	生石灰	kg	0.33
18	1230005	块石	m³	70
19	1230006	片石	m³	105
20	1240010	碎石	m³	122.65
21	1240011	碎石 16 以内	m³	122.65
22	1240012	碎石 25 以内	m³	122.65
23	1240013	碎石 31.5 以内	m³	122.65
24	1240014	碎石 40 以内	m³	122.65
25	1240015	碎石 63 以内	m³	122.65
26	1240016	碎石 80 以内	m³	122.65
27	1240022	碎石 16 以内（高性能混凝土）	m³	122.65
28	1240023	碎石 25 以内（高性能混凝土）	m³	122.65
29	1240024	碎石 31.5 以内（高性能混凝土）	m³	122.65
30	1240025	碎石 40 以内（高性能混凝土）	m³	122.65
31	1240110	卵石 10 以内	m³	82.52

续表

序号	材料编码	材料名称及规格	计量单位	单价(元)
32	1240111	卵石 25以内	m³	82.52
33	1240113	卵石 40以内	m³	82.52
34	1240118	天然级配砂（砾）卵石	m³	65
35	1240120	石屑	m³	65
36	1251058	小豆石	m³	54.88
37	1252134	石灰膏	m³	102.89
38	1260022	中粗砂	m³	149.13
39	1260024	中粗砂（高性能混凝土）	m³	149.13
40	1260129	粉煤灰 Ⅰ 级	t	190
41	1260132	粉煤灰（混凝土工程）	kg	0.19
42	1260133	重力式砂浆	m³	4947.52
43	1260139	石粉	kg	0.17
44	1260141	滑石粉 325目	kg	0.34
45	1270010	普通石油沥青 65甲、60乙	kg	3.43
46	1270011	道路石油沥青 100甲、100乙、180号	kg	3
47	1270012	建筑石油沥青	kg	3.43
48	1270015	软煤沥青 8号	kg	2.34
49	1900014	光圆钢筋（HPB300） $\phi<10$	kg	3.682
50	1900015	光圆钢筋（HPB300） $\phi\geq10$	kg	3.824
51	1900017	圆钢筋 16Mn ϕ18以上	kg	3.682
52	1902001	镀锌圆钢 $\phi<10$	kg	4.53
53	1910106	精轧螺纹钢筋(BST500S) ϕ≥18	kg	4.44
54	1910107	带肋钢筋(HRB400) ϕ<18, ≥28	kg	3.702
55	1910108	带肋钢筋(HRB400) ϕ18~25	kg	3.702
56	1910201	锥形螺纹套筒连接件 ϕ16	套	2.78
57	1910203	锥形螺纹套筒连接件 ϕ20	套	3.47
58	1910206	锥形螺纹套筒连接件 ϕ28	套	4.86
59	1910209	锥形螺纹套筒连接件 ϕ40	套	8.49
60	1910213	冷挤压套筒连接件 ϕ25	套	6.56
61	1930031	扁钢 Q235-A	kg	3.71
62	1940005	工字钢 Q235-A	kg	3.844
63	1950101	槽钢 Q235-A	kg	3.982

续表

序号	材料编码	材料名称及规格	计量单位	单价/元
64	1950102	镀锌槽钢 Q235-A	kg	4.88
65	1960025	角钢 Q235-A	kg	3.822
66	1962001	型钢	kg	3.158
67	1980012	冷拉低碳钢丝	kg	3.7
68	1980053	预应力钢绞线	kg	4.82
69	2000001	钢板 Q235-A δ=0.5~6	kg	3.8
70	2000007	钢板 Q235-A δ=7~40	kg	3.887
71	2000024	钢板 16Mnq δ=6~10	kg	4.055
72	2020001	冷轧钢板 Q235-A δ=0.3~3	kg	3.6
73	2030003	镀锌钢板 δ=0.3~5	kg	4.15
74	2031002	不锈钢材	kg	15.44
75	2031006	不锈钢镜面板 δ=1.2	m²	166.49
76	2031017	不锈钢接地端子	个	41.17
77	2031043	白铁皮 δ=0.2	kg	3.24
78	2031044	瓦楞铁皮 26号	m²	22.27
79	2031054	合金工具钢 空心	kg	4.91
80	2031059	工具钢 实心	kg	4.09
81	2031071	中空注浆锚杆体 ϕ25×5	m	20.15
82	2031072	中空注浆锚杆附件 ϕ25×5	套	9.52
83	2100005	钢丝绳	kg	4.48
84	2110005	镀锌钢丝绳	kg	5.11
85	2130012	镀锌低碳钢丝 ϕ0.7~6	kg	3.46
86	2200100	无缝钢管	kg	4.75
87	2201014	无缝钢管 D42×4	m	19.807 5
88	2201016	无缝钢管 D50×2.5	m	13.917 5
89	2201021	无缝钢管 D76×4	m	33.725
90	2201027	无缝钢管 D108×4	m	48.735
91	2201028	无缝钢管 D108×6	m	71.677 5
92	2201040	无缝钢管 D273×8	m	248.33
93	2201043	无缝钢管 D325×9.5	m	351.072 5
94	2210050	不锈钢管	kg	15.65
95	2220016	焊接钢管	kg	3.91

续表

序号	材料编码	材料名称及规格	计量单位	单价/元
96	2220017	焊接钢管 DN10×2.25	m	3.206 2
97	2220033	焊接钢管 DN100×4	m	42.423 5
98	2220035	焊接钢管 DN150×4.5	m	69.637 1
99	2220038	焊接钢管 DN200×6.5	m	123.204 1
100	2220042	焊接钢管 DN300×6.5	m	184.591 1
101	2240003	镀锌焊接钢管 DN20×2.75	m	7.917 3
102	2240005	镀锌焊接钢管 DN25×3.25	m	11.760 2
103	2240007	镀锌焊接钢管 DN32×3.25	m	15.232 7
104	2240009	镀锌焊接钢管 DN40×3.5	m	18.658 9
105	2240011	镀锌焊接钢管 DN50×3.5	m	23.705 6
106	2240014	镀锌焊接钢管 DN80×4	m	40.558 8
107	2240016	镀锌焊接钢管 DN100×4	m	52.735 7
108	2240018	镀锌焊接钢管 DN150×4.5	m	86.581
109	2250001	金属波纹管（制孔用）	kg	5.6
110	2260017	铁皮通风管 $\phi1800$	m	370.5
111	2261001	群锚（QM、OVM、HVM 锚具）	孔束	24.08
112	2261002	预应力钢筋扎丝锚	头	19.61
113	2261003	喇叭管 铸钢	个	78.05
114	2810023	组合钢模板	kg	5.19
115	2810024	组合钢支撑	kg	5.4
116	2810025	组合钢配件	kg	6.25
117	2810026	隧道组合钢模板	m²	179.97
118	2810027	大钢模板	kg	5.88
119	2810028	定型钢模板	kg	6.99
120	2810036	台模钢架及走行部分	kg	4.91
121	2810047	钢配件	kg	6.08
122	2810051	单壁吊箱围堰	t	5 452.49
123	2810055	钢护筒≤2 m	t	5 120.99
124	2910010	汽油	kg	8.41
125	2910014	柴油	kg	7.472
126	3350111	聚氯乙烯硬管 D75	m	8.27
127	3350113	聚氯乙烯硬管 D150	m	29.41

续表

序号	材料编码	材料名称及规格	计量单位	单价/元
128	3360204	软质通风管 $\phi1800$	m	66.54
129	3372015	聚氯乙烯给水管(UPVC) D50	m	4.15
130	3372017	聚氯乙烯给水管(UPVC) 0.6MPa D75	m	6.97
131	3372018	聚氯乙烯给水管(UPVC) 0.6MPa D90	m	9.1
132	3372019	聚氯乙烯给水管(UPVC) 0.6MPa D110	m	11.72
133	3372020	聚氯乙烯给水管(UPVC) 0.6MPa D125	m	14.08
134	3372022	聚氯乙烯给水管(UPVC) 0.6MPa D160	m	24.6
135	3372024	聚氯乙烯给水管(UPVC) 0.6MPa D200	m	42.09
136	3372151	聚乙烯给水管（PE）de25	m	2.88
137	3372211	聚乙烯给水管（PE） 0.6MPa de110	m	23.66
138	3372261	高密度聚乙烯管（HDPE） de90	m	31.4
139	3372390	排水用聚氯乙烯双壁波纹管 D225	m	30.27
140	3372392	排水用聚氯乙烯双壁波纹管 D300	m	49.73
141	3378010	PVC硬塑泄水算 250×250×10	个	5.6
142	3378011	PVC硬塑泄水管及管盖 $\phi150\times40$	套	33.59
143	3378012	PVC硬塑管 $\phi100$	m	4.37
144	3378015	UPVC雨水管 $\phi110$	m	12.1
145	3378016	UPVC雨水管 $\phi160$	m	14.23
146	3378017	UPVC雨水斗 $\phi110$	个	12.81
147	3378025	PVC直通接头 DN110	个	3.84
148	3378028	PVC弯管 $\phi180$	个	32.03
149	3378044	PVC带孔双壁波纹渗水管 $\phi100$	m	10.72

6. 设备费计算表

表5-12 自购设备费计算表

标段：CZZQ-4　　　　　　　　　　　　　　　　　　　　　　第1页 共1页

序号	设备编码	设备名称及规格型号	技术条件	计量单位	数量	金额/元 单价	金额/元 合价
1	SF	照明配电箱		个	2	6601.50	13203
		自购设备费合计		13 203	元		

表 5-13 设备费汇总表

标段：CZZQ-4　　　　　　　　　　　　　　　　　第 1 页共 1 页

名　　称	金额/元
1．甲供设备费合计	
2．自购设备费合计	13 203
3．甲供设备自交货地点至安装地点的运杂费	
设备费总额（2+3）＿＿13 203＿＿元	
（结转"工程量清单投标报价汇总表"）	

5.3 各章工程量计算规则

5.3.1 迁改工程工程量计算规则

1．清单说明

（1）道路过渡工程是指为了不中断既有道路交通，确保施工、运营安全所修建的过渡工程。

（2）改河（沟渠）包括涵洞的上下游铺砌及顺沟、顺渠、顺路（仅为非等级公路）内容。指为保证涵洞两端上下游通畅，避免对环境产生不利影响而需向铁路用地界以外延伸部分的工程。

（3）管线路防护是指修建铁路时需对既有管线路进行的防护、加固、含电磁防护工程。

（4）青苗补偿费是指在铁路用地界以外修建正式工程发生的青苗补偿费用。

2．主要工程计量规则

迁改工程主要工程量计算规则如下：

（1）改移道路。

分区间等级公路、区间非等级公路、站场等级公路改移道路、站场非等级公路改移道路、道路过渡工程和取弃土（石）场处理。等级公路路基土石方（含路基附属工程的土石方）按设计图示断面尺寸，挖方以天然密实体积计算，填方以压实体积计算。

路基附属工程砌体及（钢筋）混凝土按设计图示砌体尺寸、圬工尺寸计算。附属工程中绿色防护按设计图示绿色防护、绿化面积计算。路面垫层、基层按设计图示面积乘厚度计算，沥青混凝土路面、水泥混凝土路面按设计图示面积计算。

公路桥明挖基础按设计图示圬工体积计算（不含回填圬工数量），钻孔桩按设计桩长计算（桩顶至桩底长度）。预制、现浇简支梁按设计图示面积计算；连续梁混凝土按设计图示圬工体积计算，预应力钢筋按设计图示下料长度（不含锚具的重量）计算重量。桥面按设计图示圬工体积计算，各类支座按设计图示数量计算。

公路涵洞按设计图示进出口帽石外边缘之间中心线长度计算。公路隧道正洞按设计图示正洞长度计算。公路隧道洞门和附属工程按设计图示洞门圬工体积计算（含端翼墙和与洞门连接的挡墙的圬工数量）。

沿线设施按设计图示公路中心线长度计算。

（2）人行天桥。

钢结构人行天桥、钢筋混凝土人行天桥按设计图示桥面面积计算（含车行道和人行道的面积）。

（3）立交桥综合排水。按设计图示数量计算。

（4）砍伐挖根。按设计要求综合计算。

（5）改河（沟渠）。

土石方按设计图示尺寸，挖方以天然密实体积计算，填方以压实体积计算。

浆砌石和混凝土按设计图示圬工体积计算。

（6）改移通信、电力、给排水、油气管道线路。按设计图示改移线路长度计算。

（7）管线路防护。按设计图示防护长度计算。

（8）隔声窗。按设计图示隔声窗的表面面积计算。

（9）既有建筑拆除后的垃圾清运。按设计要求综合计算。

（10）其他费。

临时用地费按设计图示数量计算；青苗补偿费按设计要求综合计算。

5.3.2　路基工程工程量计算规则

路基工程清单说明及主要计量规则如下：

1. 区间路基和站场土石方

（1）利用隧道、路基、站场、桥涵弃土石方的运输距离界面划分：以设计确定的取料点为界，料源点至取料点的运输距离计入弃方工程中，取料点至填筑点（含运至填料拌和站）的运输距离计入填筑工程中。

（2）挖方以设计开挖断面计算，为天然密实体积；填方以设计填筑断面计算，为压实后体积。

（3）因设计要求清除表土后或原地面压实后回填至原地面标高所需的土石方按设计图示确定的数量计算，纳入路基填方数量内。

（4）路堤填筑按照设计图示填筑线计算土石方数量，护道土石方、需要预留的沉降数量计入填方数量。

（5）既有线改造工程所引起的既有路基落底、抬坡的土石方数量应按相应的土石方的清单子目计量。

2. 路基附属工程

（1）路基加固防护与桥梁基坑防护的界面划分：以桥台台尾为界，路基范围以内的防护工程纳入路基工程。

（2）路基（站场）排水沟与涵洞出入口沟渠的界面划分：涵洞边墙以外的排水系统纳入路基（站场）工程。

（3）支挡结构。

① 支挡结构包括抗滑桩、挡土墙、锚固结构等工程。

② 桩板挡土墙分别按钢筋混凝土桩和钢筋混凝土板的清单子目计量。
③ 加筋土挡土墙分别按墙面板及基础和拉筋的清单子目计量。
④ 锚杆框架梁分别按锚杆及钢筋混凝土的清单子目计量。

（4）路基地基处理中基底填筑（垫层）按清单子目单独计量；挡土墙、护墙等砌体圬工的基础、墙背所设垫层不单独计量，其工程内容含在相应的清单子目。

（5）土工合成材料。

① 铺设土工材料数量按设计铺设面积计算，若特殊设计需要回折的，回折部分另行计算并计入工程数量。除土工网垫外，其下铺设的各种垫层或其上填筑的各种覆盖层等应采用地基处理的清单子目计量。

② 支挡结构中的受力土工材料在支挡结构的清单子目中计量。

（6）地下洞穴处理。

① 仅适用于对地下洞穴进行直接处理的计量，对于通过挖开后回填处理，应采用地基处理的清单子目计量。

② 地下洞穴处理的填筑清单子目，适用于通过地下巷道进入施工现场进行填筑的工程。

5.3.3 铁路桥涵工程工程量计算规则

1. 清单说明

（1）特大桥指桥长 500 m 以上的桥梁；大桥指桥长 100 m 以上至 500 m（含）的桥梁；中桥指桥长 20 m 以上至 100 m（含）的桥梁；小桥指桥长 20 m 及以下的桥梁。

（2）桥梁长度，梁式桥指桥台挡碴前墙之间的长度；拱桥指拱上侧墙与桥台侧墙间两伸缩缝外端之间的长度；框架式桥指框架顺跨度方向外侧间的长度。

（3）桥梁下部工程有"水上"字样的清单子目是指设计采用船舶等水上专用设备方可施工的子目。河滩、水中筑岛施工按"陆上"施工考虑。

（4）墩台子目按墩身高度细分为墩高≤30 m、30 m<墩高≤70 m、70 m<墩高≤140 m。

（5）梁的运架清单子目包括运输、架设等工作内容。

（6）刚构连续梁与桥墩的分界：桥墩顶部变坡点（0 号块底）以上属梁部，以下属墩台工程。

（7）附属工程包括台后及河床加固及河岸防护、锥体填筑、洞穴处理等，不含由于防洪需要所发生的相关工程。

（8）本章洞穴处理，钻孔、注浆、灌砂等清单子目，适用于通过钻孔进行的注浆、灌砂处理；填土、填袋装土、填石（片石）及填（片石）混凝土等清单子目，适用于对洞穴挖开后的填筑处理；钻孔填筑子目仅适用于对钻孔通过洞穴时，需对洞穴进行的填筑处理。

（9）施工辅助设施包括栈桥、缆索吊、施工猫道、基础施工辅助设施和其他设施。基础施工辅助设施包括筑堤、筑岛、围堰，工作平台、防护棚架等。其他设施包括现浇混凝土梁辅助设施、钢梁架设辅助设施、墩身辅助设施等。

2. 主要计量规则

具体工程量计算规则如下：

（1）桥梁基础、墩台混凝土工程量按设计图示坞工体积计算；

（2）钢筋按设计图示长度计算重量；预应力钢筋按设计图示下料长度计算重量（不含锚具的重量）。

（3）钻孔桩按设计桩长（桩顶至桩底的长度）计算；

（4）预制、架设按设计图示数量计算孔数；现浇连续梁，按设计图示坞工体积计算。

（5）桥面系按设计图示桥梁长度计算工程量。

（6）涵洞工程涵身及附属工程量按设计图示进出口帽石外边缘之间中心线长度计算。

5.3.4 隧道工程工程量计算规则

1. 清单说明

（1）隧道长度指隧道进出口（含与隧道相连的明洞）洞门端墙墙面之间的距离，以端墙面或斜切式洞门的斜切面与设计内轨顶面的交线同线路中线的交点计算。双线隧道按下行线长度计算；位于车站上的隧道以正线长度计算；设有缓冲结构的隧道长度应从缓冲结构的起点计算。

（2）隧道长度 $L>4$ km 或有辅助坑道的单、双线隧道，多线隧道及地质复杂隧道分别编列。

（3）隧道正洞施工工区分为正洞基础口工区、通过辅助坑道施工正洞工区，正洞工区长度根据施工组织设计安排确定。

（4）正洞施工按不同工法分为"钻爆法施工""TBM 法施工""盾构法施工"三类，不同工法按地质围岩分级设置清单子目。

（5）TBM 法施工适用于采用敞开式隧道岩石掘进机设备进行开挖的隧道。为便于 TBM 步进、洞内拆解而采用钻爆法施工的正洞主体工程，应采用钻爆法施工相关清单子目计量。

（6）盾构法施工适用于采用土压平衡盾构及泥水平衡盾构设备进行开挖的隧道。如与盾构工作井相连的是封闭式路堑（U 形槽）加雨棚结构，则相关土石方开挖、地基处理、基坑围护、主体结构、雨棚等可采用类似工程清单子目计量。

（7）平行导坑的横通道不单独计量，其工程内容计入平行导坑。

（8）竖井的井口及井底车场工程不单独计量，其工程内容计入竖井。

（9）隧道洞室防护门等与土建工程同步实施的站后相关工程均列于本章中。

2. 主要计量规则

具体工程量计算规则如下：

（1）正洞开挖工程量按图示不含设计允许超挖、预留变形量的设计断面计算（含沟槽和各种附属洞室的开挖数量）。

（2）衬砌模筑混凝土工程量按图示断面坞工计算；预留变形量采用模筑混凝土回填按设计图示预留变形量未变部分回填坞工体积计算。

（3）TBM、盾构机步进按设计图示步进长度计算；各级围岩开挖按设计图示开挖体积计算（不含设计预留变形量）。

（4）接长明洞及棚洞开挖按设计图示平均断面积乘明（棚）洞长度计算；衬砌按设计图

示断面圬工计算（含钢筋混凝土、混凝土圬工数量）。

（5）平行导坑按设计图示平行导坑长度计算（含连接正洞的全部横通道长度）。斜井按设计图示斜井井口至斜井井身与井底车场中心线相交点的斜长加井底车场到隧道边墙内轮廓线的长度计算。竖井按设计图示竖井锁口至井底车场底内轮廓线的长度计算。

（6）洞门按设计图示正洞洞门圬工体积计算，包括端翼墙、缓冲结构和与洞门连接挡墙的圬工。

5.3.5　轨道工程工程量计算规则

1. 清单说明

（1）铺轨、铺岔和铺道床包括满足设计开通速度的全部工程（工作）内容。

（2）大型机械安拆与调试按单独清单子目计量。

（3）无砟道床包括轨道板（枕）预制、轨道板（枕）运输、道床现浇部分及轨道板（枕）安装及减震垫层。

2. 工程量计算规则

（1）新建轨道工程具体工程量计算规则

① 正、站线铺轨长度按设计图示长度（不含过渡段、不含道岔）计算。

② 铺砟数量计算：粒料道床面砟按设计图示尺寸以体积计算，含无砟道床与粒料道床过渡段和无砟道床两侧铺设的数量；底砟按设计图示尺寸以体积计算，含线间石砟；粒料道床减振橡胶垫层按设计图示铺设面积计算。

③ 无砟道床按设计图示道床长度（不含过渡段）计算，无砟道床减振垫层铺设按设计图示减振地段道床长度（不含过渡段）计算。

④ 铺道岔工程量按设计图示道岔组数计算。

（2）改建轨道工程具体工程量计算规则

① 拆除线路按设计图示拆除的既有线路长度计算；重铺线路按设计图示重铺长度计算。起落道按设计图示起落长度计算；拨移线路按设计图示拨移长度计算。换轨按设计图示更换钢轨的长度计算；抽换轨枕按设计图示更换轨枕的数量计算。

② 无缝线路应力放散按设计图示无缝线路长度计算；无缝线路锁定按设计图示无缝线路长度计算。

③ 清筛道砟按设计清筛道砟的体积计算，补充道砟按设计补充道砟的体积计算。

④ 线路有关工程包括附属工程、线路备料、CPⅢ测设。附属工程按设计铺轨长度计算；线路备料按设计要求综合计算；CPⅢ测设按设计正线长度计算。

5.3.6　铁路站后工程及其他费计算规则

1. 通信、信号、信息及灾害监测工程

（1）综合接地工程项目中贯通接地系统安装工程量列入信号专业、各专业需与接地端子相连接的工程项目如分支地线敷设及连接等的工程量列入相应专业，需单独接地的工程量列入相应专业。

（2）综合视频监控系统中，旅服视频监控系统采集点设备列入信息专业，通信机房、信号机房、电力配电所、电化所（亭）等采集点设备列入通信专业。

（3）旅客车站站房综合布线系统列入信息专业，其他生产生活房屋综合布线列入通信专业。

（4）灾害监测系统中公跨铁异物侵限监测系统桥梁预埋件列入桥梁专业。

2. 电力及电力牵引供电工程

（1）供电线路施工引起的地上附着物及青苗补偿费，统一在迁改工程中计列。

（2）其他室外照明是指水塔、天桥、地道、雨棚等的照明和其他单列清单项目以外的室外照明，包括站区、庭院照明等。

（3）与路基工程同步施工的接触网支柱基础应在路基工程清单项目中计列，桥梁预埋的接触网支柱锚栓或预留的接触网支柱锚栓孔应在桥梁工程清单项目中计列，隧道预埋的槽道或螺栓孔应在隧道工程清单项目计列。

3. 房屋工程

（1）除计量规则表所列的工程内容以外，列入房屋工程的室内工程还包括：库内线、检查坑、落轮坑、调车轨道等。

（2）基础与墙身分界。

① 砖基础与砖墙（身）划分应以设计室内地坪为界（有地下室的按地下室室内设计地坪为界），以下为基础，以上为墙（柱）身。

② 石基础、石勒脚、石墙的划分。基础与勒脚应以设计室外地坪为界，勒脚与墙身应以设计室内地坪为界。

③ 基础与墙身使用不同材料，位于设计地坪±0.3 m 以内时以不同材料为界，超过±0.3 m，应以设计室内地坪为界。

④ 附属工程土石方是指为达到设计要求的标高，在原地面修建房屋及附属工程而必须进行的修建场地范围的土石方工程，不含已由线路、站场进行调配的土石方。修建房屋进行的平整场地（厚度±0.3 m 以内）和基础及道路、围墙、绿化、圬工防护等土石方，不单独计量，其工程内容计入房屋基础及附属工程的相应清单子目。

⑤ 除与其他运营生产设备及建筑物有关的围墙、栅栏、道路、排水沟渠、硬化面、挡墙、护坡、绿化和取弃土（石）场处理外，其余均列入房屋附属工程相应清单子目。

⑥ 铁路房屋分类及范围符合《铁路房屋建筑设计标准》的规定；建筑面积计算符合《建筑工程建筑面积计算规范》的规定。

4. 其他运营生产设备及建筑物

（1）机务、车辆、动车段（所）按车间种类分别编列。

（2）本章范围内的围墙、栅栏、道路、硬化面、绿化、美化和取弃土（石）场处理等均列入站场附属工程有关清单子目。

（3）本章范围内的地面水（雨水、融化雪水、客车上水时的漏水，无专用洗车机洗刷机车及车辆的废水等）的排水沟渠、管道列入站场附属工程，其余地下水、生产废水、生活污水的排水沟渠，管道列入排水工程。

（4）集装箱场地地面等垫层以下地基如需加固处理，应按地基处理相应的清单子目计量。

5. 大型临时设施和过渡工程

大型临时设施和过渡工程指施工企业为进行建筑安装工程施工及维持既有线正常运营，根据施工组织设计确定所需的大型临时建筑物和过渡工程修建及拆除恢复工程。

（1）临时场站。

根据施工组织设计需要确定的大型临时场站，包括材料场、填料集中加工站、混凝土集中拌和站、混凝土构配件预制场、制（存）梁场、钢梁拼装场、TBM拼装场、盾构泥水处理厂、管片预制场、仰拱块预制场、铺轨基地、长钢轨焊接基地、换装站、道砟存储场、轨道板（枕）预制场等。

（2）铁路便线（含便桥、隧、涵）。

铁路便线（含便桥、隧、涵）指通往临时场站、砂石（道砟）场的临时铁路线、架梁岔线及场内铁路便线、机车转向用的三角线等，独立特大桥的吊机走行线，以及重点桥隧等工程专设的铁路运料便线等。

（3）汽车运输便道。

① 汽车运输便道包括平原微丘类便道、山岭重丘类便道、盘曲山区类便道、深峡陡坡类便道、特殊类便道、汽车运输便桥、利用地方既有道路补偿（维护）。

② 利用地方既有道路补偿（维护）指过路过桥费用，道路维护、环水保等。

（4）运梁便道。

运梁便道指专为运架大型混凝土成品梁而修建的便道。

（5）过渡工程。

过渡工程指由于改建既有线、增建第二线等工程施工，为了保持既有线（或车站）运营工作进行，尽可能地减少运输与施工之间的相互干扰和影响，从而对部分既有工程设施必须采取的施工过渡措施。

5. 其他费

（1）安全生产费（费率计算部分）按国家有关规定计算，不得作为竞争性费用。

（2）营业线施工配合费指运营单位在施工期间参加配合工作所发生的费用，根据相关费率计算或合同约定计列。

5.4 铁路工程量清单报价文件的编制

编制工程量清单报价文件依据招标文件的要求，依据国家或行业建设主管部门颁发的计价办法，结合企业自身的施工技术管理水平，计算分析完成工程量清单所列项目的全部费用。清单报价编制步骤如下：

1. 熟悉招标文件

招标文件是投标报价的重要依据，是投标人参与投标活动、进行投标报价的行动指南。招标文件一般包括前附表、投标人须知、合同通用条款、合同专用条款、技术规范、图纸、评标和定标办法、工程量清单以及必要的附表，如各种担保或保函的格式等。工程量清单是招标文件中重要的组成部分，是招标人提供给投标人用于报价的具体内容和工程量，也是最终结算和支付的依据。在清单报价编制时要认真对工程量清单进行校核，尤其是目前我国铁路工程承包合同大多采用的是施工总价承包形式，承包商不仅要承担价的风险，还要承担量的风险。因而，若出现清单工程量清单不符之处，应按招标文件的有关规定请业主澄清，切勿自行修改工程量清单的内容和数量，以免造成废标。

招标文件中的设计图纸，是清单报价编制工作中进行工程项目拆分和计算工程数量的重要依据。认真进行设计图纸审核，尽早发现图纸中存在的问题，分析图纸和清单在施工中发生变化的可能性。分析预测变更可能性，对可能变化的报价采用相应策略以规避风险并获得较大利润。

在编制投标报价前，必须全面熟悉并理解招标文件。要结合招标文件对拟建工程的质量要求、工期要求、计量支付及风险的分担等方面规定进行综合分析。重点把握合同专用条款、计量与支付条款、调价条款等合同条款，并反映在工程量清单报价文件中。

2. 现场考察和参加标前会议

现场考察是编制投标报价文件的必要环节。现场考察的内容包括对拟建项目周边的地形、地质、气候、水文、运输道路及人文情况进行调查了解。尽量做到全面准确，为编制科学合理的报价打下良好基础。

3. 确定施工组织设计、核实工程量

编制先进合理的施工组织设计有助于准确报价，施工组织设计中涉及施工方法、施工进度安排，劳动力的安排计划、施工机具的配置、施工现场平面布置等内容，尤其对临时便道、制（存）梁场、混凝土拌和站、材料场、混凝土构件预制场等大型临时设施的布置情况，都与清单报价有密切关系。施工方案不仅是套用定额依据，也是投标人确定工程量的依据之一，还是措施费用、临时项目计价的最基本依据。

根据设计图纸和工程量清单复核工程量，对于采用施工总价承包合同的工程，承包商要承担"量"的风险。清单子目数量不仅是报价依据，还是计量支付的依据。如果发现设计工程量与清单工程量有重大误差，可以要求业主修改，或调整清单子目的综合单价以保证清单合价至少能够保证成本费用。

4. 收集和调查各种资源的市场价格

工程量清单综合单价报价中人工费、材料费和机具使用费的分析计算是主要环节，收集人工、材料、机具台班的价格是准确进行计价的前提。目前铁路人工工日单价执行《费用定额》规定的综合工资标准，机具台班按行业统一施工机械台班费用定额的机械台班费用构成分析或采用租赁价，材料价格采用铁路造价信息网发布的市场调查价，并分析主材到工地的价格运杂费。

收集调查资源市场价格，包括对主要材料、燃料、水、电等价格的调查；还包括对主要材料的供应方式，运输方式、运费的调查，尤其是对于自购的主要材料和设备。除此之外，还要根据招标文件的调价条款，对建设期的材料设备价格的变化进行科学的预测。材料的调查价格参照铁路工程造价信息网发布的信息价，也可向生产厂家询价。

5. 编制报价原始数据表

工程量清单项目的设置较综合，需结合招标设计图纸进行工程项目拆分并计算预算工程量，编制报价原始数据表。工程量清单计价是企业根据自有的企业定额及市场因素对工程进行报价的计价方法。施工企业编制报价时，应使用企业定额，以此来反映本企业的施工技术管理水平。但目前许多企业还没有建立起自身的定额体系，极参考使用铁路行业的消耗量定额（如预算定额），作为工料分析、计算成本和投标报价的依据。在投标报价时，施工企业可以根据实际生产管理水平，对铁路工程预算定额的消耗量进行适当调整。

6. 编制劳材机统计表

按工程量清单子目（最低一级）为编制范围，通过套用预算定额，进行人工、材料、机具台班数量统计计算，填写"劳材机统计表"。

7. 分析计算工程量清单子目的综合单价

对工程量清单子目结合施工工序进行拆分，依据人工、材料、机具台班价格的市场询价，及企业自身施工管理水平决定的综合取费水平，结合本企业以往的经验，进行综合单价分析。若施工企业还没有建立起自身的企业定额体系，仍参考铁路行业的预算定额作为清单投标报价的依据的，其综合单价的费用与30号文《铁路基本建设工程设计概预算编制办法》中建筑安装工程费的构成基本一致；综合单价的各项费用的计算与设计（概）预算的费用编制程序相同，即利用"单项概（预）算表"来分析清单子项的建筑安装工程费用单价。两者的区别在于，清单报价的各项费用要结合对招标文件中合同条款的理解分析、市场情况、企业自身情况来进行取费。

清单综合单价中各项费用的构成，要以《铁路工程工程量清单规范》和《铁路基本建设工程设计概预算编制办法》的费用构成规定为依据进行计算。综合单价的取费标准，是包括施工措施费、特殊施工增加费、间接费、税金在内的各项费用。除税金要采用国家规定的法定税率以外，其他各项费用都是可以根据工程特点、企业经营管理水平和市场竞争状况综合取定。《铁路工程概预算编制办法》中规定了各工程项目的各项费用的取费办法和最高取费标准，投标单位在编制报价时同样要参考这些取费标准，结合本企业的情况和工程所在地的实际作适当调整。

在进行工程量清单报价时，要依据《铁路工程工程量清单规范》中的工程量清单计价规则进行清单工程数量的核算，还要结合招标文件及工程量清单中的计价规则确定所需完成的全部工作内容的费用。

8. 编制工程量清单章节表

将所有的清单子目的综合单价与清单工程量相乘，然后按照工程量清单的章、节设置汇总计算合价。每章单独编制一个清单章节表，并汇总计算每章的清单报价总额。

9. 编制投标报价总表

将第一章～第十章各章费用总额填入工程量清单投标报价总表，安全生产费按招标文件所列金额报价，按招标文件的规定，计算激励约束考核费、计日工及暂列金额（单价合同）

或施工总承包风险费（总价合同）。各章费用总额和上述其他各项费用，形成投标报价总额。

10. 选择报价决策，确定最终报价

在进行投标报价时，需要对投标竞争对手进行调查研究，收集其参加投标的资料。对投标工程有关情况进行分析，了解工程所在地的地理、周边料场情况等。同时还要了解评标、定标办法。

根据收集的招标人与其他竞争对手的信息，适当调整总价，以提高报价的竞争力。在投标总价确定的情况下，通常采用一定的报价技巧，对清单项目综合单价进行适度调整，以提高中标概率，也有利于中标后项目可以取得更好的经济效益。

11. 填写总价、封面、装订、盖章

投标报价总额应按工程量清单投标报价汇总表的"投标报价总额"填写，封面必须按招标文件的规定内容填写、签字、盖章、装订。

具体报价表格见本章 5.2.3 实例。

Part 6 铁路工程验工计价

验工计价是对建设项目工程承包合同（包括补充合同）、协议中已完合格工程数量或工作进行验收、计量，并对经验收、计量的工程数量或工作进行计价活动的总称，是办理工程价款结算的依据。价款结算应在验工计价后进行。验工计价应遵循合法、诚信、实事求是的原则，按照规定的程序，先验工、后计价。

铁路工程验工计价是铁路建设单位进行承发包合同管理和控制工程投资的关键环节，是支付工程承包单位工程价款的唯一依据。为规范铁路建设项目验工计价工作，依据国家有关法律法规、行业规定和中国铁路总公司有关规定，铁路总公司先后发布了《铁路建设项目验工计价办法》（铁总建设〔2014〕298号）、《关于进一步规范铁路建设项目征地拆迁验工计价工作的补充通知》（铁总建设〔2015〕257号）等文件来指导和规范铁路工程验工计价。

铁路工程验工计价是指依据合同对铁路建设项目已完成的合格工程，物资设备、征地拆迁及相关工作、其他费用进行验工和计价活动的总称。对于总公司管理的铁路大中型建设项目要按照《铁路建设项目验工计价办法》（铁总建设〔2014〕298号）进行项目验工计价。建设单位应严格执行下达的年度投资计划，合理组织建设，及时、真实验工计价。

6.1 铁路工程验工计价的内容

验工计价应当依据工程的合同（或协议）约定相关文件、规定进行。验工计价内容包括建安工程计价，物资设备、征地拆迁、其他费用的计价。

6.1.1 建安工程验工计价

1. 建安工程验工计价的主要依据

（1）依法签订的工程承包合同及其他有关合同（如监理、咨询、设计）、协议。
（2）经批准的单位工程开工报告。
（3）建设单位批准的实施性施工组织设计。
（4）建设单位下达的投资及实物工作量计划。
（5）经审核合格的施工图及批准的变更设计。
（6）质量合格等相关证明文件。

（7）国家、行业和总公司有关规定。

2. 建安工程验工计价

建安工程验工计价按照单价承包、总价承包、工程总承包合同采取不同验工计价方式。

（1）单价承包合同。

建设项目实行单价承包的，采用工程量清单方式进行验工计价，根据合同工程量清单约定的单价和数量（补充合同按合同约定的方式确定单价和数量），并经验收合格后计价。施工承包单位实际完成工程量（包括施工图和变更设计数量）与工程量清单相比，超出规定工程量变化幅度范围的计量项目价格按照合同约定及相关规定协商确定。

建设项目安全生产费支付应严格执行国家相关规定。计价周期和计价方式按合同约定，原则上按时间节点或建安工程进度计价，与相应季度的工程验工计价同步办理。对合同中明确施工单位安装的安全设施，应据实验工计价。

（2）施工总价承包合同。

建设项目实行施工总价承包的，采用合同总价下的工程量清单方式进行验工计价。采用施工图招标的建设项目，按合同工程量清单约定的单价和数量办理验工计价。采用初步设计招标的建设项目，工程量清单范围内的工程，按合同约定的单价进行计价，工程量清单范围外的其他工程按合同约定的方式确定单价，均按经验收合格后的工程数量办理计价，清单内与清单外验工计价的合计总额不得超过承包合同总价。

按照合同约定属建设单位承担需另行签订补充合同的费用项目（包括Ⅰ类变更设计、限额以上的Ⅱ类变更设计和材料设备价差等），按合同约定的计价方式，在批准费用项下办理验工计价。

建设项目总承包风险费根据合同约定的内容和范围据实验工，按照季度比例控制、最终总额包干的原则计价。

（3）工程总承包。

建设项目实行工程总承包的，可采用合同总价下的节点式计价方式；计价节点一般按工程类别和工点设置，根据工点和工程类别的工作内容和工作量将总费用分配到各节点；具体节点设定和相应费用根据项目情况在总承包合同中约定。

按照合同约定属建设单位承担需另行签订补充合同的费用项目，按合同约定的计价方式，在批准费用项下办理验工计价。补充合同验工计价纳入节点计价范围。

6.1.2 物资设备验工计价

物资设备验工计价主要依据以下资料：

（1）物资设备采购合同及有关协议。
（2）物资设备采购发票。
（3）物资设备交货验收记录。
（4）设备安装合格证明文件。
（5）国家、行业和总公司有关规定。

物资设备由建设单位组织监理和施工单位核实数量和相关证明文件后，根据承包方式不同，分别由建设单位和施工单位办理验工计价。

自购物资和纳入施工承包合同的甲供物资随实体工程进度一并由施工承包单位办理验工计价；未纳入施工承包合同的甲供物资按照已完合格工程对应章节消耗数量和采购单价，由建设单位组织监理和施工承包单位核实数量后，建设单位办理验工计价。

自购设备和纳入施工承包合同的甲供设备由施工单位办理验工计价；未纳入施工承包合同的甲供设备由建设单位办理验工计价。

自购设备按照施工承包合同约定、总公司关于价差调整规定和相关批复确定单价，甲供设备按照实际采购价格确定单价。需安装的设备，待安装就位后凭发票和安装合格证明文件办理验工计价；不需要安装的设备，凭发票及交货验收记录办理验工计价。

6.1.3 征地拆迁验工计价

征地拆迁验工计价主要依据以下资料：
① 总公司与省（直辖市、自治区）签订的合作协议或会议纪要。
② 建设单位与地方政府签订的征地拆迁实施协议。
③ 总公司批复的征地拆迁概算（或调整概算）。
④ 建设单位、地方政府有关部门、被征地拆迁人、设计单位和监理单位等五方共同确认的征地拆迁数量。
⑤ 国家、地方政府和总公司有关规定。

建设单位拨付征地拆迁款的，原则上按季度（或月），建设单位会同地方政府有关部门、被征地拆迁人、设计单位、监理单位等五方共同确认征地拆迁数量，建设单位根据地方政府承办部门提供的相关资料确认计价，征地拆迁费用依据五方已确认的征地拆迁数量和实施协议确定的费用计算原则计算。

地方政府拨付征地拆迁款的，原则上按季度（或月），建设单位会同地方政府有关部门、被征地拆迁人、设计、监理单位等五方共同确认征地拆迁数量。建设单位对地方政府承办部门提供的征地拆迁费用进行审核，确认征地拆迁已完成工作量和支出的费用总额予以计价。

建设单位委托施工承包单位代办征（租）地拆迁的（含建设单位采用经济补偿方式并委托施工承包单位办理的"三电"迁改工程），根据完成进度，由建设单位与其他征地拆迁费用一并计价。建设单位应督促施工承包单位整理相关审批单、协议、付款凭证，分类别按概算章节编制"代征迁费用清算表"报建设单位确认，并据此办理费用清算。发生代办手续费的，按施工合同约定计价。

《中国铁路总公司关于进一步规范铁路建设项目征地拆迁验工计价工作的补充通知》（铁总建设〔2015〕257号）规定：为及时反应征地拆迁工作进展情况，建设单位在实施过程中，可暂按建设、设计、监理单位和地方政府有关部门共同确认的已完成征地拆迁数量，每季度（或月）依照协议价格在批复的征地拆迁概算范围内进行计价。建设单位与设计单位、监理单位、地方政府有关部门、被征拆人等五方对征地拆迁数量的确认资料为最终验工计价依据，建设单位应加快五方确认工作，并根据五方确认资料及时调整验工计价。五方确认工作应在末次验工计价前全部完成。

6.1.4　总承包风险费验工计价

总承包风险费是指由总承包单位为支付风险费用计列的金额，风险费用包括但不限于以下内容：

（1）非不可抗力造成的损失及对其采取的预防措施费用。

（2）非发包人供应的材料、设备除专用条款调整（按国家和铁路总公司有关规定需要调整的费用）以外的价差。

（3）实施性施工组织设计调整造成的损失和增加的措施费。

（4）工程保险费。

（5）由于变更施工方法、施工工艺所引起的费用增加。

（6）施工安全、工程质量、建设工期、投资控制、环境保护和维护稳定考核费用。

（7）项目专用合同条款约定额度内由承包人承担的Ⅱ类变更设计费用。

《施工总价承包合同专用条款》变更估价原价约定：因增减投资150万元以内的Ⅱ类变更设计由总承包风险费支付：

① 已标价工程量清单中有适用于变更工作的子目的，采用该子目的单价。

② 已标价工程量清单中无适用于变更工作的子目，但有类似子目的，可在合理范围内参照类似子目的单价，由监理人按合同条款商定或确定变更工作的单价，并征得发包人同意后执行。

（3）已标价工程量清单中无适用或类似子目的单价，由监理人按相应合同条款商定或确定变更工作的单价，并征得发包人同意后执行。

因总承包风险费的组成内容不同，无法形成统一的格式，在办理总承包风险费计价时须灵活掌握。比如保险费凭保险合同、发票办理计价，小Ⅱ类变更（增减投资额为150万元以内的Ⅱ类变更设计）凭变更设计批复的相关资料办理计价、考核费根据考核结果办理计价等等。铁路总公司对此没有明确的规定，在具体办理时只要资料完整即可。

总承包风险费根据合同约定的内容和范围据实验工，按照季度比例控制、最终总额包干的原则计价。

6.1.5　施工单位激励考核费验工计价

施工总价承包合同约定：承包人应接受发包人按照铁路总公司规定对承包人实施的考核，考核期间承包人发生重大、较大不良行为的，从总承包风险费中扣减考核费用。

《铁路建设项目施工企业信用评价办法》（铁总建设〔2018〕124号）详细规定了考核费用的支付要求。

6.1.6　设备费的计价

《铁路建设项目验工计价办法》（铁总建设〔2014〕298号）第十六条规定：自购设备按照施工承包合同约定、总公司关于价差调整规定和相关批复确定单价，甲供设备按照实际采购价格确定单价。需安装的设备，待安装就位后凭发票和安装合格证明文件办理验工计价；不需要安装的设备，凭发票及交货验收记录办理验工计价。根据文件理解，在办理设备验工计价时，设备单价按实际采购单价，不能采用施工合同中约定的设备单价。

自购设备和纳入施工承包合同的甲供设备由施工单位办理验工计价；未纳入施工承包合同的甲供设备由建设单位办理验工计价。

6.1.7 安全生产费的计价

《铁路建设项目验工计价办法》（铁总建设〔2014〕298号）第十一条规定：建设项目安全生产费支付应严格执行国家相关规定。计价周期和计价方式按合同约定，原则上按时间节点或建安工程进度计价，与相应季度的工程验工计价同步办理。对合同中明确施工单位安装的安全设施，应据实验工计价。

安全生产费根据国家、行业和铁路总公司相关规定，在季度结算工程款拨付时按规定比例一并支付。

6.1.8 其他费用验工计价

其他费用的验工计价依据为：工程监理、勘察设计和其他咨询服务合同或协议；国家、行业和有关规定。

建设单位发生的建设单位管理费、建设管理其他费和建设期投资贷款利息等费用，根据相关规定按发生的金额纳入当期验工计价。

勘察设计、工程监理及咨询服务费等其他费用按合同约定的方式支付，原则上与相应季度的工程同步办理验工计价，计价金额应与完成的工作量相匹配。

6.2 铁路工程验工计价的方式

6.2.1 验工计价工作管理

1. 建设单位

验工计价工作管理的受理方是建设单位，建设单位应及时对施工承包单位的验工计价申请和监理单位审核意见进行审查确认，并办理各项费用的验工计价和汇总工作，同时对验工计价的结果负责。具体说，建设单位要督促监理单位按合同约定对施工承包单位提交的验工计价申请资料进行审核确认，验工计价申请资料应符合合同约定的计量和支付周期，确认计价工程的质量合格和数量真实无误。建设单位应对施工承包单位提出的验工计价结果异议申请组织复审，并将复审结果在下一计价期内书面通知施工承包单位。建设单位发现施工承包单位提供虚假资料、虚报工程数量、多报计价金额的，或监理单位现场审核不严或与其他单位串通进行虚假验工的，应按合同约定追究其违约责任并纳入信用评价。

建设单位应妥善保管验工计价资料，不得伪造、编造、隐匿或者销毁，应将验工计价报表作为会计原始凭证保管。应加强验工计价工作的管理，制订内部管理制度，明确内部管理程序和工作标准，落实相关人员工作职责和要求。建设单位违规验工计价，或建设项目发生虚假验工计价的，按规定要追究建设单位及相关人员的责任。

总公司相关部门和单位对建设项目验工计价工作进行指导和检查，对发现的问题责成建设单位进行整改，并按规定纳入建设单位考核。

2. 施工单位

实施单位作为验工计价的提议方，应对每期完成或达到节点并经检验合格后的已完工程数量和季度验工计价表提交监理单位进行申请，并对验工计价申请资料的真实性负责。

3. 监理单位

监理单位负责对施工单位（或实施单位）报验的已完工程（含永久设备、征地拆迁工程）数量表和验工计价表及相关的质量证明材料进行现场的质量确认和计量，对确认计价工程的质量、数量和金额以及审核意见负责，并在相关表格和封面签字。

6.2.2　验工计价方式及要求

验工计价方式由建设单位在招标文件中明确，并纳入工程合同。验工计价实行季度验工计价和末次验工计价方式，工期不满三个月的项目，实行竣工后一次验工计价。季度验工计价应在次季度首月十日前完成，节点验工计价应在工程总承包单位提出申请后十日内完成；末次验工计价应在初验后、正式验收前完成。

建设项目由联合体中标实施的，建设单位只对联合体牵头人进行验工计价，建设单位要在合同中明确付款结算及开具合规票据等方面的具体方式。联合体中标的施工单位要同时提供验工计价的分劈确认资料，作为验工计价资料的组成部分。

验工计价报表应包括本期、本年、开累验工数量和计价金额。末次开累验工计价总额应与合同价款（含合同价格调整）总额一致。工程验工计价报表应由施工承包单位编制、监理单位审核、建设单位核准，其他验工计价报表由经办单位编制、建设单位核准，并由各单位负责人签字、加盖单位印章。验工计价工作应采用信息化管理手段，以提高工作质量和工作效率。

凡有下列情况之一者，不予验工计价：

（1）单位工程开工报告未经批准的。

（2）已完工程未按质量验收标准检验或检验不合格的。

（3）超出施工图设计或超出批准变更设计的工程。

（4）工程质量不合格、需要返工待处理的工程。

（5）质量安全存在问题，发出质量安全通知书后未整改的工程。

（6）转包、违法分包的工程。

（7）未按规定程序办理变更设计的工程。

（8）超出合同约定的工程。

（9）合同约定不予验工计价的其他情况。

6.2.3　总价承包合同计量与支付

按照《标准施工招标文件补充文本》，工程量清单中各个子目的计量计算按《铁路工程工程量清单规范》(TZJ 1006—2020)规则执行。

工程进度款采用下列方式拨付：

(1) 月份预支工程款。承包人应按发包人批准的实施性施工组织设计和下达的施工计划，提出月份用款计划；发包人审核后，按不高于下达的月份施工计划的70%预支工程款。

(2) 季度结算工程款。按批准的季度验工计价的90%扣除月份预支的工程款和应抵扣的工程预付款(备料款)拨付；单位工程施工质量验收合格后，依据按单位工程编制、审批的验工计价单，将工程价款扣除质保金和已拨付工程款后拨付。

(3) 竣工结算工程款。按批准的竣工结算值(末次验工计价)的95%扣除已拨付工程款后拨付。

发包人提供的材料设备，根据监理人依施工图签认的实际完成的工程量进行计量。

6.3 铁路工程变更管理

变更设计，是指铁路工程建设项目施工图审核合格后至工程初步验收合格后半年以内变更设计的活动。施工图阶段需要对初步设计批复的重大内容调整的，包括施工图预算超出初步设计批复总概算的，比照Ⅰ类变更设计程序报初步设计审查部门批准。变更设计必须坚持"先批准、后实施，先设计、后施工"原则，严格依法按程序进行变更设计，严禁违规进行变更设计。变更设计管理是控制工程投资的重要方面，必须科学合理、实事求是，确保工程安全、质量和使用功能。

为加强变更设计管理，原铁道部印发了《铁路建设项目变更设计管理办法》(铁建设〔2012〕253号)，适用于铁路大中型建设项目及限额以上更改项目的变更设计管理。

6.3.1 变更设计分类

铁路建设项目变更设计分为Ⅰ类、Ⅱ类。

1. Ⅰ类变更

对初步设计审批内容进行变更且符合下列条件之一者为Ⅰ类变更设计。

(1) 重大方案及重大工程措施标准：

① 线路方案有较大改变的，线路平面曲线半径小于批准最小曲线半径的；

② 路基与桥梁相互变化连续长度500 m及以上的，路基与隧道(明洞)相互变化连续长度50 m及以上的；

③ 车站站位调整的；

④ 轨道类型变化的；

⑤ 跨度100 m及以上桥梁跨度或桥位变化，特殊桥梁结构类型变化的；

⑥ 隧道增设或减少泄水洞的，增加长度300米以上辅助坑道的，围岩类型连续变化引起投资增加超过800万元的；

⑦ 通信传输系统速率等级、长途通信光缆纤芯数量、GSM-R移动通信系统无线场强覆盖原则、综合视频监控系统视频采集点设置原则、通信综合网管等系统中心方案变化的；

⑧ 调度方式、闭塞制式、列控等级、连锁制式、驼峰及编组站制式、主要系统设备重大技术标准变化的；

⑨ 防灾安全监控系统中工务段、铁路局级总机系统接入方式、监测子系统设置原则变化的；

⑩ 电力变配电所分布方案、主要供电设备类型、远动及电力调度方案变化的；

⑪ 牵引供电方式、外部电源电压等级、牵引供电设施分布方案、主要牵引供电设备类型、接触网悬挂类型等主要技术标准（包括接触线、张力、支柱、零部件）、远动及牵引供电调度方案变化的；

⑫ 站房建筑形态、高度、面宽，结构体系等建筑方案、主体结构变化的；

⑬ 站台雨棚结构类型（有站台柱与无站台柱）变化；

⑭ 给水站水源类型、污水排放标准发生改变的；

⑮ 依法或依照相关规定需要补充办理环评手续的环保工程变化。

（2）变更初步设计批复主要专业设计原则的。

（3）调整初步设计批准总工期的。

（4）建设项目投资超出初步设计批准总概算的。

（5）国家、行业相关规范、规定重大调整的。

2. Ⅱ类变更

除Ⅰ类变更设计外的其他变更设计为Ⅱ类变更设计。

Ⅰ类变更设计以变更设计原因划分，一项变更设计原因为一个变更设计。Ⅱ类变更设计以工点划分，同一工点或同一病害引起的不可分割的一次性变更为一个变更设计。同一工点中的不同变更内容、同一病害类型的不同工点、同一变更内容的不同段落应分别划分为不同的变更设计，严禁合并或拆分变更设计。

6.3.2 变更设计程序

1. Ⅰ类变更设计程序

Ⅰ类变更设计程序分为提出变更设计建议、会审变更设计方案、编制变更设计文件、初审变更设计文件、批准变更设计文件、审核下发变更施工图等。

（1）提出变更设计建议。

施工图审核合格并交付后，建设、施工、监理及勘察设计单位均可就设计文件中符合Ⅰ类变更设计条件的内容向建设单位提出变更设计建议，变更设计建议应在变更内容实施前提出，并填写"变更设计建议书"。

（2）会审变更设计方案。

建设单位应就Ⅰ类变更设计建议组织勘察设计、施工、监理等单位进行现场勘察、研究会审，详细分析变更设计原因，研究提出变更设计类别及变更设计方案，确定责任单位及费用处理意见，形成由参审人员签字的"变更设计会审纪要"。建设单位应履行内部程序，对"变更设计会审纪要"的主要内容进行确认，需要履行董事会决策程序的应履行决策程序。

建设项目在实施过程中发生危及安全需要立即处理的变更设计,建设单位组织勘察设计、施工、监理等单位提出方案,并进行应急处理,属于Ⅰ类变更设计的同时按规定向有关部门报告;重大的或必要的,由鉴定中心、工管中心现场确定变更设计方案,建设单位先按确定的方案进行施工准备和应急处理。

(3)编制变更设计文件。

勘察设计单位应严格按照铁道部相关规定和"变更设计会审纪要"以及确定的安全应急方案编制变更设计文件,Ⅰ类变更设计文件应包括变更设计原因、变更设计方案及工程数量和概(预)算,原设计方案及工程数量和概算,有关原设计文件和变更设计图纸,经济技术比较资料和分析说明;Ⅰ类变更设计的设计深度为初步设计深度,其中工点按初步设计阶段的重点桥渡、重点隧道等设计要求进行设计。

Ⅰ类变更设计文件一般应在会审纪要下发后30日内完成,特殊情况下Ⅰ类变更设计文件完成时间由建设单位协商勘察设计单位确定。

(4)初审变更设计文件。

建设单位应对Ⅰ类变更设计文件进行初审,涉及环水保的重大问题的变更设计,应先向环保水保主管部门报告,经同意后,再形成初审意见连同Ⅰ类变更设计文件一并报送总公司。

(5)批准变更设计文件。

初步设计审查部门收到Ⅰ类变更设计文件后,应尽快组织现场核实,提出明确要求。对符合审批条件的,一般在30个工作日内完成批复;需要补充资料的部分,应及时提出补充要求,并在资料补充后20个工作日内另行批复。

(6)审核下发变更施工图。

建设单位根据Ⅰ类变更设计批复组织勘察设计单位完成施工图并组织对施工图进行审核,将审核合格的施工图随同《变更设计通知单》下发施工及监理单位,并就非施工单位责任的部分与施工单位签订施工补充协议。

2.Ⅱ类变更设计程序

Ⅱ类变更设计程序分为提出变更设计建议、进行现场核实、确定变更设计方案、审核下发变更施工图等。

(1)提出变更设计建议。

施工图审核合格并交付使用后需进行Ⅱ类变更设计的,建设、施工、监理以及勘察设计单位等均可提出变更设计建议,填写"变更设计建议书",并详细说明Ⅱ类变更设计理由。

(2)进行现场核实。

建设单位收到"变更设计建议书"后,应组织现场核实确认,对现场现状进行照相摄影,对照变更设计建议客观提出核实确认意见,确认人在确认意见上签名。签名后的确认意见和影像资料纳入变更设计档案保管。

(3)确定变更设计方案。

建设单位应组织勘察,设计、施工、监理等单位对变更设计建议及现场确认结果进行会审,详细分析变更设计原因,研究确定变更设计方案并确认变更设计分类,确定责任单位及费用处理意见,形成由参审人员签字的"变更设计会审纪要"。建设单位应履行内部程序,对

"变更设计会审纪要"的内容进行确认,主管领导或主要领导签署后实施。

危及安全的Ⅱ类变更设计,建设单位应在现场组织确定变更设计方案,按确定的方案先进行施工准备和应急处理。

(4)审核下发变更施工图。

建设单位组织勘察设计单位按确定的变更设计方案编制施工图。勘察设计单位一般应在"变更设计会审纪要"下发后10日内完成施工图。建设单位应组织对施工图进行审核,并将审核合格的施工图随同"变更设计通知单"下发施工及监理单位。

6.3.3 变更设计费用

Ⅰ类变更设计概算由勘察设计单位按初步设计批复的概算编制原则编制,并对工程数量和费用进行增减对照,按规定报送总公司审批。Ⅱ类变更设计引起的工程费用由勘察设计单位按变更设计的工程数量、施工承包合同约定和初步设计批复的概算编制原则编制,建设单位组织审定。由建设单位承担的费用在预备费中列支。

因责任原因引起的变更设计,属于施工单位责任的,施工单位按规定承担变更设计造成的损失;属于勘察设计单位责任的,由勘察设计单位无偿承担变更设计的勘察设计工作并按规定承担变更设计造成的损失;属于建设方责任的,由建设单位承担变更设计造成的损失。

非责任原因的变更设计,属于不可抗力的,按合同约定处理;属于风险包干范围的,按风险包干相关规定处理;其他变更设计增减工程费用,除相关规定外,由建设单位承担,相关事宜在合同中明确。

非责任原因引起的Ⅰ类变更设计,勘察设计费按变更设计批复支付;责任原因引起的Ⅰ类变更设计,勘察设计费由责任单位承担。Ⅱ类变更设计不另计取勘察设计费。

对变更设计中节约投资的单位及个人,按照国家和铁道部相关规定予以奖励。

变更设计履行审批程序并经批准的,其费用方可纳入项目概算;未履行审批程序并经批准的,其费用不得纳入项目概算。

6.3.4 总价承包合同的变更约定

(1)项目实行总价承包,合同签订后任何一方不得擅自调整合同价格,但有下列情形之一的可作调整:

① 发包人对建设方案、建设标准、建设规模和建设工期的调整以及非承包人原因引起的Ⅰ类变更设计;

② 按国家和铁路总公司有关规定需要调整的费用;

③ 项目专用合同条款约定额度以上由发包人承担的非承包人原因Ⅱ类变更设计。

(2)总承包风险费是指由总承包单位为支付风险费用计列的金额。

(3)由于第(1)项原因引起的变更设计,依据批复调整合同价格。

(4)因第(2)项原因引起的费用计算按照合同专用条款约定进行变更估价,由总承包风险费支付。

6.4 铁路工程验工计价实例

现以西北地区某高速铁路客运专线某标段为例,说明验工计价的资料组成和表格格式等内容。

新建某铁路客运专线枢纽工程,线路正线长 12.303 km,含高铁车站一座,(进站端正线、站内客专正线、新建普速场、新建高速场、跨线客车联络线、施工过渡及高架站房下地基处理)、旅客站房、动车运用所及走行线、综合维修工区、既有线改建、货运中心(含车场及联络线、货场)。项目总工期 5 年(含联调联试及运行试验)。

主要技术标准:

1. 客专正线

铁路等级:客运专线。

正线数目:双线。

旅客列车速度目标值:250 km/h。

最小曲线半径:一般地段 4 500 m,困难地段 4 000 m。

最大坡度:20‰,局部困难地段不大于 30‰。

到发线有效长度:650 m。

牵引种类:电力。

列车运行方式:自动控制。

行车指挥方式:综合调度集中。

2. 联络线

旅客列车速度目标值:120 km/h(困难地段不小于 80 km/h)。

最小曲线半径:1 600 m(困难地段不小于 500 m)。

最大坡度:30‰。

牵引种类:电力。

闭塞方式:自动闭塞。

3. 动车走行线

旅客列车速度目标值:80 km/h。

最小曲线半径:600 m。

最大坡度:35‰。

牵引种类:电力。

闭塞方式:自动闭塞。

新建×××工程（×××标段）验工计价章节汇总表

2015 年 4 季度

承包单位：中铁×××公司　　承包范围：×××　　单位：元

章节	工程项目及费用名称	合同总价值	本期完成价值 合同清单内	本期完成价值 合同清单外	本期完成价值 合计	本年完成价值 合同清单内	本年完成价值 合同清单外	本年完成价值 合计	开工累计完成价值 合同清单内	开工累计完成价值 合同清单外	开工累计完成价值 合计
一	第一部分：静态投资	742 754 262	102 236 551	8 339 710	110 576 261	380 923 906	8 339 710	389 263 616	660 355 527	8 339 710	668 695 237
1	拆迁及征地费用	1 001 231							1 001 231		1 001 231
二	路基	4 807 758				1 779 973		1 779 973	3 525 909		3 525 909
2	区间路基土石方	1 148 779				52 024		52 024	1 074 261		1 074 261
3	站场土石方										
4	路基附属工程	3 658 979				1 727 949		1 727 949	2 451 648		2 451 648
三	桥涵	94 066 612	10 426 668		10 426 668	48 211 716		48 211 716	88 134 802		88 134 802
5	特大桥	93 799 655	10 426 668		10 426 668	48 211 716		48 211 716	88 134 802		88 134 802
6	大桥										
7	中桥										
8	小桥										
9	涵洞	266 957									
四	隧道及明洞	567 353 689	89 805 245		89 805 245	321 635 387		321 635 387	542 572 668		542 572 668
10	隧道	567 353 689	89 805 245		89 805 245	321 635 387		321 635 387	542 572 668		542 572 668
11	明洞										
五	轨道	33 575 420									
12	正线	33 170 634									
13	站线										

新建XXXX工程（XXXX标段）合同清单内验工计价表

2015年4季度

承包单位：中铁×××公司　　承包范围：×××　　单位：元

章	节	工程项目及费用名称	计量单位	单价	合同清单 数量	合同清单 价值	本期完成 数量	本期完成 价值	本年完成 数量	本年完成 价值	开工累计完成 数量	开工累计完成 价值	剩余 数量	剩余 价值
一		第一部分：静态投资				734 687 559		102 236 551		380 923 906		660 355 527		74 332 032
1		拆迁及征地费用	正线公里	128 560.73	7.788	1 001 231					7.788	1 001 231		
		Ⅰ.建筑工程费	元			53 231						53 231		
		二、砍伐、挖根	棵	22.49	250	5 623					250	5 623		
		四、既有建筑物拆除后的垃圾清运	元			47 608						47 608		
		（一）房屋	平方米	10	3 880	38 800					3 880	38 800		
		（二）围墙	米	2.27	3 880	8 808					3 880	8 808		
		Ⅳ.其他费用	元			948 000						948 000		
		一、土地征用及拆迁补偿费	正线公里	121 725.73	7.788	948 000					7.788	948 000		
		（二）拆迁补偿费	元			948 000						948 000		
		7.天然气管线迁改	项	948 000	1	948 000					1	948 000		
二		路基	正线公里	617 328.97	7.788	4 807 758	2.88	1 779 973			5.71	3 525 909	2.078	1 281 849
2		区间路基土石方	断面方	23.59	48 689	1 148 779	2 205.34	52 024			45 538.83	1 074 261	3 150.17	74 518
		Ⅰ.建筑工程费	元			1 148 779		52 024				1 074 261		74 518
		一、土方	立方米	21.57	47 387	1 022 237					47 387	1 022 237		
		（一）挖土方	立方米	21.57	47 387	1 022 237					47 387	1 022 237		
		1、挖土方（运距≤1 km）	立方米	7.56	47 387	358 246					47 387	358 246		

新建×××工程（×××标段）总承包风险费汇总表

2015年4季度

承包单位：中铁×××公司　　承包范围：×××　　　　　　　　　　　　　　　　　　　　单位：元

序号	总承包风险费内容	总承包风险费	本期完成	本年完成	开累完成	剩余	备注
1.	施工图量差						
2.	承包人原因引起的Ⅰ类变更设计						
3.	Ⅱ类变更设计						
4.	非不可抗力造成的损失及其采取的预防措施费用						
5.	发包人供应的材料和设备以外的材料和设备价差						
6.	实施性施工组织设计调整造成的损失和增加的措施费						
7.	由于变更施工方法、施工工艺所引起费用的增加						
8.	工程保险费	3 868 431			5 131 250		
9.	激励约束考核费			1 864 288	2 306 054	1 562 377	
10.	其他						
	总承包风险费合计	11 774 676		1 864 288	7 437 304	4 337 372	
	总承包风险费（不含考核费）	7 906 245			5 131 250	2 774 995	
	上期结余						
	本期实际计价（不含考核费）				5 131 250		
	本期结余						

新建×××工程（×××标段）

已完工程数量表

2015年4季度

施工单位负责人：_____　　监理单位负责人：_____　　工程管理部负责人：_____

安全质量部负责人：_____

分管领导：_____

指挥长：_____

施 工 单 位：中铁×××公司　　监 理 单 位：×××公司　　建 设 单 位：×××工程建设指挥部

填报日期：___年___月___日　　审核日期：___年___月___日　　批准日期：___年___月___日

新建×××工程（×××标段）合同清单内已完工程数量表

2015年4季度

承包单位：中铁××公司　　承包范围：

章节	工程项目及费用名称	计量单位	合同清单数量	完成数量 本期	完成数量 本年	开工累计	剩余数量	开工累计完成率/%
	第一部分：静态投资							
一	拆迁及征地费用	正线公里						
	I.建筑工程费	正线公里	7.788			7.788		100
	二、砍伐、挖根	元						
	四、既有建筑物拆除后的垃圾清运	棵	250			250		100
	（一）房屋	元						
	（二）围墙	平方米	3 880			3 880		100
	IV.其他费	米	3 880			3 880		100
	一、土地征用及拆迁补偿费	元						
	（二）拆迁补偿费	正线公里	7.788			7.788		100
	7、天然气管线迁改	元						
二	路基	项	1			1		100
2	区间路基土石方	正线公里	7.788	2.88	5.71	剩余 2.078		73.3
		断面方	48 689	2 205.34	45 538.83	3 150.17		93.5

参考文献

[1] 国家铁路局. 高速铁路设计规范：TB 10621—2014. 北京：中国铁道出版社，2014.
[2] 中国铁路总公司铁路工程施工组织设计规范.（Q/CR 9004—2018）. 北京：中国铁道出版社有限公司，2018.
[3] 中国铁路总公司（Q/CR 9602—2015）. 高速铁路路基工程施工技术规程. 北京：中国铁道出版社，2015.
[4] 中国铁路总公司（Q/CR 9603—2015）. 高速铁路桥涵工程施工技术规程. 北京：中国铁道出版社，2015.
[5] 中国铁路总公司（Q/CR 9604—2015）. 高速铁路隧道工程施工技术规程. 北京：中国铁道出版社，2015.
[6] 中国铁路总公司（Q/CR 9605—2017）. 高速铁路轨道工程施工技术规程. 北京：中国铁道出版社，2017.
[7] 卿三惠等. 高速铁路施工技术（路基工程分册）. 中国铁道出版社，2013.
[8] 卿三惠等. 高速铁路施工技术（桥梁工程分册）. 中国铁道出版社，2013.
[9] 卿三惠等. 高速铁路施工技术（隧道工程分册）. 中国铁道出版社，2013.
[10] 卿三惠等. 高速铁路施工技术（轨道工程分册）. 中国铁道出版社，2013.
[11] 国家铁路局. 铁路基本建设工程设计概（预）算编制办法. 中国铁道出版社，2017.
[12] 国家铁路局. 铁路基本建设工程设计概（预）算费用定额. 中国铁道出版社，2017.
[13] 国家铁路局. 铁路工程材料基期价格. 中国铁道出版社，2017.
[14] 国家铁路局. 铁路工程施工机具台班费用定额. 中国铁道出版社，2017.
[15] 国家铁路局. 铁路工程预算定额（第一册路基工程）. 中国铁道出版社，2017.
[16] 国家铁路局. 铁路工程预算定额（第二册桥涵工程）. 中国铁道出版社，2017.
[17] 国家铁路局. 铁路工程预算定额（第三册隧道工程）. 中国铁道出版社，2017.
[18] 国家铁路局. 铁路工程预算定额（第四册轨道工程）. 中国铁道出版社，2017.
[19] 国家铁路局. 铁路工程补充预算定额（第一册）. 中国铁道出版社，2017.12.
[20] 李向国，黄守刚，张鑫等. 工作的开始-高速铁路施工新技术. 机械工业出版社，2010.
[21] 国家铁路局. 铁路工程工程量清单规范. 中国铁道出版社有限公司，2020.